商务印书馆语言学出版基金
《中国语言学文库》第三辑

现代汉语抽象名词研究

方清明 著

商务印书馆
创于1897 The Commercial Press

图书在版编目(CIP)数据

现代汉语抽象名词研究/方清明著.—北京:商务印书馆,2021(2024.3重印)
(中国语言学文库.第三辑)
ISBN 978-7-100-19327-6

Ⅰ.①现… Ⅱ.①方… Ⅲ.①现代汉语—名词—研究 Ⅳ.①H146.2

中国版本图书馆CIP数据核字(2021)第005464号

现代汉语抽象名词研究
方清明 著

商 务 印 书 馆 出 版
(北京王府井大街36号 邮政编码100710)
商 务 印 书 馆 发 行
三河市春园印刷有限公司印刷
ISBN 978-7-100-19327-6

2021年3月第1版 开本880×1230 1/32
2024年3月第2次印刷 印张13⅜

定价:79.00元

资助项目：

(1) 2014年国家社科基金青年项目“基于语料库与Antcon 3.2.4w技术的汉语抽象名词搭配研究”(14CYY033)。

(2)“华南师范大学汉语学习与国际推广重点实验室”项目(2016—2018)

序　言

方清明博士的《现代汉语抽象名词研究》今天终于跟大家见面了，这是他从事汉语语法研究的又一项可喜成果。

自《马氏文通》开始，汉语语法学已走过了一百多年的历程，积累了相当可观的成果，不过汉语抽象名词的研究却相对比较薄弱。客观而言，在抽象名词研究方面，国外研究无论是在理论层面还是在个案剖析方面都走在了汉语学界的前面。

抽象名词是名词大类里的一个重要下位类别。其之所以重要，是因为第一，很多抽象名词都是高频名词，其组合层面的搭配关系极其复杂，需要详细研究，需要搞清楚使用规律与倾向；第二，抽象名词大多语义抽象，需要临时概念化，需要与其他成分组合后才能具体化，并发挥其语义、语用功能；第三，很多抽象名词具有语篇衔接功能，在篇章中一般都会携带特殊的意义。这些都说明抽象名词是很值得研究的一个类别。然而，汉语抽象名词研究却一直未受到学界应有的重视。

现在清明的这本著作可谓在这一方面前进了一大步，反映了汉语抽象名词研究的最新进展。大多数现代语法理论及各种汉语语法体系或构想都不同程度地基于动词中心说，如生成语法、词汇函项语法、格语法、配价语法等，这无疑是值得肯定的。然而，对汉语名词次类——抽象名词进行全面、多角度的考察，目前国内这方面的成果则不多。从宏观层面来说，从语料库统计视角进行相关研究的论著亦较为少见，对汉语抽象名词进行全面论述的著作目前尚未见到。清明的研究以语料库语言学为基本理论，以语料库检索软件为助手，对汉语典型抽象名词的句法、语义、语用功能进行系统而细致的研究，这必将把抽象名词研究引向深入。

正如学界所言，“新理论、新材料、既有新理论又有新材料”等任何一个方面的突破都极有可能提高汉语语法研究的质量。这本书力图追求“既有新理论又有新材料”，理论方面主要是语料库语言学，其中语料库语言学采用量化研究方法和计算机技术手段，快速、准确、高效地批量处理海量数据，其研究深度和广度非其他方法可以相比。该书运用语料库语言学的理论术语较多，如“语义韵、多词单位、抽象名词横向搭配、修饰语依赖性、临时概念化”等，这在汉语学界都比较新颖，能给读者带来一种新气息、新理念。书后提供的现代汉语抽象名词表很实用，也有利于学界后续深入研究。利用新理论、新技术，对习以为常的语言现象进行重新审视，从而得到新的见解，这种探索使研究得以深入，值得肯定。

在新材料方面，该书通过个案研究，证明利用语料库及分析软件进行抽象名词研究将大有可为。需要特别指出的是，语料库不等于语料库检索本身，现有的大型语料库，主要提供全文检索、关键词检索等功能，用处较为有限。而基于语料库检索软件的专项检索，则具有功能强大，检索细致，统计更为精确、针对性更强等特点。作者能够把 Antcon 3.2.4w 软件与语料库相结合，这是难能可贵的。

语料库语言学是一种全新的研究范式、技术、理论，它必将对汉语其他方面的研究产生重要影响。从语义上对抽象名词进行分类，本书不满足这种传统做法，而是利用语料库语言学深入到典型抽象名词的个案本身，从横向组合上对其搭配进行探查，进而归纳出抽象名词的使用倾向和规律，并积少成多，最后形成对抽象名词宏观上的理论认识。

该书的另一大特色是，非常重视定量研究方法，注重用统计数据来说话。本书关于抽象名词研究的一个又一个新见解，不是随便拍脑袋想出来的，而是依据其归纳的抽象名词表，实际考察并进行细致研究而得出来的。该书运用了大量翔实的统计数据，各类表格多达 30 余个。偶尔在个别语言问题上使用统计方法似乎不难，但是整本著作都进行全面的统计分析，这是值得称道的。例如：1)频次在 50 次以上的抽象名词共计 910 个；2)1000 例“影响”里面，消极语义韵占 41.6％、积极语义韵占 15.6％、中性语义韵占 39.2％、“语境不足”的占 3.6％；3)200 行“状况”的词语索引里，消极语义韵占 68％，中性语义韵占 30％，积极语义韵占 2％；4)“程度”共计 2674 例，其各类修饰语为 2243 例，其修饰语依赖性质高达 83.9％；5)在语料库里，“景象”共计出现 277 例，“的景象”共计 133 例，占总数的 48％。

上述统计数据翔实清晰，充分说明作者下了苦功夫，学风扎实。本书不仅有大量统计数据，而且有很多相当有新意的定性分析。例如，发现了抽象名词“世界”的极性意义，这是其一。其二，在抽象名词搭配方面，“没问题”与“没关系”不尽相同。前者具有在力所能及的范围内积极、爽快的应答性质，与对话双方的权势密切相关；后者属于道歉应答语范畴。不难看出，作者无时无刻不注重创新，因而其相关论述也都多有创见。

下面我想继续谈谈作者本人。清明于 2008 年考入暨南大学，跟我读现代汉语语法方向的博士，2011 年顺利毕业后任教于华南师范大学国际文化学院，2013 年晋升副教授。他聪明勤勉，其勤奋程度非一般年轻人能够相比。读博三年，他除了忙学业外，初生的孩子还需要他抽空照顾，家庭经济的压力更是需要他兼职任教。然而这一切都没难倒他，在当好父亲、教师的同时，他孜孜不倦地广泛涉猎语言学专业文献，语言学基础打得相当扎实。他还勤于动笔，不仅完成了较高质量的博士学位论文，而且撰写发表了一系列文章，仅 2012 年他就发表 12 篇语言学专业论文，其中 6 篇为核心期刊论文，这是其勤奋的一个见证。现在又拿出这部富有创见的力作，这不能不令人钦佩！

清明对其家乡江西浮梁方言也有较为深入的研究，把浮梁方言定性为徽语和赣语交界地带的过渡方言，并在其十多万字的硕士论文中，从语音、词汇、语法角度进行了详细的、较有说服力的论证。该论文被评为南京师范大学校级优秀硕士论文。

在博士论文写作过程中，清明对构词法的国内外文献有较多涉猎，其中尤其对汉语新创名名复合词有较为深入的研究。多篇文章发表在《世界汉语教学》《语言科学》《语言文字应用》《辞书研究》《外语教学与研究》等著名语言学核心期刊上，在学术界产生了一定影响。

清明对语言学的多个方面都有所研究，在名词及其次类范畴、汉语认知语义学、基于对外汉语教学的虚词研究、方言语法等多个领域都有高质量的文章发表，还于 2017 年 8 月在商务印书馆出版了《现代汉语介词用法词典》。他的研究，问题意识较强，能够站在语言学研究的前沿，挖掘语言现象里真正存在的问题。从问题入手，加上较强的理论意识，这使他的研究每每新见迭出。

清明善于从多个角度全方位地细致探讨问题，直到弄清楚为止。他的语言研究，重视多重证据的挖掘，行文朴实、易懂。可以说，清明作为年轻后生，在学术界已经崭露头角。其今后的学术道路还相当长，希望他能够一如既往，多出成果，多出精品，更上一层楼。如今，清明担任了学院副院长行政管理职务，肯定会越来越忙，希望他能一直坚持学术研究。

总之，清明的《现代汉语抽象名词研究》语料翔实，他能从大量的材料中观察和归纳语言事实，显示了较强的语言学研究能力。他进行了相关的理论思考，能够根据研究需要，恰当地设计和选择分析手段。能利用现有的研究范式，承继先学，又不囿于陈规；注重动静结合，重视语用分析，使研究具有了明显的实用意义。现在，该书要出版了，我能够先睹为快，乐意为序。

彭小川

2018年9月8日

目　录

第一章　理论、意义、综述与分类 ······ 1

第一节　语料库语言学理论介绍 ······ 1

一、语料库语言学概述 ······ 1

二、定量、频率与搭配 ······ 3

三、扩展词汇单位模型、多词单位和语义韵 ······ 5

四、语料库检索软件的应用 ······ 9

五、语料库语言学的局限性 ······ 11

第二节　研究意义和研究思路 ······ 12

一、为何要研究抽象名词 ······ 12

二、理论意义与实际意义 ······ 13

三、本书研究的整体思路及体例安排 ······ 15

第三节　汉语抽象名词研究综述 ······ 17

一、汉语名词研究的重要性 ······ 17

二、汉语界相关研究概述 ······ 18

三、外语界相关研究概述 ······ 30

第四节　汉语抽象名词的界定、分类 ······ 35

一、国内外相关研究的特点 ······ 35

二、汉语抽象名词的界定和语义分类 ······ 36

第二章　抽象名词与其他词类的关系 …………………… 46
第一节　抽象名词与具体名词的关系 …………………… 46
一、典型名词的特征 …………………… 47
二、抽象名词与具体名词的差异 …………………… 49
第二节　抽象名词与动词的关系 …………………… 50
一、抽象名词与动词兼类现象 …………………… 50
二、"关系"的抽象名词性与动词性 …………………… 51
三、"污染"的抽象名词性与动词性 …………………… 56
第三节　抽象名词与形容词的关系 …………………… 57
一、抽象名词与形容词兼类现象 …………………… 57
二、抽象名词充当定语属性化 …………………… 63
第三章　抽象名词的语义韵分析 …………………… 65
第一节　语义偏移相关研究 …………………… 65
第二节　抽象名词语义韵的定量与定性分析 …………………… 68
一、消极语义韵抽象名词考察 …………………… 69
二、积极语义韵抽象名词考察 …………………… 80
三、错综语义韵抽象名词考察 …………………… 81
第三节　抽象词"影响"的语义韵分析 …………………… 84
一、"影响"语义韵的数据统计 …………………… 85
二、"影响"的消极语义韵分析 …………………… 88
三、"影响"的积极语义韵与中性语义韵分析 …………………… 92
四、"影响"语义韵的其他表现 …………………… 95
第四章　抽象名词的依赖性分析 …………………… 99
第一节　抽象名词依赖性的三个具体表现 …………………… 99

第二节　“程度”的依赖性分析…… 102
一、“程度”的多词单位分析 …… 102
二、由“程度”构成的有意义的多词单位 …… 105
三、相关词典释义与用例选择 …… 108
第三节　其他抽象名词的依赖性分析…… 109
一、“东西”的依赖性及用法 …… 110
二、“景象”的依赖性及用法 …… 115
三、“名堂”的依赖性及用法 …… 117
四、“名义”的依赖性及用法 …… 118
第五章　汉语抽象名词词典释义的计量分析…… 123
第一节　释义方式和提示成分…… 123
一、释义方式 …… 124
二、释义提示成分分析 …… 127
第二节　抽象名词释义的改进…… 129
一、义项收录 …… 129
二、释义内容 …… 131
三、近义词释义 …… 141
四、兼类与括注 …… 143
第六章　抽象名词词串的语篇照应功能…… 147
第一节　抽象名词词串的概述回指…… 148
一、概述回指的表现 …… 148
二、概述回指的类别 …… 150
三、概述回指的功能 …… 153

第二节 抽象名词词串的概述下指…… 155
一、概述下指的表现 …… 155
二、概述下指的类别 …… 156
三、“抽象名词＋是/在于”分析 …… 157
四、“V＋(数)＋量＋抽象名词”分析 …… 164
第七章 “抽象名词＋上”的搭配分析…… 168
第一节 “抽象名词＋上”的规模和类型…… 168
第二节 “实际上”的功能及分析…… 169
一、“实际上”的语义功能 …… 170
二、“实际上”的话语功能 …… 176
三、“实际上”“事实上”“其实”的比较 …… 180
第三节 “世界上”等多词单位分析…… 184
第四节 其他抽象名词与“上”搭配分析…… 189
第八章 “问题”类抽象名词的搭配分析…… 193
第一节 “问题”的义项及“问题＋N”结构 …… 193
一、“问题”各义项间的关系 …… 193
二、“问题＋N”结构及“问题”的消极义 …… 195
第二节 “问题”与名词的搭配分析…… 199
一、“N＋问题”里 N 的类别 …… 200
二、“问题＋N”里 N 的类别 …… 206
三、“N＋问题”与“问题＋N”的差异 …… 208
第三节 “问题”的三个基本功能…… 210

第九章　“原因”类抽象名词的搭配分析…………………… 215
第一节　“原因”的语义特征和搭配……………………… 215
一、“原因”的复杂性与事件性 ……………………… 215
二、“原因”与事件密切相关 ……………………… 217
三、“原因”的致使性与语义韵倾向 ……………… 219
四、“原因”的解释性 ……………………………… 223
第二节　“原因”与相关词的比较………………………… 225
第十章　“结果”类抽象名词的搭配分析…………………… 228
第一节　“结果”的语义特征和搭配……………………… 229
一、“结果”表示一种事实状况 …………………… 229
二、“结果”的链条性与多种可能性 ……………… 230
三、“结果”的两种修饰语 ………………………… 231
第二节　“结果”连词化动因分析………………………… 233
一、“结果”的两个结构 …………………………… 233
二、结构复杂化导致词语重新分析 ……………… 238
第三节　“结果”的多词单位分析………………………… 239
第四节　“结果”的语义韵性质…………………………… 243
第十一章　“事实”类抽象名词的搭配分析………………… 246
第一节　“事实”和“事情”的语义特征…………………… 246
一、与“事实”搭配的动词分析 …………………… 247
二、与“事情”搭配的动词分析 …………………… 255
第二节　“事实”和“事情”的修饰语……………………… 258
第三节　“事实”和“事情”用于判断句的差异…………… 262
第四节　“事实”词串的语篇照应功能…………………… 265
第五节　“事儿、事情”及其他 …………………………… 269

第十二章　抽象名词的其他搭配分析………………………… 273
第一节　抽象名词与种类短语的搭配分析……………… 273
一、搭配“种”的名词类别 ……………………………… 275
二、种类短语搭配的统计分析 ………………………… 276
三、“一种＋抽象名词”的功能 ………………………… 278
四、“这种＋抽象名词”的回指用法 …………………… 282
第二节　双音介词与抽象名词的搭配分析……………… 284
一、搭配的规模 …………………………………………… 285
二、超高频搭配现象 ……………………………………… 289
三、几种纠葛情况 ………………………………………… 290
四、搭配的语体分布与动因 ……………………………… 292
五、搭配的书面语体倾向 ………………………………… 294
第三节　有无类动词与抽象名词的搭配分析…………… 296
一、“有＋抽象名词＋VP”与“有 VP 的＋抽象名词”的差异 ………………………………………… 296
二、“没＋抽象名词”的搭配和用法分析 ……………… 304
三、“有/(没)＋抽象名词”的语义韵考察 …………… 306
第十三章　高频易混淆抽象名词的辨析……………………… 309
第一节　抽象名词的教学处理…………………………… 309
一、对近义词的积极应对与消极处理 ………………… 310
二、重视抽象实词的教学 ………………………………… 312
第二节　高频易混淆抽象名词的提取与辨析…………… 314
一、易混淆抽象名词研究概况 ………………………… 314
二、高频易混淆抽象名词的提取分析 ………………… 316

三、基于多词单位辨析高频易混淆抽象名词 ········ 320
四、基于多词单位辨析的特点与价值 ················ 326
五、多词单位辨析需要注意的问题 ·················· 328
余论 ·· 330
参考文献 ·· 333
附录 1:国外抽象名词研究概况 ························ 348
附录 2:《同义词词林》收录的抽象名词 ················ 369
附录 3:现代汉语抽象名词表(910 个) ················· 377
附录 4:可能会混淆的抽象名词(377 组) ··············· 408
后记 ·· 411
专家评审意见 ································ 邓思颖 417
专家评审意见 ································ 袁毓林 420

表格目录

表 1:抽象名词与形容词兼类 …………………………………… 62
表 2:抽象名词“情绪”的语义韵表现 …………………………… 71
表 3:修丹丹(2010)对“影响”的相关统计数据 ……………… 84
表 4:1000 例“影响”的语义韵再分析……………………………… 86
表 5:“影响”的多词单位分析 …………………………………… 87
表 6:“影响”的典型消极语义用法 ……………………………… 92
表 7:129 例“有影响”的语义韵分析 …………………………… 92
表 8:“程度”的多词单位分析 ………………………………… 103
表 9:由“程度”构成的有意义的多词单位 …………………… 107
表 10:节点词“景象”的多词单位分析 ……………………… 116
表 11:“名义”的多词单位分析 ……………………………… 121
表 12:《现汉》抽象名词释义方式所占比例 ………………… 124
表 13:概述回指的形式表现与实例 ………………………… 151
表 14:概述下指的形式表现与实例 ………………………… 157
表 15:“实际上”在《百家讲坛》中单用与连用 ……………… 178
表 16:“实际上”“其实”与转折标记共现差异 ……………… 182
表 17:“实际上”“事实上”“其实”的语体差异 ……………… 182
表 18:“实际上”“事实上”“其实”差异的定性描述 ………… 183
表 19:词频为前 24 的抽象名词 …………………………… 184

表 20:后置词与“社会”搭配的相关构式 …………………… 190
表 21:“N+问题”中 N 的类别及其用例数统计 …………… 204
表 22:“N+问题”与“问题+N”搭配能力的差异 …………… 208
表 23:“原因”的多词单位分析 …………………………… 216
表 24:“原因”的区别性修饰语 …………………………… 219
表 25:“原因”与“致使”类动词搭配 ……………………… 220
表 26:“致使”类动词的语义韵表现 ……………………… 221
表 27:“结果”的多词单位分析 …………………………… 240
表 28:“事实”和“事情”与动词搭配 ……………………… 257
表 29:抽象赋量标记“种”的搭配用例 …………………… 276
表 30:“种”与 400 个名词搭配情况比较 ………………… 277
表 31:“双音介词+抽象名词”语体分布 ………………… 292
表 32:“没关系”用法的比例分布 ………………………… 305
表 33:五组高频易混淆抽象名词的数据表现 …………… 318

第一章　理论、意义、综述与分类

在本书的研究中，我们除了运用传统语言学理论外，还参考了语料库语言学理论、认知语义学理论[①]等。认知语义学理论与语料库语言学理论之间的关系是相辅相成、交相呼应的。因为语料库语言学重视定量研究，重视数据的收集、整理，重视微观数据的对比；而认知语义学则重视对语言现象的解释。两者相互结合，既有微观数据的考察，也有在此基础上的宏观解释。下面概述语料库语言学的相关情况。

第一节　语料库语言学理论介绍

一、语料库语言学概述

目前，基于语料库的语言学研究正如火如荼地展开，相关研究成果、项目申报呈现爆发式增长态势。语料库语言学正在对词典编撰、词汇、语法、语义、语用、语言变异、语言教学、机器翻译、语音合成、语言历时研究等语言研究的各个领域产生巨大影响。

卫乃兴等（2005:2）指出："语料库语言学研究的就是客观世界

---

① 关于认知语义学的基本观点，我们在《现代汉语名名复合词的认知语义研究》一书第30—34页里有所介绍，可参考，此不再赘述。

的语言使用本身，对其形式、意义和功能概括与归纳；其研究成果与语言教学具有极强的相关性。语料库语言学采用一套量化研究方法和计算机技术手段，可以快速、准确、高效地处理大批量数据，其研究深度和广度非别的方法可以相比，从而人类语言使用的多维度、深层次问题得以更为有效地探讨，其对语言教学的启示也越来越深刻。"

许家金(2011)指出："随着语料库及分析工具的出现，同时观察千万条语言实例已成为现实。一些语料库工具还能对分析结果自动归类，并直观呈现出来。因而，基于语料库的语言研究变得颇受欢迎。"盛玉麒(2011)则认为语料库方法一定程度上解决了"信息爆炸"时代信息检索的难题；语言学本质上是实证科学，以言语材料和言语事实为研究对象，语料库语言学提供了一种全新的研究范式。语言学是人文科学中最具自然科学属性、自然科学中最具人文科学属性的基础应用学科，而定量定性研究方法是新范式的标志之一，这恰恰是语料库方法的一个基本特点。语料库为语言研究"充分的描写、充分的解释和充分的预测"提供了远超个人认知范围和能力的巨大空间与可能性，知识发现和知识挖掘技术可以把海量信息所蕴含的显性和隐性知识，按照研究者的需要抽取出来，这对于以内省式研究为主的形式主义语言学研究来说，也都是求之不得的高级助手或必要补充。

语料库不等于语料库检索本身。目前的大型语料库，只能提供全文检索、关键词检索、索引行等简单功能，用处较为有限。而基于语料库检索软件的专项检索，则具有功能强大、检索细致、目标明确、统计精确等特点。

顾曰国(2000)指出，语料库语言学的核心问题是"建立语料库、语料转写、语料标注、管理与应用软件、语言研究”。我们仅关注与语言研究有关的语料库语言学，所采取的是“基于语料库”(Corpus-based)的语言学研究。“基于语料库的研究不太触动原有的语言理论框架与描写体系，主要利用证据详尽有力地证实理论和阐述范畴。而另一位语料库语言学家 John Sinclair 的‘语料库驱动’研究则相对激进，该方法强烈地质疑原有理论的合理性，主张建立新的理论体系，认为语料库研究会给语言学领域带来极大的变革。”(卫乃兴等 2005)

语料库语言学贡献最大的领域之一就是词典编纂，可以说带来的影响是革命性的：(1)语料库可以准确而全面地记录具有真实例证的语言现象；(2)语料库可以体现语言里最核心、最典型的用法，包括应用最广泛的语法格式、词汇意义、短语、惯用语、多词单位等。(3)语料库提供词条用法所需的大量例句，并且例句均为真实的语言材料。下面重点探讨与本节密切相关的语料库语言学研究要点。

二、定量、频率与搭配

(一) **定量研究**。语言事实的观察是可以定量分析(Quantitative analysis)的。如果统计某个词形(Type)和词例(Token)出现的次数，就可以计算出这个词形的频率。频率表有助于揭示不同文章的风格差异。“我们都很难否认从语料库中得到的频率信息对语言学习材料来说是一个重要的实证依据。”尽管“没有哪一位语料库语言学家断言过最高频的就是最重要的”(肖忠华、许家金 2008)，但是高频率的词汇和搭配，无疑具有重要性，至少高频率现象是教学必须考虑的重要因素之一。

（二）频率研究。“频率”可分为实例频率（Token frequency）和类型频率（Type frequency）（王洪君、富丽 2005；Thompson 2007：269—278）。一般来说，实例频率要远远高于类型频率。频率可以通过基本词的大规模语料库来计算，而不是通过词典。

我们曾利用“北京大学 CCL 语料库”（包括各种体裁的文章，共计 4.77 亿字）统计过副词连用的实例频率。从实例频率（用 F 表示）角度可以把词语使用频率量化为 3 种类型：

当“1000≤F”时为高频，这种词语极其常见，接受度非常高。

当“100≤F＜1000”时为常规，这种词语较为常见，接受度一般。

当“0≤F＜100”时为低频，这种词语不太常见。

上述频率数据充分说明某些语言现象不仅需要定性研究，更需要定量考察，因为只有这样，我们的研究才能更准确。

（三）搭配研究。搭配（Collocation）也就是词语之间出现的共同倾向，这样的倾向也可以通过使用语料库来发现。词的搭配可以使用“互信息分值”（Mutual Information score，简称 MI-score）或者“T 分值”（T-score）来计算。彼此有搭配关系的两个单词之间的跨距（Span）可能会比较长。两个连用的词语高频重复出现才是有意义的搭配；搭配在一定意义上来说是任意的，搭配通常又是具有一定结构的，与领域、语体、风格都密切相关。

孙茂松等（1997）指出搭配的两种性质。第一，自由搭配，是指构成该搭配的词并非以一种相对特异的方式相互约束，它们各自还可以与其他词自由搭配。自由搭配是可以预期的，一个学习第二语言的人，只要了解有关词的含义、语法属性及相应的语法组合规则，就可以在语言交际中根据需要很容易地“拼”出这种搭配。

第二，约束搭配，情形正好相反，具有一定的特异性，辖域内的词至少有一个与其他词的组合受到较大限制。约束搭配是不可预期的，在同样的语法、语义制约条件下，为什么非得这么讲、那么讲就不行，没有太多道理，恐怕一般只能解释为习惯使然。

研究汉语搭配，不可避免地也要遇到搭配与非搭配之间的界限问题，而现阶段国内的研究基本上在纯语言范畴中进行，多依赖于人们的主观判断。搭配研究需要考虑搭配类型、性质以及分语体的搭配频率差异等。抽象名词搭配是本书经常会探讨的问题。

三、扩展词汇单位模型、多词单位和语义韵

（一）扩展词汇单位模型。Sinclair（1998，2005）的扩展词汇单位模型是语料库语言学的一个重要理论阐述，语料库驱动研究非常强调语料库分析的核心特征，从定量证据得出定性解释，它们以短语意义单位为基础。扩展意义单位包括：

> A. 搭配：节点词和其他词的高频共现。
>
> B. 类连接：节点词与语法类的高频共现。
>
> C. 语义趋向：节点词和词汇语义场相当的词形式。
>
> D. 语义韵：话语功能单位，描述说话者的评价态度。

这四条原则非常抽象，Stubbs（2007）专门对此进行了解释：

> A. 搭配显示的是词汇实例，能在篇章内单独观察到的词汇形式。借助计算机，我们能够观察到哪些词语与节点词共现。
>
> B. 类连接指词类，这些是不能直接观察到的，它们是词类的抽象行为。词类经常是很小的，甚至是封闭式的。有时

类连接也会涉及语义类别，如“否定”可以包括 not、hardly 和 refuse 等。

C. 语义趋向指词汇场里一类词共同享有某类语义特征。语料库研究提供了很多经验数据，在判别哪个词归入哪个语义场方面具有优势。它们与上下文的话题相关，该类别也是抽象的，涉及语义相似性判断。

D. 语义韵是说话人动机的一般表达。因此与隐喻行为和言外动力有关。它们的实现表现为大量的词汇变异性。我们能通过计算机语料观察到反复搭配的用例，语义韵具有语用和篇章功能。由此，语义韵可能称为“话语韵”更为合适。

传统语言学家认为词汇是不能进行系统处理的，因为一种语言里的词汇几乎都是以不规则词汇表的方式呈现的。乔姆斯基学派关注普遍语法规则，词汇长期受到冷落，因为他们认为词汇是孤立的、异质的。然而，Sinclair 的扩展词汇单位模型整合了传统语言学理论对词汇单位的研究，使得单个词语有了深入研究的可能性和可行性。

Stubbs(2007)把上述扩展词汇单位结构进一步归纳为：

1. 搭配：实例共现的词汇形式。
2. 类连接：词类共现的语法类。
3. 语义趋向：话题词汇场和语义相似性。
4. 话语韵：交际动机和目的。

（二）**多词单位**。近几年来，该术语一直受到学术界的关注，特别是在计算语言学、自然语言处理、语言习得与教学、心理语言学等领域。Erman & Warren(2000)认为 50%的日常语言和书面语包含着预制块和程式化的语言。多词表达单位(Multi-word expression)指由两个或多个词构成的一个相对高频的整体单位。

Wray(2002:9)对程序化序列做出了操作性定义:一个序列,相连的或者非相连的词或者其他成分,它们以预制块的形式出现,在使用时以整体形式存储和重复出现,不需要语法性质的生成或分析。Sag(2002:2)认为"多词表达"是跨越词语边界带有独特意义的单位。也可以称之为固定化的短语。Wray 认为"多词表达"在心理词库里是整体存储的,而 Sag 则从句法和语义性质的角度定义了多词表达单位。

关于多词表达单位,由于研究目的、范围等的不同,学术界的理解、界定一直存有争议。如文献中经常出现的术语还有多词序列、多词表达、语块、预制块、固定语、习语,等等。本书采用"多词单位"的称法,不具体探讨各术语之间的差异。多词单位的基本特征大致如下:(1)必须是两个或多个词语的高频复现。偶现的词汇序列不能看作多词单位。语料库语言学认为偶现词汇序列的研究意义不大,应当排除。(2)多词单位应该负载着较为稳定的意义,在联系语言形式与意义之间发挥着独特作用,这种意义可以是程序性的语篇意义,也可以是具有实际内容的语义意义。(3)多词单位的表现形式可以是连续的词语序列,也可以是非连续的词语序列。"它不以心理凸显性和结构良好为界定标准,不仅仅聚焦于固定词组,而且可以涵盖大量各种各样的复现词语序列"(卫乃兴 2011:310),多词单位可以是跨层结构。(4)对多词单位的研究就是对词语组合关系的研究,重视词语组成的由左至右的横向序列关系。(5)多词单位存在典型与非典型的差异,越是高频的多词序列,其固定程度就越高,对节点词的预见作用也越高。

（三）语义韵。卫乃兴（2002）对语义韵研究的一般方法进行了探讨。他指出，由于这些具有相同语义特点的词项与关键词项在文本中高频共现，后者就被“传染”上了相关的语义特点，整个语境内就弥漫了某种语义氛围，这就是语义韵。“语义韵律[①]是一种搭配现象，它是指某些词语由于经常同具有某种语义特征的语言单位共现而产生的一种语义色彩。这种语义色彩可能是积极的，也可能是消极的，也可能是中性的。”（王泽鹏、张燕春 2005）语义韵大体可分为积极（Positive）、中性（Neutral）和消极（Negative）三类。在消极语义韵里，关键词吸引的词项几乎都具有强烈或鲜明的消极语义特点，它们使整个语境弥漫一种浓厚的消极语义氛围。积极语义韵则相反，关键词吸引的几乎都是一些具有积极语义特点的词项，由此形成一种积极语义氛围。在中性语义韵里，词语的语义倾向并不明显，无所谓积极与消极。无论是哪一类情况，给定关键词的搭配行为都有规律可循，都隐含或明确表达语言使用者的态度与评价意义，实现某种语用功能。

卫乃兴（2011:82,95）指出“语义韵给我们提供了一个崭新的视角，去观察不同语言、不同语域或者语言变体间的词语意义或功能差异，推进并开拓了语言探索的前沿领域，丰富了语言描述的方法和内容”，“语义韵存在于我们的潜意识之中，必须基于大量的索引证据才能发掘、概括出来”。确实，语义韵与传统词汇学所研究的褒义词、贬义词有着方法论上的区别，后者意义倾向非常明显，而前者注重通过统计、观察，发现其意义的倾向性。这里举例说明语义韵与褒贬义的差异。传统研究认为“成果、结果、后果”三个词

---

① 指本书中的语义韵。

分别具有褒义、中性、贬义色彩。但是姚双云(2007)研究显示，“结果”虽然有中性用法，也有积极用法，但是从概率来说，很多情况下却都表示消极语义特征，他的统计如下：(1)搭配谓项消极语义韵为72.5%；(2)搭配谓项中性语义韵为8.33%；(3)搭配谓项积极语义韵为19.17%。

上述研究说明传统的褒贬分析对“结果”的描述是不准确的，这种定性分析是有失偏颇的。而基于语料库的方法，强调定量分析，同时也注重在定量基础上加以必要的定性分析与概括。Sinclair(1998,2005)的扩展词汇模型涵盖了语义韵这一个重要维度。

四、语料库检索软件的应用

除语料库自带的检索功能外，还有专门的语料库分析软件，如Antcon 3.2.4w，该软件是由日本早稻田大学科技学院Laurence Anthony博士编写的一款绿色、跨平台语料处理软件，可以通过网络免费下载，并且有详细的使用说明。该软件也能够用来分析汉语语料，不过要注意的是：第一，语料必须是分词的；第二，该软件菜单上的语言设置栏需要调到“汉语解码”状态，否则Antcon 3.2.4w不能识别。该软件有七大功能，索引行(Concordance line)、索引行分布(Concordance plot)、文件来源(File view)、词簇分析(Clusters)、搭配性分析(Collocates)、词表(Word list)、对比词表(Keyword list)。本书有选择性地使用上述七大功能，主要运用了索引行、词簇、搭配性分析、词表四大功能。

关于索引行的作用，冯志伟(2006)指出“词语索引行可以作为语言研究的信息资源，可以帮助我们发现模式与词汇意义、语用意义之间的联系，由于使用了词语索引行，我们的研究就会比仅仅依靠主观的内省(Intuition)更加可靠，而且，从具体的词语索引行提供的语言数据中，我们还可以抽象出一般性的范畴，对语言现象进行综合的解释。”

关于词簇研究，肖忠华、戴光荣(2010)指出“虽然词簇与习语相比在结构或意思上不一定完整，但它们在语言教学与研究中具有重大意义。”使用 Antcon 3.2.4w 可以检索出节点词左向、右向词簇由高到低的频率排列，而且在理论上，可以穷尽检索出某个具体语料库内二词至多词的词簇现象。词簇对于我们研究抽象名词的搭配非常有帮助，人脑思维是有局限性的，而基于语料库检索软件的词簇分析则相对是穷尽性的、有条理的。这也有利于人们对相关搭配在定量的基础上做出定性分析。词簇概念与传统结构搭配不尽相同，有时候词簇边界并非完好的，如“世界上最、最后一”等形式。尽管如此，这些非完好的词簇形式由于其高频特征，必然有利于解释节点词某方面的特性。因此本书特别关注抽象名词的词簇分析，词簇概念相当于前文所述的多词单位。

Antcon 3.2.4w 软件对高频词语的处理非常高效，能为共时常用词语的定量定性分析提供强有力的技术支撑。举例来说，袁毓林(1995)指出非单音节的二价名词(多属于抽象名词的下位类型)能够被介词结构“对……”修饰，许晓华(2012)更是认为介词结构“对……”应该作为二价名词词典释义和配例时的首选格式。

我们认为抽象名词的个性很强，很难说某个格式是其释义或者配例的首选格式。如“印象”属于典型的二价名词。按照许晓华(2012)的观点，“A 对 B 的印象……”应该属于首选格式。但是基于语料库和 Antcon 3.2.4w 软件来分析，会发现“印象”的 602 个用例里，通过频率高低排序，第一是“留下……印象〈112〉”，第二是“深刻(的)印象〈80〉”，第三是“印象(很)深(刻)〈53〉”，第四才是“对……印象〈44〉”，第五是“给……印象〈40〉”，第六是“在……印象中〈20〉”。很明显，在真实的语言使用中，“对……印象〈44〉”格式并非“印象”的首选格式，其首选格式应该是“留下……印象”。

五、语料库语言学的局限性

语料库方法和其他任何一种研究方法一样，其自身也有局限性，如一些不能说的话和能说却没有说的话就无法收入语料库中，已经说出的话也无法全部收入语料库当中。

何安平(2004:127—128)指出，语料库并不是万能的，它在应用中也很受各种因素的制约。首先，建立大型语料库是个艰巨的工程。另外，应用于语料库的检索工具还亟待发展和完善。语料库研究本质上是描写性的、功能性的、归纳性的。再大的语料库也不能覆盖语言使用的全部实际情况。因此，语料库的调查检索只能告诉我们这批语料里面“有什么”和“有多少”，既不能直接解答“为什么会这样”，也不能贸然断言某种语言“就是这样”。

不可否认的是，语料库语言学不但开创了一种新的语言学研究方法，而且开辟了一片新的语言学科领域。它不同于以往用粉笔加黑板描写出来的语言学理论，而是由数据加理论发展起来的新的语言学科。

第二节 研究意义和研究思路

一、为何要研究抽象名词

抽象名词是名词大类的一个重要下位类别，其自身也是一个开放性类别，但一直以来，似乎并未得到学术界应有的重视，如：(1)汉语到底有多少抽象名词和典型抽象名词，判断标准又是什么。(2)抽象名词的个案、群案研究并未得到学术界有意识的关注。邵敬敏先生(跟笔者个人交流时)曾指出，语言学现象零星的研究还不能算成气候，只有有意识地进行深入研究才有可能得到较深刻的认识。有意识研究与无意识研究有着很大的区别。(3)典型抽象名词的搭配能力如何描写。(4)典型抽象名词释义方式如何描述。(5)抽象名词的衔接功能如何考察。这些问题都尚待细致研究。

众多抽象名词都属于高频名词。对于语料库来说，高频现象是值得关注的。"Sinclair(1998)在大量的语料库研究基础上指出教学的重点应是：(1)语言中最常见的词形(最高频的词形)；(2)这些词形的核心用法模式；(3)它们的典型组合。"(转引自卫乃兴等 2005：44)很多抽象名词的使用频率是较高的，这似乎是语言使用的一个普遍现象。

相对来说，汉语的高频名词研究比较滞后。最典型的表现就是，学界未能以大规模语料库和相关分析软件来描写单个的高频抽象名词。先前研究对高频名词多词单位的模式和规约意义的描写，不太全面，不够细致。本书试图改变这一局面。

国外，Goldberg(1996)研究了高频名词 way 的构式用法。她指出 make one's way 有“暗示某人战胜外在物质和社会障碍”的意味。Lenk(2000)研究了高频名词 time 的类连接模式，其中 all the time 经常表达“人们对很长时间内持续的事件的不满或气馁”。Mahlberg(2005)以 Halliday & Hasan(1976)的理论为出发点，利用语料库观察了大量的高频名词，并指出这些名词经常具备局部篇章功能和评价功能。

Stubbs(2007)分析了英语高频名词 world 的多词单位模式。受 Stubbs(2007)启发，本书利用语料库和语料库检索软件分析汉语高频抽象名词，以期加深学界在单个高频抽象名词、高频短语方面的研究。基于语料库的研究，不但可以显示微观数据，如搭配类型、类连接等，而且也有利于进行宏观定性研究。

比起词典意义，汉语抽象名词在语篇中经常携带较为特殊的意义，如在学术界经常能听到“我保留意见”这样的话语，实际上这句话经常可以用来表达一个非常委婉的否定性意见。这种意义的解读只能在上下文里发生。因此，抽象名词的语篇意义也是本书关注的重点。

二、理论意义与实际意义

（一）理论价值和意义。一方面，我们拟较为全面地对汉语抽象名词进行系统而详细的论述，对抽象名词的词类地位和句法属性进行系统研究，这对认识和揭示汉语词类特殊小类的性质有着至关重要的作用，也将为认识汉语词类的本质打下坚实的基础。陆俭明(1994)曾指出，词类问题是语法研究中一个不可回避的问题。韩蕾(2013:25—27)指出“名词面广量大，许多研究者的统计数据表明，名词的数量不但比任何别的词类都多，并且比别的词类加在一块儿还多。若全面铺开，得出的规则势必颗粒度很粗。为了研究的集中和深入，如果能以其中的重要类别指人名词作为一个突破口，单独抽出来加以多方位考察，对其他名词及相关结构的研究肯定会有推动作用。"确实，对名词做笼统的研究似乎意义不大，但是如果深入到名词的次类范畴，对其下位类别加以专门研究，各个击破，这势必对名词大类的研究形成包围之势，也势必提高名词词类的整体研究水准。本书将对汉语名词的重要次类——抽象名词进行研究。

另一方面，汉语高频名词值得深入研究。在汉语历时研究方面，张永言、汪维辉(1995)提倡"从生僻词考证转到常用词研究"。他们指出："词汇史的研究不但不应该撇开常用词，而且应该把它放在中心的位置。中古词汇研究中几乎所有的兴趣和力量集中于疑难词语考释的现状亟须改变。"这一提倡"已经在词汇史的研究中显示出重要的指导意义"(李如龙 2005)。相对照而言，我们认为要重视汉语共时层面的常用词研究，更为确切地说，应该重视常用高频词的横向组合搭配研究。

学术界从"生僻词考证转到常用词研究"的范式转型是很有必要的，我们认为对于常用词不仅需要做历时更替、嬗变的研究，更应该做共时横向组合搭配研究。只有共时与历时相济，才能帮助我们真正了解常用词的面貌。从表面上看，共时研究似乎与历时研究无关，但是事实上两者是相辅相成、密不可分的。拉波夫(2001:328—374)就认为可以利用共时变异研究解释历时现象。"如果我们把共时变异研究排列好，把它竖起来看，它将会呈现出历时的一种状态。"(伍巍教授与笔者的交流)，共时语法化可以说明共时与历时的密切关系。

“在许多情况下，比起发现典型现象，人类往往容易发现异常情况，因此，基于直觉的结论是不可靠的”(Biber *et al*. 1998:3)。常用与僻用、普通与特殊往往是相对的。认知心理学认为特殊的东西容易被关注，如某人是龅牙，我们往往第一眼就注意到了。同理，语言学特殊的现象也往往容易被关注到，而对更具普遍性的高频现象却有可能熟视无睹。

（二）实际应用价值和意义。从对外汉语教学角度来看，抽象名词是教学的重点、难点之一。如对汉语学习者来说，能否准确理解这些抽象名词成为其阅读是否成功的关键因素之一。另外，汉语里存在大量的易混淆抽象名词，这也是学习者的难点之一。本书的深入研究无疑有利于对外汉语的相关教学。另外，本书的语义分析及句法描写对自然语言处理、机器翻译等应用研究具有一定的作用。

三、本书研究的整体思路及体例安排

方法可谓具体研究之良具，有新的方法和视角才有可能推动现有研究。与传统研究大多依赖内省与主观判断不同的是：第一，语料库和语料库检索技术，使得单个词语有深入研究的可能性和可行性。第二，认知语义学的理论分析和解释，必将对汉语抽象名词的研究产生较大影响。我们将综合运用功能语言学、统计学等理论系统分析考察汉语典型抽象名词问题。第三，对抽象名词进行研究将有利于对中国文化的理解。第四，该研究有利于抽象名词的汉外对比及其汉译英的研究。如在抽象名词方面，汉语与英语的最大不同莫过于英语有大量的行为抽象名词和品质抽象名词，即从动词和形容词转化为抽象名词的现象，而汉语则较少使用这类抽象途径。汉语里由动词或形容词直接名词化的抽象名词确实比较少，但是汉语抽象名词短语在搭配方面的能力却大于英语。

鉴于汉语抽象名词个案研究并不多见的事实，我们采取“自下而上”与“自上而下”相结合的办法。所谓“自下而上”是指对汉语里一个个重要的抽象名词予以深入考察。待这种考察达到一定数量，我们再“自上而下”地观照汉语抽象名词。“自下而上”是一种科学、务实、微观的研究方法；而“自上而下”则是一种理论概括、理念阐释、宏观的把握。

“自下而上”一般是在研究的初始阶段，需要对研究对象进行细致的观察和描写。当“自下而上”式的工作进行到一定阶段时，意味着研究的事实较为清晰了，研究材料也较为翔实了，此时如果对已有的研究对象、事实、材料加以“自上而下”的观照，将会获得新的理论认识，从而更好地促进“自下而上”式的研究。“自下而上”与“自上而下”是语言学研究的两种手段，二者互相促进、相得益彰。

目前，关于汉语抽象名词的研究尚处于“自下而上”的初级阶段，还需要微观探讨，因此本书将涉及众多的汉语抽象名词个案研究，目的是贯彻“自下而上”研究范式，为理论概括打下坚实的基础。

本书的体例安排说明如下：(1)我们所使用的例句一般都注明出处，凡未注明出处者均属于笔者自造或者非常简短的用例，例句序号按章排列。(2)文章按照章节安排，具体以“第一章”“第一节”“一”“(一)”“第一”等层次来安排文章内容。(3)我们使用了以下语料库：“北京大学 CCL 语料库”(581794456 字符)；“国家语委现代汉语通用平衡语料库”(19455328 字符)，简称“国家语委语料库”;“北京语言大学 BCC 语料库”(规模约 150 亿字),简称“BCC 语料库”。

第三节　汉语抽象名词研究综述

一、汉语名词研究的重要性

关于名词研究的重要性,王珏(2001:1—7)有概括性的论述。这里引述部分要点:

第一,陆俭明为该书所写序言里,论述到“以往,现代汉语语法研究一般都比较注重动词的研究,认为动词是句子的中心、重心、核心,动词研究是现代汉语语法研究中的第一号重要课题。这并不错,但是名词研究的重要性从某种意义上说并不亚于动词研究。”不过“应该承认,汉语语法学界以往对名词的研究,重视程度不是很够,研究成果远不如动词多”。

第二,现代汉语各个词类中,“名词是个开放的类,词典里大部分是名词。名词不但比任何别的词类都多,并且比别的词类加在一块儿还多”。

第三,名词的数量最多,句法地位也最重要。但是,目前对名词进行语法学方面的研究却最为薄弱……在名词本身的研究方面,又把名词中的时间词、方位词、处所词三类作为研究的重心,而对数量庞大的一般名词置于不顾。无须说对名词的全盘研究,连名词的分类研究至今还基本停留在《马氏文通》的时代和水平。

第四,正如大河内康宪所述,“迄今为止,按照动词语法功能进行的分类进展很快。与此相比，按照名词语法功能进行的分类还是一块未开垦的处女地”。

第五，金兆梓提出名词中心观；郭绍虞在《同义词词林》序言里写道：“汉语的三大特征之一是，汉语以名词为中心，西语以动词为中心，二者重点不同。所以注意的方向也不会相同，这是关键性问题。”

第六，邢福义说“全面地从总体上看，决定汉语语法格局面貌的，似乎是名词，而不是动词。理由是，汉语的动词本身没有什么变化，而不同句式的形成主要决定于动词前后的名词。如动词‘走’本身没有什么变化，它的后边如果出现不同的名词‘人、路、汽车’等，就会形成不同的格式。”

第七，邵敬敏指出：“人们通常把注意力集中在动词的次范畴小类上，这样做无疑是正确的，但是，问题在于我们的眼光不能仅仅局限于动词的次范畴，实际上，在动词小类不变的条件下，还要考虑到同动词结合的其他词主要是名词的次范畴小类，也可能影响到格式的成立与否。”

以上论述的是名词大类的重要性，这种论述同样适用于汉语抽象名词。名词是开放的类，作为名词重要的下位类别，抽象名词也是开放的类。直接证据就是，我们在“国家语委现代汉语通用平衡语料库词汇频率表”的基础上，提取汉语抽象名词，形成专门词表（见附录3），频次在50以上的抽象名词就有900多个，这还不包括频次较低的抽象名词。众所周知，越是低频，其数量也越多。

二、汉语界相关研究概述

抽象名词传统研究的最大特点就是从整体上笼统地对抽象名

词进行语义描述，基于语义对抽象名词进行下位分类。

（一）抽象名词的早期研究。关于“抽象名词”的名称，黎锦熙（1992[1924]：85—86）已经提出。黎氏认为：“抽象名词是无形可定，无数可数的事物之名称。不指某物之实在的体质，而抽出它的性、象或功用，成为一种事体的名称。”黎氏把抽象名词分为无形的名物、事物的性质和状态（大都由形容词转成）、人事的动作（大都由动词转成，即散动词第一种）。

其中，由形容词和动词转成的抽象名词，大多数属于后来学界争论的名物化情况。这种名物化的抽象名词不在本书的探讨范围之内。

王力（1984：21—22）精辟地论述过这类问题：

> 但是，现在大家既然用惯了“名词”这名称，也就不必更改了。我们所谓名词，和英语所谓 noun，范围广狭稍有不同。我们的名词，就普通说，除了哲学上的名词之外，只能指称具体的东西，而且可以说是五官所能感触的。英文里从形容词形成的抽象名词，如 kindness，wisdom，humility，youth，从动词形成的抽象名词，如 invitation，movement，choice，assistance，arrival，discovery 等，中国字典里可以说是没有一个词和它们相当的。在中国词的形式上，咱们辨别不出抽象名词的形式特征，它们是和形容词或动词完全同形的，我们在上文声明，我们不赞成从职务上分别词类，因此我们就不能从“我喜欢他的聪明”一类的句子里，去证明“聪明”是一个抽象名词，也不能从“他费了长时间的选择”一类的句子里，去证明“选择”是个抽象名词，我们如果从概念去辨别，中国语里的“聪明”断然是一个形容词，因为它表示一种德性；“选择”断然是一个动

> 词，因为它表示一种行为。这样，我们在分类上省却许多纠葛；上文所说，中国语里词类的界限比英语里词类的界限更为明显，就是这个缘故。
>
> “政府、议会、团体、政治、经济”一类的名词，它们所指称的东西是五官所不能感触的，然而大家都该承认，它们所指称的东西并不因此减少其具体性，它们实际上包含着许多极端具体的东西，咱们不能否认它们也是名词。
>
> 剩下来，只有哲学上的名词如“道、德、品、性”等，才是真正抽象的。如果说中国有抽象名词的话，就只有这极少数的几个了。但它们毕竟和“黑、白、高、低”等词不同，因为它们是从来不当形容词用的。

王力先生论证了不能将“我喜欢他的聪明”里的“聪明”看作抽象名词，但是王先生认为汉语的抽象名词只有哲学上的“道、德、品、性”等少数几个，这是我们所不能认同的。调查“国家语委语料库”发现，现代汉语常见的抽象名词（出现频率 1000 次以上的）就有 183 个，如“问题、社会、时候、生活、关系、作用、程度、情况、活动、思想”等。

赵元任（1980：259—260）指出：

> 抽象名词只能加某些群体量词，像“种、类、派”，或动词的量词像“顿、番”或部分量词“些、点儿”，但不能加个体单位词或标准量词。虽然这些形式特性恰巧大致跟表示性质、状态、动作的词符合，但这只是大略相同而已。不用说许多指具体东西的个体名词跟物质名词，也常常加一般的不定量词，而许多抽象名词在文法上也可以是个体名词跟物质名词。比如

"两个学说、一个梦、三场戏"其中的"学说、梦、戏"都是个体名词；而"四年功夫、用三分力量"，其中的"功夫"跟"力量"就是物质名词。

抽象名词的例子有"病：他的脾气不好是一种病。""恩：人家对他那点儿恩他老记得。""祸：我怕你要惹出一场大祸来了。""累：一个人身体不好也是一种累。""礼：礼到了，人家就不能再怪你了"。大体上，单音节的抽象名词并不常见。名词或任何其他词类之中，双音节的一般都比单音节的多，而抽象名词尤其是这样。

长一点的抽象名词有"成绩、道理、患难、火气、交情、人生、可能性"。"可能"本身可以是形容词；也可以是个体名词，比如"有两个可能"。抽象名词跟别的词类常有重复的现象，比如（以下括号中所注的词类，第一个是语源上的本义）福气（形～名）、争执（动～名）、亏空（动～名）、迷信（名～形～及物动词）、希望（动～名）、羞耻（名～形）。

赵先生对抽象名词的论述不多，但是很有启发性，如抽象名词也可以是个体名词或者物质名词。赵先生还论述了抽象名词与音节的关系，如"大体上，单音节的抽象名词并不常见。名词或任何其他词类之中，双音节的一般都比单音节的多，而抽象名词尤其是这样。"我们所提取的抽象名词词表也证明事实确实如此。

（二）新时期的抽象名词研究。朱德熙（1982：42）指出，抽象名词是前头只能加"种、类、点儿、些"或"次、回、遍、顿、趟"等动量词的名词。注意，朱先生认为"请客、吵嘴"等也属于抽象名词，可以有"请了一次客、吵了一回嘴"等说法，这与一般的观点有所不同。

袁毓林(1995)运用配价理论和降级述谓理论刻画了汉语二价名词的语义结构。袁毓林所谓的二价名词主要是指表示某种观念、情感的抽象名词,这类抽象名词具体有:

意见、见解、高见、偏见、成见、意思、想法、看法、幻想、答案、答复、结论、定论、感情、真情、情义、热情、恩情、恩德、戒心、爱心、偏心、疑心、顾虑、直觉、感觉、感受、感想、体会、印象、反应、信心、信念、信仰、敌意、敬意、好意、好感、立场、态度、责任、兴趣

袁毓林把上述二价名词的语义概括为观念/情感(某人对某人/某事),并指出"有"加上这类二价名词在语义上往往相当于一个表示心理感觉的动词,如:

有+印象≈记得

有+体会≈熟悉

有+幻想≈希望

有+顾虑≈担心/害怕

有+意思≈喜欢/看中

有+戒心≈防备/警惕

有+感觉≈发觉/觉察/感到

有+见解/高见≈精通

有+意见/看法/想法≈不满

有+感情/真情/爱心≈热爱

有+结论/定论/答案≈解决/认识

有+好感/兴趣/热情≈喜欢/爱好

有+敌意≈敌视

有＋责任≈负责

有＋疑心≈怀疑

袁毓林对观念、情感类抽象名词的研究非常细致深入，这在整个抽象名词研究的历史中，也是不多见的。因此，袁毓林的创见对后续研究具有重要的启发意义和引领作用。

彭睿（1996：99—101）对抽象名词的语义类别进行了较为细致的区分。彭睿指出，有一类名词从功能上看，它们与量词的结合能力远不如个体量词那样强，仅限于“种、类、点儿、些”或虚化的“个”及其他虚化的个体量词。人们对这些名词所指称的概念只能进行较为模糊而约略的计量，无法进行具体的逐一的计量。我们称此类名词为“抽象名词”。从意义特征上看，它们所指称的概念往往或抽象，或虚幻、空灵。彭睿指出，能且只能跟“种、类、点儿、些”或虚化的“个”等量词结合则是抽象名词的区别性特征。彭睿从意义上对抽象名词进行了如下分类：

意念类：意念类抽象名词所指称的概念是人对客体（包括主观世界和客观世界两方面）的评价、认识、感受和主观意愿等。可以说，这类抽象名词的最大特点就是“主观”性。

思维、思想、思潮、是非、食欲、人心、热情

人情、情感、企图、歉意、目的、民意、乐趣

理想、宗旨、主张、疑心、阴谋、勇气、意见

意图、意识、心理、心思、心情、信念、爱情

性状类：与“意念类”抽象名词不同的是，“性状类”指称的概念不是人对客观的反映、评价及认识等，而是客体（包括主观世界和客观世界）自身体现出来的性状、情态等特征，或者

规律性的东西。也可以说，这类抽象名词具有某种“客观”性。

特性、特点、特色、特征、水平、事态、实质

实际、人性、趋势、态势、状态、气势、趋向

姿态、状况、形态、性质、形势、修养、形式

性状、性能、性格、性情、效果、局势、境界

境地、机能、规律、地步、程度、本性、属性

知识领域类：这类抽象名词所指称的是人们在实践中总结出来的对客观和主观世界的各种认识和经验。即人们所获得的各种知识体系。

文学、数学、汉学、光学、法律、代数、美术

文化、文艺、宗教、中文、政治学、唯心论

辩证法、物理、艺术、语法、原理、学问、知识

学术、学说、基督教、业务、信息、武术

度量类：有的抽象名词所指称的概念含有数量的意味，它们都是人类在认识世界及其实践活动中对各种事物性状特征量的描写。我们称之为“度量类”抽象名词。度量类抽象名词是对具体量的“质”的规定。

湿度、摄氏度、容积、气温、强度、热量、频率

浓度、年龄、能量、密度、流量、流速、面积

路程、利润、利息、重量、物价、价格、总额

积分、汇率、厚度、海拔、功率、血压、气压

长度、次数、幅度、比例、比重、波长、参数

疾病类：这类抽象名词指称的是疾病，由此引申开来，我们将凡意指裨益的名词也划归其中。

瘟疫、疾病、肝炎病、传染病

毛病、故障、创伤、病虫害

弊病、弊端、害处、好处、益处

策略、法则类：

策略、方式、手法、手段、做法、战略、战术

途径、技巧、措施

权益类：

特权、权利、权益、权限、权力、职权、霸权

余类：时机、日程、卫生、效益、学科、透明度、职业

正如彭睿所言，抽象名词是一个十分庞大且开放的类别，语义本身十分复杂，以上各小类不可能穷尽抽象名词的所有语义类型。我们发现，在彭睿的分类里边，很多重要的抽象名词并未包括进去，如“东西、问题、兴趣、办法、事情”等。尽管如此，这种语义分类还是相当有益处的。

王惠、朱学锋（1998:856—858）认为抽象名词有 2242 个，占其统计的 27397 个名词的 8.18%。她们指出，抽象名词的特点是：与量词结合的能力较弱，只受种类量词修饰（如“一种精神、一种本能”），少数能受成形量词或不定量词修饰（如“一线希望、一点儿勇气”），但不受个体量词修饰，也不受集体量词、度量词和容器量词修饰。从意义特征上看，这类名词所指称的概念往往比较抽象、空泛，只能进行模糊而约略的计量。俞士汶等（2003:56）的提法稍有不同，他们称之为“种类名词”。通常所说的抽象名词大致上属于这一子类，如“勇气、学问”等，这类名词的另外一个特点是做动词“有”的宾语，构成动宾结构后可以受程度副词“很”修饰，如“很有精神、很有学问”。

李宇明（2002:284—286）指出“很有 NP”这一结构的 NP，绝

大多数都是抽象性的名词或名词性短语。这些词语大多数是表示与精神、气质、性质、力量、才能、情感等有关的。例如：

耐心、雄心、恒心、决心、野心、信心、良心、孝心、同情心、事业心、责任心、羞耻心

耻辱感、羞耻感、荣誉感、责任感、使命感

气质、气势、气派、气魄、气节、气度、气量

才气、勇气、志气、骨气、朝气、生气、脾气、名气、力气、福气、男子气

说头、吃头、看头、盼头、想头、奔头、派头、玩头、劲头

能力、毅力、耐力、眼力、活力、实力、势力、效力、生命力、诱惑力、想象力、感染力、说服力、号召力、影响力、冲击力、爆发力

力量、冲劲、干劲、闯劲

灵性、理性、悟性、个性、艺术性、代表性、计划性、条理性、原则性、规律性、创造性、积极性、适应性、灵活性

忧患意识、时间意识、集体意识、领导意识、开拓意识、改革意识、创新意识

精神、吃苦精神、开拓精神、奋斗精神、创新精神、吃苦耐劳精神

兴趣、兴致、情趣、情义、心计、头脑、理智、才能、能耐、胆量、肚量、远见、见识、见地、知识、学问、水平、眼光、诚意、思想、主见、出息、前途、希望、扮相、礼貌、经验、办法、手段、本事、本领、章法、文采、研究、造诣

此外，也有一些表示其他意义的抽象名词，如“意义、特色、风格、来头、棱角、靠山、声誉、名望、面子、营养、讲究、条

件、道理、根据、人缘、基础、底子、起色、进展、价值”等。

李宇明给抽象名词进行了大致分类。石毓智(2001:159—160)指出“度量、头脑、心肠、水平、人格、形象、性格、身材、样子、风度”等“度量”类词语用于“有(没有)+NP”结构,所组成的整个短语相当于一个形容词,还可以用程度副词修饰。刘文欣(2004)指出,抽象名词进入“程度词+名词”结构之后语义基本内容不变,在进入这一结构后实现了由指称事物向描写性状的转变。

朱淑君(2005)探讨了抽象名词量度特征,认为抽象名词是名词中的非典型成员,所指的不是具体可视的东西,而是看不见、摸不着的抽象概念。如:

能力——能胜任某项任务的主观条件。

水平——在某方面达到的高度。

价值——积极的作用。

骨气——刚正不屈的气概。

毅力——坚强持久的意志。

本领——需要经过特别学习才能掌握的,较高的,较难的或较复杂的技能。

个性——在一定的社会条件和教育影响下形成的一个人的比较固定的特征。

朱淑君认为“能胜任”,就是达到了要求的标准,这便是一种抽象意义上量度的判断。再如“达到的高度”,意味着一种量的不确定性,暗含着程度的差别。不过,抽象名词自身包含的这种量的属性是潜在的、非显性的。这一点与性质形容词截然不同。性质形容词的量是显性的,本身就代表着一个不定量的幅度,可以通过前加程度副词直接表现出各个不同的量点。而抽象名词量的表达却常要借助于量度形容词(能受程度副词修饰的形容词),如“水平高、个性强、价值大”等。如果量度形容词与程度副词组合,抽象名词的量也能够形成一个量度等级。如“水平比较高、水平很高、水平最高”等。

王珏(2001:140—150)也认为:“抽象名词在语法上的最为明显而重要的特征是,它们与量词的结合能力远不如个体名词那样强,而仅限于‘种、类、点儿、些’和虚化的‘个’及其他修辞性借用量词。”另外一个重要特点是“抽象名词不仅没有重叠形式,连构词词缀也很少。突出的表现就是,一向被视为资格老、能产性强(或较强)的词缀,几乎不能参与抽象名词的构成。只有一些准词缀,即近现代以来伴随着外来词的借入从印欧语或日语中借用来的词缀,才能构成抽象名词的一小部分。”王珏指出这一点之所以重要,是因为汉语抽象名词不具有类似于英语的构词能产性,即不具备从动词、形容词派生的能力。这一点是汉语与英语之间的重大差异。

(三)抽象名词的当代研究。进入新世纪以来,国内针对抽象名词的研究有了较大进展,其显著特点是较多成果基于认知语义学理论框架来进行。

凌子惠、刘正光(2008)对汉语中很多 N_1 为抽象名词的“N_1+N_2”概念合成名词进行了概念限制研究。这类组合如“气质美女、良心作家、魅力都市、品质生活、情调音乐”等。N_1 被称为抽象名词,是因为其基本语义具有抽象性。所谓抽象性主要是针对该名词的外延而言的,因为这些名词大多都是描述人的情感或感受的,是难以看到或捉摸的事物。他们还指出,抽象名词的认知功能包括概念切分功能、具象化功能和概念整合功能。其中具象化功能使得抽象名词所代表的认知实体具有了“物”的性质，更易于理解与记忆，易于嵌入抽象的关系中。

姜红(2009)从不对称视角探讨了具体名词和抽象名词的差异。从隐喻视角研究抽象名词的两篇文献较为重要。龙涛(2011)指出，抽象名词不同于传统对抽象名词表“抽象物或抽象意义”这样一个与“实体”概念对立的意义表述，它是通过“隐喻”途径获得的一种隐喻性空间意义，而且抽象名词所指的空间性质是“有界”空间。李先银(2012)认为抽象名词分主生的和寄生的两种，前者不能进入“有＋抽象名词”结构，而后者可以。寄生抽象名词与其寄生的主体形成隐喻容器关系，使得“有＋抽象名词”获得隐喻容器关系默认的“大量义”，这种“大量义”是隐性的，没有量性标记。隐性的“大量义”使“有＋抽象名词”具有区别性，很容易属性化并且形容词化，从而再受程度副词的修饰。

杨尚文(2010)的两篇文章都对“没＋抽象名词”的量度特征进行了考察，认为可以分为以下几类：

表示人体基本属性：身材、样子、脸蛋、头脑、脾气、性格、力气、感情

表示能力：才华、文化、学问、才气、技术、潜力、实力、出息、水准、能耐

表示品质修为：品味、品位、内涵、活力、魅力、志气、骨气、毅力、良心、礼貌、素质、修养、个性、兴趣、风度

表示名利地位：钱、名气、身份、地位、势力、权力、资格、典型性

表示价值：成就、价值、意义、用途、前途、道理、功劳、好处

其他：关系、特点、负担、压力、必要

杨尚文主要探讨“没＋抽象名词”的量度特征，即程度量特征，认为该类只表示少量，而不表示零量或不足量。

郭慧志等（2005）一文认为抽象名词是没有实体意义的名词，如“方式、手段、方法”等。他们筛选出162个抽象名词和组织类名词。另外，我们检索到多篇与抽象名词研究有关的硕士论文：董春利（2007）、孙永梅（2008）、刘磊（2009）、王锦凤（2010）、孙燚兵（2011）、刁文瑛（2012）、郭智（2013）、苏宁宁（2014）、胡文彬（2014）、刘婷（2014），等等。

三、外语界相关研究概述

连淑能（1993：128—146）从英汉对比的角度专章论述了“抽象与具体”的关系，认为：

> 英语的名词化往往导致表达的抽象化。这类名词涵义概括，指称笼统，覆盖面广，往往有一种“虚”“泛”“暗”“曲”“隐”的“魅力”，因而便于用来表达复杂的思想和微妙的情绪。
>
> 抽象表达尤其常用于社会科学论著、官方文章、报刊评论、法律文书、商业信件等文体，主要原因：第一，抽象思维被认为是一种高级思维，是文明人的一种象征。随着科学技术的发达和文明社会的进步，原有的感性表达方式已不足以表达复杂的理性概念，因而要借助于抽象、概括的方法。此外，许多作者为了显耀其思想深奥而故弄玄虚、追随时尚，也嗜好抽象表达法。第二，抽象词语意义模糊，便于掩饰作者含混或真实的思想，以迎合其某种表达的需要，因而也得以流行。

连淑能指出了抽象名词使用的语体倾向和抽象名词越来越多、越来越发达的两个重要原因。张今、刘光耀(1996)的书是迄今为止为数不多的关于抽象名词的专著之一，不过该书以分析英语抽象名词为主。他们指出，随着社会的前进和思维的发展，汉语抽象名词应用得越来越广泛，这已成为现代汉语的一个特点。该书的相关观点还有：

> 具体名词指的是现实的物质世界中存在的人、物、地方、实体等。这些东西是人们看得见或摸得着的，或者是可以称重或度量的。
>
> 传统的和常用的划分具体名词和抽象名词的标准是意义。以意义为标准的主要好处是人们都比较熟悉。而以意义为标准的主要弱点是界线不清，人们不易掌握。譬如，声音、光等是人们能够感觉到的，但通常把它们视为抽象名词。
>
> R. Quirk 等人(1985)的定义是：抽象名词"从典型性上讲是观察不到和不可测量的"。
>
> 我们觉得，把抽象名词分为抽象化的抽象名词、部分具体化的抽象名词和具体化的抽象名词三类，既注意了它们在意义上的差别又注意了它们在形态上的不同。总之，我们认为，具体名词和抽象名词是两个对立的语法范畴，但它们之间并没有截然的界线，在一定条件下可以互相转化。

确实，张今、刘光耀的论述注意到了具体名词与抽象名词之间的连续统性质。

蔡基刚(2003)重在研究英语抽象名词的表达功能，其中若干章节探讨了英汉抽象名词的表达差异问题。如蔡基刚(2003:30)

对英语的抽象名词的语体进行考察，发现抽象名词结构出现在正式文体中要比非正式文体中多。尤其是在词汇密集型的科技文章和学术论文中，这种结构相当普遍。通过对各种语体中抽象名词的调查发现：(1)抽象名词表达的多少和语体正式程度高低有关，语体的正式程度越高，抽象名词表达越多；(2)抽象名词表达在现代英语中出现频率是比较高的，在一般语体中也有一定比例。蔡基刚(2003:83)认为："英语和汉语都有抽象名词表达，但其使用频率前者高于后者。即使在科技和说明这两种正式程度较高、使用抽象名词较多的语体里，英语抽象名词的频率也远远高于汉语。汉语抽象名词表达抽象性不强。"

蔡基刚(2003:70—71)认为："尽管汉语抽象名词如同英语抽象名词一样都是表达一种抽象的概念，但所表达的抽象程度不同。如果说抽象名词从意义和形式上都可以感觉到其抽象性、虚化性，那么汉语抽象名词的具体意义就较多了些。英语抽象名词绝大多数是从动词和形容词派生来的，只有很少一部分从动词、形容词直接转化而来。在动词或形容词后面加上'-ment、-tion、-ence'等名词后缀，我们就明显感觉到其抽象性。"与英语不同的是，从动词和形容词派生来的汉语抽象名词却很少，例如：

性：正确性、必要性、重要性、可读性、片面性、弹性、酸性

化：机械化、现代化、民主化、典型化、尖锐化、美化、腐化

度：高度、强度、密度、厚度、牢度、幅度

处：好处、益处、坏处、害处

量：热量、重量、轻量、变量

法：分析法、比较法、归纳法、演绎法

主义：爱国主义、社会主义、集体主义

显然，我们从这些词尾中多少还看得出一些西方语言的特点，特别是英语词缀的痕迹。汉语在词形上没有形态变化，有时候只剩词类变化了。如从动词转化来的：研究、批评、进攻、申请、武装、指示、主张等；从形容词转化来的：耐心、勇敢、光荣、安全、困难、骄傲、聪明、细心等。蔡基刚(2003:74—75)认为汉语中也有很抽象的名词，例如：

事态、姿态、状态、形态

特性、特点、特色、特征

频率、汇率、功率、速率

趋势、态势、局势、形势

性状、性能、性格、性质

有人把这些名词称为范畴词。因为这些词本身的意义是较笼统、含糊的，它们只是跟在动词、名词和形容词后面，才构成有一定意义的名词结构或与英语对应的抽象名词。如：

局势：紧张局势、动荡局势

现象：失业现象、反常现象

情绪：自满情绪、悲观情绪

状态：敌对状态、麻木状态

工作：说服工作、教育工作

行为：作弊行为、偷窃行为

方式：交配方式、传送方式

方法：测量方法、教育方法

办法：解决办法、实施办法

情况：紧急情况、航行情况

事件：暴力事件、突发事件

态度：傲慢态度、冷漠态度

事业：教育事业、科技事业

关系：合作关系、相互关系

蔡基刚把范畴词看作抽象名词的后缀，并基于英语抽象名词的表达，比较了英汉抽象名词在语体、抽象度方面的差异，这些研究成果无疑都会给抽象名词研究者以启发。其中重要的观点如下：

第一，汉语抽象名词不如英语抽象名词抽象程度高，这一观点在学术界有较多人认同。不过我们认为，英语和汉语的比较，不但要从英语看汉语，而且还要从汉语看英语。确实，我们不得不承认，汉语在行为抽象名词、品质抽象名词方面不如英语发达，即汉语里由动词或形容词直接名词化的抽象名词比较少。但是汉语在抽象名词短语、搭配方面的可能性远远大于英语。

第二，汉语也存在很抽象的名词，"它们只是跟在动词、名词和形容词后面，才构成有一定意义的名词结构或对应的英语抽象名词"，这种观点，与我们将要探讨抽象名词的依赖性有相似之处。

第三，把范畴词看作抽象名词的后缀，这一点并不妥当，虽然平行翻译与英语的抽象名词后缀很相似，但是范畴词是典型的词。范畴词的依赖性和高度抽象性是其特点，但不能因为这些特点就认为它不属于词的成员。

国外抽象名词研究成果非常丰富，其中有些著作对本书有着重要的启发意义，因本书以论述汉语为主，加上篇幅较长，我们将综述放在附录1，供大家查阅。

第四节　汉语抽象名词的界定、分类

一、国内外相关研究的特点

纵观国内外学者对抽象名词的研究，主要有以下几个特点。第一，在抽象名词的判断标准方面，利用量词作为判断标准或者以意义为标准。第二，注重从整体上对抽象名词进行意义分类，较少考虑抽象名词的内部差异，较少进行抽象名词的个案探讨。我们认为抽象名词的个性差异较大，尤其是高频抽象名词，它们几乎各有特点。如果只对这些抽象名词进行整体笼统的描写研究，那必定是表面的、不深入的。本书将对抽象名词个案的搭配属性、句法语义加以考察。众所周知，每个学科的学术研究必然经过两个阶段，第一个阶段是“化整为零”，第二个阶段是“聚零为整”。与汉语其他词类相比，抽象名词的研究尚未真正经过第一个阶段，更谈不上第二个阶段。对抽象名词的典型个案进行逐一研究后，我们才能总结出抽象名词更高层面的规律与倾向。

汉语抽象名词研究之所以还一直处于语义分类的初始阶段，是因为以往讨论抽象名词时，大家似乎都只是举些例子，而一直没有人真正对现代汉语成百上千个抽象名词做逐一考察，未能个案式地描写它们的使用情况。没有新的理论、新的视角，抽象名词的深入研究将举步维艰。

国外对抽象名词的研究已经较为深入。这些研究大多吸收了认知语义学和语料库语言学、系统功能语言学等理论的精髓，对抽象名词的研究呈立体态势。不论是抽象名词的语义描述，还是分类研究都已经比较细致;不论是绝对数量的描写,还是整体理论的建构;不论是抽象名词的句法、语义功能,还是其语篇功能等都有所涉及。

尽管如此,汉语抽象名词研究毕竟不同于英语等国外语言的抽象名词研究。汉语抽象名词有其自身特点,我们必须立足汉语实际,同时又必须时刻准备着比照英语的情况。

王洪君(2011[1994]:331—345)认为:“放弃对语言共性的探索,不仅使中国语言学逐渐落后于西方语言学,差距越来越大,而且也很难真正搞清汉语的特点。我们的眼光不能囿于汉语,一方面,盲目追求语言共性或许不可取;另一方面,片面强调汉语的特点亦不足取。我们要摆正汉语特点与人类语言共性的关系。”

我们认为,汉语抽象名词急需从新的视角进行深入研究,但是同时也要注意吸收、比较国外当前的相关研究成果。

二、汉语抽象名词的界定和语义分类

(一)汉语抽象名词的句法界定。只受种类量词、少量量词修饰的名词,可认为是抽象名词。一些无量名词不受任何量词修饰,但是其语义抽象、空灵,我们也可以认定其为抽象名词。以下搭配可以认为是抽象名词的句法鉴定标准。

第一,“数量短语+抽象名词”搭配,这是最重要的句法界定标准,例如:

(1) 一种问题、一种东西、一种情绪、一种感情、一种理想、一种情怀、一种理念、一种味道、一种品味、一种想法、一种勇气、一种艺术

(2) 一类数据、一类案件、一类模型、一类信号、一类方

案、一类指标、一类符号、一类合同、一类风格、一类差异、一类元素

(3) 一些问题、一些影响、一些想法、一些规律、一些事情、一些东西

(4) 一点情绪、一点学问、一点意思、一点力气、一点能力

(5) 一个难题、一个问题、一个特点、一个标准

种类量词里,“种”的使用频率远远高于“类”。学界多强调一般抽象名词受到种类量词修饰或者表示小量的“些、点”等修饰,但是,部分抽象名词也可以受虚化的个体量词“个”修饰。要注意的是,“个”修饰具体名词和抽象名词时的性质不尽相同,如“一个杯子”性质是具体的,而“一个特点”的性质依然是抽象的。我们还可以说,“一个难以描述的特点”等。因此“个”修饰抽象名词时,并未对抽象名词产生多少具体化,只是约略而模糊的计量。

第二,可数抽象名词鉴定,“几种(几个)+抽象名词”。与英语相比,汉语名词的可数与不可数特征似乎并不怎么凸显。到目前为止,抽象名词可数与不可数的问题似乎并未得到深入探讨。Liu (2012)认为汉语抽象名词有可数和不可数之分。考察发现,有些抽象名词受“种”或虚化的“个”修饰时,数量上不限于“一种”或者“一个”。我们以“几种(几个)”作为测试条件,能够被修饰的为可数抽象名词,例如“几个问题、几种问题”里“问题”是典型的可数抽象名词。为何选择“几种(几个)”作为标准呢?理由有二:“种”是典型种类量词,使用范围广泛,能表达典型抽象名词的特性;而“一种”自身有可能已经虚化,“几种”比“一种”具有更强的限定性,如人们在一定的语境下可以说“一种痛苦”,但是能说“几种痛苦”的可能性很小。汉语可数抽象名词不在少数,例如:

(6) 表情、差别、程序、措施、定义、方案、方法、方面、风格、概念、功能、关系、观点、规则、活动、机会、技巧、技术、建议、角度、阶段、结论、看法、理由、立场、秘密、模式、目标、目的、情节、情况、缺点、事儿、事情、手段、思想、条件、想法、信仰、形式、要求、优点、愿望、主题、作用、做法

“几种”与“几个”两种标记不尽相同。例如“几个部分”不能说成“几种部分”;“几个方面”不能说成“几种方面”。另外,从语义上来说,“几个＋抽象名词”里的“个”是从个体量词虚化而来,带有个体化计量的意味。而“几种＋抽象名词”里的“种”则属于内涵限定,不带有计量意味。因此“几个＋抽象名词”比“几种＋抽象名词”的抽象度要低一些。有些抽象名词只能受“一种”修饰,量性特征仅限于“一”,例如可以说“一种性情、这种性情”,但是一般不能说“两种性情、很多性情”等。因此,“性情”属于不可数抽象名词。这类实例也不在少数,例如:

(7) 本质、创造性、道德、高度、积极性、基础、科学、理性、民主、目光、品质、情绪、时代、时候、时间、时期、实质、水平、素质、危机、效率、心情、性质、意识、整体、质量、作风

还有一种情况是,有些抽象名词压根儿就不能受“一种”修饰,也不能受“一个”或者“这种”修饰。如“国际”,不能说“一个国际、一种国际”或者“这种国际”。我们把“国际”这种根本就不能计量的抽象名词称为无量抽象名词。这类实例相对较少,例如:

(8) 安危、败绩、本意、表面、风尘、根本、人类、社会、宇宙、智力

要说明的是,我们探讨的无量抽象名词与王惠、朱学锋(1998:858)所论的“无量名词”在内涵和外延两个方面都有较大不同。她们认为“长度、纯度、高度”等是含有数量概念的无量名词。在我们看来,它们属于量性待确定的抽象名词,虽然不能接受“一种”修饰,但是都可以接受“这种”修饰,如“这种长度、这种纯度、这种高度”。因此准确来说,它们属于待定量抽象名词。所论无量抽象名词的来源有以下两种:第一,指称某个唯一的抽象事物,如“世界、社会、生活、经济、历史”;第二,由部分词缀派生而来的抽象名词,如“批判性、能动性、能产性”等,“性”表示属性,属性一般不被计量。

第三,“一切”后的名词性成分可以是抽象名词,不能是具体名词。这一条不具有普遍性,例如:

(9) 一切问题、一切事物、一切东西、一切经验、一切理由、一切原因

(10) *一切桌子、*一切杯子、*一切电话

彭小川、严丽明(2007)指出“一切”注重对事物种类的总括。跟“全部”和“所有”比较,“一切”修饰的名词范围会小一些,因为它“只能修饰可分类的事物,不能修饰不可分类的事物”(吕叔湘等1999:522)。“一切”的含义近似于“各种”。很多抽象名词属于概念不自足名词,需要修饰语对其刻画和分类,以增加其内涵和确指度,只有这样,抽象名词才能得以自足。

第四,与某些介词搭配的成分为抽象名词。我们利用 Antcon 3.2.4w 随机检索 100 条用例,发现与“针对”共现的跨距搭配的名词多属于抽象名词语,如:

(11) 中性抽象名词语：情况、实际情况、具体情况、对象、特点、实际、实践、制度、思想、实际思想

消极抽象名词语：问题、薄弱环节、落后思想、弊病、教条主义、具体问题、矛盾、矛盾关系、思想情绪、污蔑、严峻形势、学习障碍

“针对……情况”28 例，“针对……问题”15 例，这两个跨距搭配最为常见，总计达到了 43 例。从语义韵特征来看，所“针对”的事情大部分都是消极的（占 71%），也有部分是中性的，占 29%，没有发现积极语义。

第五，我们利用 Antcon 3.2.4w 随机检索 100 条用例，发现与“本着”共现的跨距搭配的名词多属于抽象名词语，如“精神、原则、态度、方针、指示、观点、目标、政策、姿态、想法、经验、愿望”。其中“本着……精神、本着……原则、本着……态度、本着……方针”等属于较为高频的搭配，例如：

(12) 双方的关系应是平等的，谁也不能凌驾于谁之上，谁也不应过于干涉别人的事情，应该本着同舟共济，宽大为怀，小事不计较，大事共商量，互敬互爱，你尊我让的原则相处。

(13)我们本着真诚服务的精神，立足天津，服务西北和全国，使天津与各地的经济联合出现一个新局面。

要说明的是，例(12)的“本着”与“原则”之间的跨距非常大，共计 27 字（不计标点），这种用法只有在书面语体里才能见到。

第六，与前置介词“根据”搭配的抽象名词。前置介词“根据”主要是指介绍得出某种结论的依据。跟其搭配的有具体名词，也

有大量的抽象名词，如“经验、情况、现状、具体情况、心理”，例如：

(14) 其所以珍贵，是因为根据的经验是亲身实践。

(15) 根据中国的实际情况确定革命的路线、方针和政策，这是以毛泽东同志为代表的中国共产党人在长期的革命斗争中锻炼出来的革命胆识。

第七，与动词“具有”搭配的多是抽象名词。如“意义、性质、属性、作用、使命、欺骗性、形式、价值、共同点、权威性、形态、素质、勇气、幽默感、意识”。其中“具有……意义”在“国家语委语料库”里共计 761 例、“具有……作用”398 例、“具有……性质”283 例，这些搭配频率较高，例如：

(16) 在这个时候，我们强调加强党风建设，继续发扬延安作风，对于保证四个现代化的实现，具有十分重大的意义。

(17) 我国颁布了《民法通则》，这是我国第一部较完备的现代民法典，它规定了民事活动中共同遵守的规范，对调整公民之间、法人之间、公民与法人之间的财产关系和人身关系具有重要作用。

(18) 从这个意义上来说，作为农民与地主之间阶级斗争最高形式的农民战争具有反封建的性质，是完全可以理解的。

抽象名词与后置介词“上、下”的搭配现象比较复杂，我们将专章进行论述。我们认为抽象名词在句法上可以通过搭配框架予以鉴别，上述鉴别框架主要分为两类：数量短语搭配框架和介词搭配框架。这里仅仅属于举例式探讨，并未穷尽。从鉴别能力来看，“一种/几种＋抽象名词”是最为高效的，其他框架所能鉴别出的抽象名词较为有限。

（二）汉语抽象名词的语义分类。传统研究对抽象名词的语义分类多有涉及。其中，王珏（2001:140—150）根据李英哲（1990）把抽象名词分为7个类别：知识领域类、度量类、消息类、策略类、方法类、疾病类、情感类。王珏的分类比较全面细致，我们按照语义相近原则，试图把抽象名词语义类别分得更为细致。类别之间纠葛颇多，这说明抽象名词的语义非常复杂，难以用一刀切的标准进行划分。这里仅以宽泛的标准摘录较为高频的抽象名词，基本按照义类来安排。摘录的词语在义类归属方面可能存在交叉重合，正如梅家驹等（1996）指出“由于语义的分类关系错综复杂，有些类别相互渗透、交织在一起，难于绝对划分，因此，部分词的类别只能是相对的”。分类的目的是为了说明汉语抽象名词的绝对数量很大，语义复杂，同时也希望为后续研究做一个简单的铺垫。

第一，事情、东西类：东西、事、事儿、事故、事件、事情、事态、事物、事项、往事、物质

第二，情状类：变故、波折、动静、境况、情况、情形、情状、实情、意外、真情、状况、状态

第三，理由类：道理、借口、理由、情理、事理、事由、托词、哲理、真谛、真理

第四，原因、结果类：报应、产物、成因、到底、后果、结果、结局、结尾、究竟、来头、来由、名堂、内因、起因、外因、下场、下文、诱因、缘故、原委、原因、缘起、缘由、终局、最后

第五，新闻、消息类：传说、传闻、传言、风声、情报、通讯、消息、新闻、信息、音信

第六，形势类：败局、风声、风云、迹象、局面、局势、苗头、气候、趋势、全局、时局、时势、事态、态势、现象、形势、阵势、征候、征象、

症状

第七，根据、证据类：本源、根据、根源、来源、论据、论证、凭据、凭证、依据、渊源、源头

第八，形状、样式类：地势、地形、花样、款式、模样、式样、体态、体形、形式、形态、形象、样式、样子、状态

第九，方法类：办法、点子、法儿、法子、方法、技巧、技术、诀窍、路径、门道、窍门、渠道、手段、主意

第十，容貌、神情类：本色、表面、表情、风采、风度、架势、精神、面貌、面目、派头、气派、气质、情态、容貌、神气、神情、神色、实质、手势、态度、体貌、仪态、姿态

第十一，风景类：风光、风景、光景、景观、景色、景象、景致、情景、现象

第十二，优点、缺点类：短处、害处、好处、坏处、利弊、利益、毛病、缺点、缺陷、通病、瑕疵、益处、优点、长处

第十三，性质、特征类：本质、差别、差异、风味、区别、属性、特点、特色、特性、特征、习性、性能、性质

第十四，范围、方面类：范畴、范围、方面、规模、环节、局面、领域、体系、系统

第十五，类别、次序类：层次、层级、程序、次第、等次、类别、类型、门类、品类、品种、顺序、物种、项目、种类

第十六，标准、质量类：榜样、标准、成色、程度、顶点、分寸、规格、基准、极端、品质、身份、水平、水准、限度、样子、原则、质地、质量、准则

第十七，核心、根本类：本位、本质、根本、关键、关节、核心、基本、基础、基点、焦点、要点、中心、重点

第十八，名称、名目类：标记、称号、称呼、称谓、名号、名目、名堂、名头、名义、品牌、通称、统称、招牌、职称

第十九，性格类：本性、操行、道德、德行、风骨、个性、公德、美德、脾气、品德、品格、品行、品性、天性、性格、性情、性子

第二十，心意类：心意、情意、意思、心情、情绪、心境、民情、爱情、情爱、风情

第二十一，政局、团体类：策略、集体、军队、派别、团体、政策、政局、政体、政治、制度、组织

第二十二，规则类：常规、法规、法纪、法令、法律、法制、公约、规程、规定、规划、规则、规章、合同、纪律、简则、守则、条款、条例、条约、章程、准则

第二十三，言辞类：定论、动议、话头、建议、讲法、讲话、结论、决定、决议、军令、命令、说法、说话、提案、提法、提议、通知、言论、议论、语句、真话、指令、总结

第二十四，“心”类：慈心、狠心、良心、善心、贪心、心病、心底、心寒、心慌、心机、心计、心悸、心境、心理、心灵、心念、心气、心情、心事、心术、心思、心态、心田、心头、心虚、心绪、心意、心志、心智、野心

上述仅仅是把抽象名词按照语义相近原则分为24类。大家都知道，意义标准过于宽泛，因此上述分类也是非常宽泛的，如果能够让大家从感性上认识到汉语抽象名词的复杂性与基本面貌，我们分类的目的也就达到了。此外，汉语中由词缀或类词缀构成的抽象名词是个开放的类。例如：

第一，“X性”类：工具性、国际性、过敏性、机械性、季节性、能产性、能动性、批判性、知识性、智能性

第二,“X 头”类:吃头、搞头、看头、苦头、甜头、想头、做头

第三、“X 热”类:黄金热、篮球热、留学热、气功热、外语热、文化热、养花热、养生热、足球热

第四,“X 度”类:幅度、合法度、接受度、认知度、知名度

第五,“X 法”类:打法、读法、赌法、搞法、画法、活法、技法、看法、练法、弄法、写法、做法

第六,“X 学”类:材料学、分类学、管理学、建筑学、经济学、历史学、临床学、人口学、文艺学、药学、医学、艺术学、语言学、政治学

第七,“X 会”类:交易会、恳谈会、讨论会、学术会、研究会、研讨会

第八,“X 主义”类:拜金主义、封建主义、共产主义、社会主义、唯物主义、唯心主义、资本主义

第二章　抽象名词与其他词类的关系

名词的内部有很多小类，我们首先探讨抽象名词与具体名词的一些差异与不对称现象，然后探讨抽象名词与动词、形容词等词类的纠葛之处。由此说明抽象名词的性质与词类地位。

第一节　抽象名词与具体名词的关系

王惠、朱学锋(1998)把名词分为有量名词与无量名词。有量名词分为指物名词与过程名词。指物名词分为专有名词与普通名词，而普通名词分为抽象名词与具体名词。可见，抽象名词与具体名词是对立的。她们依据量词重新给名词划类，如：(1)个体名词受到个体量词修饰；(2)抽象名词受到种类量词修饰。

姜红(2009)较为详细地探讨了具体名词与抽象名词的不对称问题，主要表现在以下几个方面：(1)形状量词主要和具体名词组合，因为具体名词往往具有一定的外形和空间性。(2)虽然具体名词与抽象名词里都有实例可以受到副词修饰，但是受副词修饰的能力不同，一般来说，抽象名词受副词修饰的能力较强。受副词修饰时，抽象名词和具体名词体现的意义也不相同。具体名词体现的是由本义引申而来的内涵义，而抽象名词体现的是本身具有的内涵义。(3)从配价角度看，二价名词都是抽象名词，这类名词语义不自足，在使用时必须有另外两个名词与之共现，才能使它的语义具体化，如“我对电影感兴趣”里的“兴趣”等。再如“喝水的人”与“喝水的样子”，两者也有所不同，“喝水的”可以转指人，但是不能转指“样子”。上述分析有利于我们发现抽象名词与具体名词的界线与纠葛。

一、典型名词的特征

按照 Radden & Dirven(2007:62—86)的分析，从认知语言学来看，事物被看作自主的、稳定的，存在于我们的肉眼世界里。事物可以从抽象意义层面来理解，具体名词里的个体名词是最为典型的名词，是名词原型范畴。个体名词(Object)与其他名词的三个区别维度是：

(1) 边界性。个体名词如“汽车”具有清晰的认知轮廓，这赋予它完型特征。这种具有清晰轮廓的物体给我们以离散性(Discrete)。具有边界性是个体名词的本质特征。相对而言，物质名词如“水”，则不具备内在的边界性特征。它是连续性的，而非离散性的。“水”通常被描写成无形状的物体。当然，我们可以借助临时量词赋予它形状，如“一瓢水”。

(2) 内在组成性。个体名词的内在组成性是非匀质的(Heterogeneous)，并且识解为可数名词。如“汽车”由很多不同的部分组合而成。物质名词的内在组成是匀质的(Homogeneous)，被解码为物质名词，如“水、灰尘、废铁”等。我们日常生活中一般肉眼很难对物质名词的部分进行观察，因为一般来说，物质名词内部的成分跟我们不太相干。物质名词被放大、压缩、分解而不影响它的同一性。水的一部分依然还是水。我们能说“一滴水、一瓢水”，但是不能说“一滴车、一瓢车”等。

(3) 可数性。如我们可以说“一本书、两本书”等。可数性指数量上可以进行计数的性质。如：

单数：一辆车、* 一辆交通

复数：五辆车、* 五辆交通

量化词：很多车、* 很多交通

很少的车、* 很少的交通

冠词：一车、这车、* 一交通、* 这交通

我们对物理世界的现象进行范畴化的时候，不是基于它们的客观性质，而是基于它们所呈现的相关性。但是物理世界并不总是清晰地告诉我们哪些是个体名词，哪些是物质名词，它们之间有模糊之处。前文所述的“汽车”是典型的个体名词。而很多边缘成员则不一定都具有汽车那样的典型性，如边界性、内在非同质性、可数性等。如“葵花子、咖啡豆、胡椒子”等。它们总是数量太多而不容易数清，但是它们足够大以至于我们能区分它们是单个的个体，而且它们是非匀质的，具有坚硬的外壳和比较柔软的内在肉质。因此可以认为它们是可数名词。

而“草籽、沙、盐、大米、小麦”等也是由小颗粒构成，但是它们太小而不值得去数，而且其内在构成被认为是同质的，因此我们就看成是物质名词。

葵花子我们总是种它们，并且一粒一粒地吃它们，而草籽我们只是大把大把地种它们，前者被认为是可数的，而后者被认为是物质名词。

典型的物质名词是无边界的，同质的，不可数的，如“油、血、空气、燃气、蒸汽、棉花、羊毛、钢材、木材”等等。

从上述分析来看，典型具体名词具有边界性，内在组成性，可数性。如“桌子”具有明显的边界性和空间性，是可数的。其内在组成性也非常明显，如“桌子”分为“桌面、桌角、桌脚、抽屉”等内在组成部分。“桌子”也是可数的，我们可以说“一张桌子、两张桌子”。而抽象名词在上述三个维度都没有很好的体现。如抽象名词一般不具备空间性、边界性，我们不知道“概念、问题、思想”等词语的边界在哪儿。尽管龙涛(2011)论述抽象名词可以通过转喻获得较弱的空间意义，但是那毕竟无法与具体名词较强的空间属性相比。抽象名词一般也不具备内在组成性，如人们难以界说“想法”是由什么组成的。抽象名词也不是典型的可数性名词，它们一般可以受种类量词修饰，但不能受具体量词修饰。

二、抽象名词与具体名词的差异

第一，从语义方面来看，我们认为典型具体名词可看、可听、可触摸或者可尝、可品味，具有空间性。而抽象名词一般是不可看，不可听，不可触摸，不具有空间性。如“树、草、石头”是具体名词，而“思维、情况、局面”则是抽象名词。

第二，语义自足性存在差异。具体名词对应的是现实世界里的事物，如“老虎、蚊子、大米、沙子”为具体名词，都有自足性。而抽象名词具有语义依赖性，如“兴趣”，我们会问“谁的兴趣、什么兴趣”之类的问题。

第三，从语义韵方面看，具体名词一般不具备语义韵表现，如“有桌子、没桌子”里的“桌子”没有积极或消极语义韵表现。而抽象名词的语义韵表现非常丰富，如“有意见”“保留意见”里的“意见”都有语义韵倾向。“有情绪、来情绪了”里的“情绪”倾向于消极语义韵。

第四，句法方面，二者与数量结构搭配方面存在差异。具体名词与个体量词搭配，而抽象名词不能，只能跟种类量词或少量量词搭配。如“一个西瓜”里的“西瓜”是具体名词，而“一种看法”里的“看法”是抽象名词。抽象名词与种类量词搭配，具体名词与个体量词搭配，这是二者得以区分的最为重要的鉴别标准。这符合朱德熙(1982:42)的相关论述。

第五，“动词＋具体名词”往往是动宾结构，而“动词＋抽象名词”则可以是定中结构。后者属于动词直接做定语的情况，如“调查情况”不是对情况进行调查，而是指关于调查的情况，动词“调查”充当“情况”的修饰语。李晋霞(2008)对此有较为深入的研究。

第六，具体名词一般没有语篇衔接方面的功能，而抽象名词词串的语篇衔接功能丰富，如“问题是、关键是、关键在于、结果是”等的语篇照应功能非常突出。

以上差异，前三条是语义方面的，第四、第五条是句法方面的，而最后一条是语篇方面的。当然抽象名词与具体名词还有其他一些细节方面的差异，这里不再细述。

第二节 抽象名词与动词的关系

一、抽象名词与动词兼类现象

典型动词是动作动词，这一类与名词没有纠葛。但是动词还有其他类别，如过程动词、名动词等次范畴，似乎与名词有着或多或少的牵连，由动词转化而来的名词有时候带有一定的抽象性。抽象名词和动词兼类现象比较普遍，例如：

爱好、把握、保障、保证、报道、比喻、鄙称、变革、变化、变态、表示、表现、猜想、尝试、成就、冲突、憧憬、处罚、处理、创新、代表、定义、斗争、断言、发现、发展、讽喻、改变、改革、概览、感觉、感受、工作、构成、构想、构造、顾虑、关系、规定、规则、幻想、计划、记录、记忆、纪念、假定、假设、见证、建树、建议、觉悟、教育、解释、决策、决定、决断、决心、考虑、空谈、空想、口误、来源、联系、论断、梦想、密约、命令、命题、判断、批示、批注、品味、评价、评论、评审、凭信、企图、启示、起源、谦辞、请求、区别、趣谈、劝告、确信、确证、认识、奢求、奢望、奢想、设想、生气、声明、实践、实验、释义、说道、说法、说明、思维、诉求、损失、提议、通知、痛感、图谋、推论、退步、退化、托词、妄想、妄言、妄语、危害、误会、误解、希望、习惯、习染、限制、象征、笑话、心传、选择、研究、要求、依靠、议论、意识、意思、影响、忧思、预感、预告、预见、预料、预言、遭遇、指令、指示、指望、主张、准备、阻碍、作用

下面我们以“关系”为例具体探讨其抽象名词用法和动词用法。

二、“关系”的抽象名词性与动词性

“关系”多是在两人、两个事物之间发生的，所以经常说“……之间的关系……”，即使是三者的关系，那也是两两叠加而成。三者

之间的关系如果需要进一步探讨的话，那也只能两两之间来进行探讨。因此事物之间的关系以两两关系为主。

吕叔湘(1979)谈到了关系名词现象。周国光(1990)对关系名词有较为深入的研究，他指出了关系名词与属性名词的差异，如“小李和小王是同乡”与“小李和小王是山东人”里，“同乡”是关系名词，而“山东人”是属性名词。周国光还区分了对称关系集合名词和逆向关系集合名词。

(一)**“名词+关系”的搭配分析**。“集合名词+关系”，该类往往可以说成“A与B是/有关系”如“朋友关系”是指两者之间是朋友关系。其中分为两个子类，第一“对称关系集合名词+关系”，例如：

合作关系、婚姻关系、伙伴关系、两性关系、邻里关系、朋友关系、亲戚关系、亲属关系、同学关系、同志关系、血缘关系、姻亲关系

第二，“相对关系集合名词+关系”，例如：

城乡关系、党群关系、父子关系、干群关系、供求关系、雇佣关系、官兵关系、军民关系、利害关系、买卖关系、婆媳关系、上下级关系、师生关系、因果关系、主从关系、总分关系

第三，“宽泛范围或某方面性质的名词+关系”，如：

财产关系、道德关系、对外关系、法律关系、公共关系、国际关系、家庭关系、价值关系、阶级关系、经济关系、劳动关系、利益关系、伦理关系、逻辑关系、民族关系、人际关系、社会关系、身份关系、审美关系、生产关系、数量关系、土地关系、外交

关系、物质关系、业务关系、政治关系

（二）**“其他＋关系”的结构分析**。如“比例关系、不无关系、毫无关系、间接关系、矛盾关系、密切关系、数量关系、特殊关系、相互关系、友好关系、直接关系”。

“动词＋关系”如：“保持关系、产生关系、断绝关系、发生关系、改善关系、搞关系、搞好关系、没关系、没有关系、弄关系、脱离关系、有关系”。“动词＋关系”，这个类别中动词的数量并不多，而且很多都已经进一步泛化和词汇化，如“没关系”是道歉回应标记，“保持不正当关系、断绝父子关系、有关系”等几乎都已经成为程式语或套语了。卫乃兴（2011：270）指出：“程式语实现专门的语用功能，套语以直白的方式表达相关意义，包括警句、口号、流行语等。不同语言的程式语和套语既有相似之处，又显示出明显的文化独特性。”

（三）**动词性“关系到”的功能**。尽管“关系”本身具备动词用法，如“药品质量是关系民生的大事”。但是其动词用法多通过“关系到”来体现。学界对“V 到”已有研究，这些学者谈到了“V 到”的类型，如：

V 到＋空间：走到教室、跑到操场

V 到＋时间：等到十二点、写到半夜

V 到＋程度：他糊涂到连考试的时间都记错了。（刘子瑜 2006 用例）

V 到＋受事：喝到汤了。|尝到甜头了。

我们所论述的“关系到”比较特别，首先“关系”不是一个典型动词，其用法主要是抽象名词用法，兼带微弱动词用法，我们在“国家语委语料库”里检索“关系”的动词和名词之比，是 164：3977。“到”可以帮助“关系”实现为动词，“到”是识别动词“关系”的标记。“关系到”的后续成分为所关涉的对象，这一个关系对象不能太过简单，如例(1)里“关系到经济和社会稳定发展的全局”不能说成“关系到经济和社会”。

(1) 农业是国民经济的基础，关系到经济和社会稳定发展的全局，一定要把农业生产和农村经济工作放在突出的位置。

(2) 能不能尽快地、坚定不移地把全党工作的着重点转移到社会主义建设上来，加快实现四个现代化的步伐，并在生产迅速发展的基础上逐步地改善人民生活，加强国防，巩固无产阶级专政，这是一个关系到我们国家前途命运的大事，是关系到各条战线、各项工作能否胜利前进的根本指导方针。

“关系到”所关涉的对象一般是一个高程度表达，例如：

(3) 今天，每个中国人在享用邮政的便利的时候，也要关心邮政、爱护邮政，多多使用邮政。毕竟，中国邮政的盛衰关系到 12 亿人的文化凝聚力。

(4) 因此，卢沟桥的地理位置，决定了它是重要的军事据点，它的得失，关系到北平的存亡，而北平的得失，又关系到华北的存亡。

(5) 这一政策的实施，关系到社会主义四个现代化建设的发展速度，关系到子孙后代的健康成长，同时关系到中国各民族的繁荣昌盛。

彭小川先生(个人交流时)指出，粤语里“到”是一个高程度补语标记，普通话里“好到不能再好了”的“到”也是高程度补语标记，只不过这种用法似乎不如粤语普遍。由此可见，例(3)“关系到”的对象“12亿人的文化凝聚力”也可以看作一个高程度事件，而不是一个普通事件。普通事件一般不用“关系到”，如我们不说“这关系到缝衣服的问题”，因为“缝衣服”是普通事件。

从语体方面来看，“关系到”多用于政论语体，其庄重度、正式度都很高。政论体是“权威操控型的，是说话人以规约权威身份向听话人展示对事物的坚定信念与明确态度”(薛宏武 2012)。

与“关系”类似的抽象名词还有“标志、意味”，它们的常规用法是抽象名词，但是带上动词标记“着”时，“标志着、意味着”就具备了动词用法。并且当且仅当“标志、意味”带“着”时才有动词用法。例如：

(6) 协议的签订标志着两国之间的科学合作进入了一个新的发展阶段。

(7) 良种面积的扩大标志着集约化水平的提高。

(8) 理解，意味着摆明情况，讲透道理。

(9) 我们强调了连队干部作风要公正，并不意味着其他领导干部可以忽视这个问题。

以上例句如果不带助词“着”其可接受度就会大大降低。综上，我们分析了“关系”的抽象名词性用法和动词用法，发现尽管“关系”被认为是名动兼类词，但是过往的研究均是定性的概括阐述，未能从定量搭配方面进行探讨。研究发现，“关系”的抽象名词性用法和动词性用法是不对称的，抽象名词用法占绝对优势，其动词用法处于劣势。“标志、意味”亦如此。

三、“污染”的抽象名词性与动词性

要指出的是，词典多认为“污染”属于动词，如《现代汉语词典》（第7版，2016：1380）（以下简称《现汉》）和《现代汉语规范词典》（2004：1372）都只记录动词用法。《现代汉语规范词典》的释义是：“使沾染上污秽有害的东西；特指工矿企业、车辆等排出的废气、废液、废渣等有害物质对自然环境的破坏。”我们认为《现代汉语规范词典》对“污染”的“特指”解释非常有必要。

不难发现，“污染”还可以作为抽象名词使用，如“减少污染、大气污染、大量污染、污染很严重”等。作为抽象名词的“污染”一般构成“被污染对象＋污染”搭配，如“环境污染、大气污染、海水污染”。而作为动词的“污染”却与此不同，经常用于“污染＋被污染对象”搭配，如“污染了海水、污染海洋、污染环境”等。从“污染”的名动搭配差异来看，我们或许可以进一步认为，主谓结构比动宾结构具有更多的名词性。例如：

(10) 由于种种原因，环境污染、生态破坏非但没有得到控制，事态反而越来越严重，我国成了世界上生态环境问题最严重的国家之一。

(11) 站在荒地看星空，比北京要清晰得多，这里没有大气污染，没有高大建筑遮挡。

另外需要指出的是，与抽象名词“污染”经常搭配的动词、形容词并不多，主要有“造成污染、减少污染、防止污染、污染严重”等。“污染”一词的使用有一定的范围，其搭配也具有较高的规律性。

“污染”和“关系”虽然都是抽象名词与动词兼类，但是前者动词用法多,抽象名词用法少,而“关系”则是抽象名词用法多,动词用法少,二者兼类的具体情况并不相同。它们代表了抽象名词与动词兼类的两种情况。

第三节　抽象名词与形容词的关系

一、抽象名词与形容词兼类现象

谭景春(1998)认为能够向形容词转变的名词可分为具体名词和抽象名词两大类。当名词的事物义强时性质义就弱。抽象名词所指的不是有形的实体事物,因此抽象名词的事物义要比具体名词弱一些,而性质义要强于具体名词。一般来说,抽象名词所含有的性质义更显豁一些。

张伯江(1994)曾指出,名词中的非典型性成员尤其是抽象名词容易发生游移,因为“抽象名词并非人们对有形实体认识的结果,而往往是反映了人们关于抽象事物的概括,其内涵的实体意义和性质意义并没有明确的界限。从表达的角度看,说话人常常不是着眼于一个抽象名词的全部涵义,而是只取其某种性质意义拿来使用的。”上述的解释说明了“名形”兼类词里的名词大多都是抽象名词。如“傲气、霸道、背运、本分、边缘、标准、常规、朝气、诚心、痴情、痴心、传统、纯情、大牌、大气、道德、低调、典型、顶尖、封建、关键、光彩、光辉、光明、规则、和平、黑心、机械、基本、娇气、经济、精神、科学、快乐、理想、理智、灵光、矛盾、民主、模范、片面、平衡、权威、全面、热情、柔性、傻气、深情、神气、实际、水平、威风、卫生、文明、系统、现实、形象、幸福、性感、虚荣、阳光、洋气、运气、正面、正义、正宗、职业、中性、中庸、自然、自由”等。

张伯江(1994)还注意到,形容词和名词的相通之处主要表现在:意义上,性质形容词往往表示一种性质,这种性质义同抽象名词的意义已经很接近了;形式上,形容词常常表现出一些近似于名词的功能,如形容词前常可加数量短语,如“打个痛快、图个清静、说个明白”。

观察发现,当抽象名词处于定语位置时,其性质意义较为容易凸显,如“植物人、权威作家、经典电影”等组合里的第一个名词性成分。施春宏(2002)、仝国斌(2009:112—117)对名词性复合词的修饰成分做出了两种分类,即关涉性修饰成分和描述性修饰成分。这种分类非常有利于我们解释相关现象,如“权威作家”是指在某一领域很厉害的作家,此时,并非以“非权威作家”的存在为前提,更不是拿“权威作家”与“年轻作家、乡土作家、海外作家”等比较。“权威作家”中的“权威”只是“作家”的描述性修饰成分,不是关涉性修饰成分,其分类作用是潜在的、背景化的。

关于抽象名词与形容词兼类的解释,马英新(2009)从转喻角度做出了分析,相关论述如下:

> 人们对于转喻的认识经历了两个阶段。在第一阶段,转喻被看作是一种修辞手段。到了第二阶段,认知语言学认为转喻是一般的语言现象,是人们一般的认知和思维方式。沈家煊(1999)认为:“既然转喻是一般的认知和思维方式,头脑中的概念和概念结构本质上具有转喻的性质,那么语言中的语法概念和语法结构自然也具有转喻的性质。”“语法中的‘转指’本质上就是‘转喻’,是转喻这种一般的认知方式在语法上的体现,可称之为‘语法转喻’。”

赵艳芳(2001)进一步指出“不同词性之间的转化是转喻思维的结果,因为同义而不同词性只是突显事物不同的方面而已”。张国宪(2006)也有类似的观点:“形容词化的实质是语法转喻,用具体的事物来转喻抽象的东西是人类一般的认知规律。在概念层面,名词所表述的物体相对比较具体,而形容词所表述的性状则相对较为抽象,这为名词的形容词化提供了可能。不过,由于意象层面上的事物总是被包含于相关的性状,所以这种用部分来转喻整体的实现需有事物显著度的支撑,表现为‘某性质为某事物所拥有’是默认的,其默认程度越高,‘事物’附带激活‘性质’的可能性也就越大。”

以上观点表明名转形是一种语法转喻现象,而且是一种复杂的语法转喻,其复杂性主要体现在以下两点:第一点,用名词转喻形容词既是用具体转喻抽象,又是用部分转喻整体。一方面,名词用来指称事物,而形容词用来表述性质,事物与性质是“具体与抽象”的关系,因此用名词转喻形容词就是用具体转喻抽象。另一方面,事物是一个自足概念,而性质却是不自足的,它离不开事物,所以事物总是被包含于性质之中,也就是说事物与性质是“部分与整体”的关系,因此用名词转喻形容词也是用部分转喻整体。实际上,用具体转喻抽象和用部分转喻整体二者是一致的,它们都是用显著的来转喻不显著的,因此我们有可能用名词转喻形容词。第二点,因为用名词转喻形容词是用部分转喻整体,所以这种转喻的实现还需要部分与整体之间具有一定的关联性,也就是张国宪所说的“事物显著度”,这种关联性越高,转喻实现的可能性也就越大。为了具体说明名转形现象的转变机制,我们可以举“模范”为例：

模范$_1$：值得学习的、作为榜样的人：劳动模范。

模范$_2$：可以作为榜样的；值得学习的：模范事迹｜模范人物。

“劳动模范”中的“模范”指的是一类人，而“模范人物”中的“模范”指的是这类人所具有的性质，即“值得学习的、作为榜样的”。这类人与该性质之间既是“具体与抽象”的关系，又是“部分与整体”的关系，因此我们有可能通过用具体转喻抽象和用部分转喻整体的方式把原本是名词的“模范”转喻成形容词。当然，转喻的实现还需要这类人与该性质之间具有一定的关联性，即要有事物显著度的支撑。“模范”这类人与“值得学习的、作为榜样的”之间具有很高的关联性，这也就大大增加了转喻实现的可能性。

王锦凤(2010)发现抽象名词兼形容词(26个)，它们是“标准、传统、道德、典型、高度、光辉、光明、科学、关键、规则、和平、经济、精神、理想、矛盾、民主、神气、实际、水平、卫生、文明、系统、现实、形象、运气、自由”。我们发现，抽象名词兼形容词的用例还有“本质、根本、规范、基本、深度、时髦、时尚、现代、自然”。

叶斯柏森(2010[1924]：81—91)对名词和形容词这两个词类的关系有较为深入的分析，叶氏认为：

不难看出，在区分名词和形容词的这两类词的语言中，这种分类基本上是相同的：表示“石头、树、刀、女人”这类概念的词总是名词；表示“大的、旧的、明亮的、灰色的”这类概念的词总是形容词。这种一致现象充分说明了这两类词的划分不可能纯粹是偶然的：这种分类一定有其内在原因，有逻辑的或心理（“意念”）的基础。

名词表示物质（人和物），形容词表示物质的特性。但是抽象词“wisdom”是一个难题，这些词虽然实质上是名词，并且在所有的语言中都作名词处理，但它们表示的特性显然与形容词 wise 所表示的特性相同，这些特性根本不具有任何实体性。

当名词转化为形容词时，我们发现它的语义就变得不特定。过去的那种表示具体意义的作用已经丧失，这些词的意义变得比以往更一般了。

意义最特定的名词——专有名词不能变为形容词（或修饰语），如果它不真正失去专有名词的性质并变得具有一般的意义。

这里还必须指出，我们的语言含有一定数量的高度概括意义的名词，如东西、物体、物质等，它们在日常语言中还可以不很严格地使用，以代替一个或是该语言中没有或是一时记不起来的专门名词，如用 the new ones 表示先前提到的名词。

总之，名词的基本特征是具有比较特定的意义，而形容词的基本特征是具有比较普遍的意义，因为名词内涵着各种复杂的特性，而形容词只含有一种特性。

从叶氏的分析可以看出，典型名词表示具体事物，而典型形容词则表示性质、属性。抽象名词是名词，但是它又不具备具体性、物体性，是名词的边缘成员；它很容易发生游移，与形容词产生或多或少的纠葛。

总之，抽象名词有很多实例转变为性质形容词。当抽象名词的事物义弱化，或者性质形容词的性质义概括为事物义时，就都有可能发生“名形”兼类现象。

表1是通过“国家语委语料库”检索抽象名词兼形容词的情况：

表1:抽象名词与形容词兼类

序号	项目	抽象名词	形容词	序号	项目	抽象名词	形容词
1	标准	1580	99	18	实际	830	2066
2	传统	1710	207	19	水平	3351	4
3	道德	1421	11	20	卫生	358	261
4	典型	158	718	21	文明	89	533
5	高度	1550	27	22	系统	2835	468
6	光辉	319	26	23	现实	1638	302
7	光明	241	53	24	形象	1762	162
8	科学	6101	437	25	运气	64	1
9	关键	735	63	26	自由	273	2026
10	规则	608	11	27	自然	1168	2244
11	和平	107	571	28	专业	842	14
12	经济	8680	51	29	现代	220	6
13	精神	3758	20	30	时尚	46	7
14	理想	1442	91	31	本质	1326	3
15	矛盾	2461	120	32	规范	514	16
16	民主	425	1049	33	基本	333	3199
17	神气	79	111	34	根本	83	760

表1数据说明，如果从兼类程度来看，抽象名词兼形容词的兼类程度都不同，它们几乎没有旗鼓相当的情况，要么是充当抽象名词明显，要么是充当形容词明显。前者如“经济”，它充当抽象名词的用例高达8680例，而形容词用法仅51例。而“典型”和“和平”

则是形容词用法多于抽象名词用法。上述统计说明，只说兼类还不够，还要指出在多大程度上兼类。

二、抽象名词充当定语属性化

一般来说，抽象名词多充当主语、宾语、名词短语的中心语。但是从现代汉语共时层面来看，部分抽象名词充当句子成分的功能发生了动态变化，它们以前不充当定语或者很少充当定语，但是现在能够充当定语，一定程度上属性化了。现举例说明这类现象。

"元气"指人或国家、组织的生命力（《现汉》，2016：1608），传统用法为"恢复元气、伤元气、有元气、耗元气、养元气、充满元气、滋养元气、保住元气、提元气"，但是在现代汉语动态层面，"元气"已经出现了定语用法，如"元气少年、元气少女、元气医学、元气寿司、元气蛋糕"等。这些用例里的"元气"都可以解释为充满元气。"元气满满"也属于流行说法。"元气"充当定语属性化后，应当理解为高程度的，如"元气少女"不能解释为"有一些元气的少女"。

"人气"一词亦如此，充当定语解释为"具有高人气的、正流行的"。例如"人气大奖、人气歌手、人气礼品、人气漫画、人气美女、人气美食、人气模特、人气女装、人气偶像、人气甜品、人气外套、人气游戏、人气炸鸡、人气组合"等。

"印象刘三姐"已经被大家熟知，此外还有"印象桂林、印象广州、印象欧洲、印象巴厘岛、印象西湖、印象咖啡吧、印象酒吧、印象画廊、印象剧场"等。

"品质"一词用在"高品质、品质问题、品质好坏"等组合里为传统用法。而当下流行的组合有"品质生活、品质男装、品质女装、品质文化、品质咖啡、品质酒店、品质都市、品质建筑、品质音乐、品质艺术”，这些组合里的“品质”都为高品质的意思。

“魅力”的常规用法有“有魅力、没魅力、很有魅力”等，而当下流行的组合有“魅力广州、魅力都市、魅力城市、魅力上海、魅力女人、魅力女性、魅力女神、魅力女生、魅力男生、魅力男人、魅力男士、魅力景观、魅力人物、魅力指数、魅力社区、魅力天使、魅力校园、魅力人生”等。这里的“魅力”都是“有魅力”的意思。

“诗意画家、诗意乡村、诗意人生、诗意图册、诗意心灵、诗意田园、诗意书画展、诗意风景、诗意胜景、诗意家园、诗意小岛、诗意国度、诗意西海”等也属于这类用法。

除上述描写的词语之外，“情趣商品、问题女人”等也都是抽象名词充当定语属性化的用例。这些抽象名词在定语位置表现出某种属性，与专门的属性形容词相比，它们的属性呈现方式依然比较受限。如属性形容词可以受程度副词“很”修饰，而上述抽象名词则不能，如“ * 很元气、* 很人气、* 很魅力、* 很印象”等都不能说。

第三章　抽象名词的语义韵分析

第一节　语义偏移相关研究

人们的语言经由认知结构反映客观世界。一般来说，客观事实是积极的，反映在语言词汇上也是积极的。客观事实是消极的，反映在语言上也是消极的。但是我们又知道语言具有一定的主观能动性，不是客观世界的刻板反映。

有的词语直接体现语义的褒贬倾向，如王国璋主编的《汉语褒贬义词语用法词典》(2001)，该书收录的词语绝大多数是汉语的动词性、形容词性的词语，收录具有褒贬倾向的抽象名词为数不多，以下是相关摘录：

褒义词：榜样、宝库、才能、成果、成就、功绩、贡献、光明、杰作、精华、精英、模范、旗帜、人才、事迹、心血、业绩、优点、友谊、招牌、智慧

贬义词：败类、暴行、弊病、恶果、恶习、行径、后果、货色、论调、谬论、骗局、奇迹、圈套、缺点、事端、事故、是非、野心、阴谋、罪恶

从该词典可以看出，传统所说的褒贬义词语，其色彩是非常鲜

明的，通过一般语感判断就能够知道。而语料库语言学所倡导的语义韵研究却与此不同。其着重点不在于发现显现的褒贬义词，而在于通过上下文语境，通过横向组合搭配关系发现词语较为隐蔽的语义倾向，并且通过定量统计来确定某词的语义积极性、中性或者消极性。可以说，汉语中有较多抽象词语的语义韵带有隐蔽性质，需要专门统计挖掘。

汉语学界多从探讨中性名词的语义偏向角度进行相关研究。此类研究中，吕叔湘（1983）开风气之先，指出“有意思、有眼光、有见解、有人缘儿”等组合里的名词显褒义，而“有意见、有看法、有情绪、有脾气、有影响”里边的名词则显示贬义。吕先生还特别敏锐地指出，“有味儿”用于抽象意义是褒义，用于具体意义是贬义。

邹韶华（1986，1988）探讨了中性词语义偏移问题。邹韶华（2001，2004，2007）对中性词语义偏移现象保持着持续性、发展性的研究。相关观点如下：

> 名词的语义偏移受两个因素的制约，一个是名词本身的性质，另一个是需要出现在特定的语言环境中。这也可以说是内因（名词性质）和外因（特定环境）的制约，名词的语义偏移是内因通过外因起作用的结果。（邹韶华 1986）
>
> 偏向消极意义的虽然也有，但只出现在“好坏”一类中，而且为数极少，只有“脾气、意见、看法”等几个。为什么中性名词总的倾向是积极意义而不是消极意义呢？社会的发展，从小到大，从低到高，从弱到强，从少到多；人类不断追求完善，从坏到好，从丑到美，这是起主导作用的社会心理。积极意义在构词能力方面，尤其是在语言运用中体现了绝对的优势。

积极意义与消极意义的比大致为七比三。(邹韶华 1988)

"脾气"一词 53 个用例中,消极意义 44 个,积极意义 5 个,中性的 4 个。

语义褒贬与语用频率的高低正好一致,即什么意义的语用频率高便会在一定格式中偏向什么意义。(邹韶华 2004:262)

吕禾(2002)、王碧辉(2009)、修丹丹(2010)、胡英彬(2012)等研究都是在邹韶华所设立的框架下进行的具体性研究。

胡英彬(2012)以个案形式探讨了"意见"的语义偏移现象。通过对语料库进行穷尽性的研究,认为"意见"有一条清晰的语义发展轨迹,即由最初只表示中性意义,逐渐过渡到出现在特定格式中偏向消极意义,再到现代汉语里"意见"产生语义偏移已经成为普遍现象。共时层面,"意见"的中性用法仍然很普遍,这与词义功能息息相关。"有+名词"不是它产生语义偏移的唯一格式,"意见"一旦出现在评价性的语境中,其语义就会发生偏移,而且是偏向消极的一端。

王碧辉(2009:17—40)探讨了众多抽象事物名词的语义偏向问题,值得借鉴。不过,王碧辉的探讨是词条罗列式的,有的词语虽然有所涉及,但不太深入。有些典型搭配没有充分挖掘。有些很有特点的语义偏向词语还没有深入探讨。

鉴于此,虽然前人做过一定研究,但是真正结合语料库、语料库检索软件和语义韵理论来探讨汉语具体词语语义偏向的研究还不多见。本章将对汉语抽象名词的语义韵表现进行深入的探讨。

第二节 抽象名词语义韵的定量与定性分析

统计《现汉》(第7版,2016)发现,该词典对少部分抽象名词的褒贬义进行了标注,如第283页对"地步$_1$"的释义是"处境;景况(多指不好的)"。"多指不好的"标明了"地步$_1$"的贬义性质,类似的还有"后果、货色$_2$、论调、气焰、权术、下场、宗派"这7个。第40页对"榜样"的释义是"作为仿效的人或事例(多指好的)"。"多指好的"标明了"榜样"的褒义性质,类似的还有"契机、时机"这两个。

通过对比抽象名词词表发现,《现汉》标注抽象名词语义韵的情况如下:

(1) 明显具有贬义性质的抽象名词37个:

败类、暴行、弊病、弊端、恶报、恶感、恶果、恶习、恶意、害处、坏话、坏事、坏水、坏账、祸患、祸事、祸端、祸根、祸害、禁忌、谬论、骗局、骗术、缺德、缺点、缺陷、时弊、罪案、罪错、罪恶、罪过$_1$、罪行、罪名、罪孽、罪责、罪证、罪状

(2) 明显具有褒义性质的抽象名词20个:

爱心、宝库、才干、才华、才具、才能、才气、功德、功绩、功劳、功效、功业、好处、好评、好事、杰作、精华、精英、益处、优点

(1)、(2)两类词的构词语素的"好/坏"较为明显,如"爱、宝、才、功、好、精、益、优"与"败、暴、弊、恶、坏、祸、谬、缺、罪"等。可能是由于这类词语褒贬倾向太过明显,加上篇幅有限,所以《现汉》未加以标注。

（3）具有消极语义韵的抽象名词50个：

把柄$_2$、把戏$_2$、处境、代价$_2$、好气儿、幻想$_2$、境地$_2$、纠纷、局限$_2$、看法、空文$_2$、空想$_2$、脸色、流言、路道$_2$、门户$_4$、门派、脾气$_2$、偏见、气候$_2$、气话、气性$_2$、情节$_2$、情绪、圈套、权柄、权欲、世道、事变、事端、事故、事件$_2$、事态、是非、手段$_3$、田地$_2$、问题$_5$、污染、陷阱、心结、心事、心术、行径、谣言、野气$_1$、野心、意见$_2$、意气$_3$、阴谋、状况

（4）具有积极语义韵的抽象名词31个：

成就、成果、成绩、创造性、策略、朝气、胆略、胆识、贡献、光明、活力、价值、魅力、模范、派头、奇迹、旗帜、气概、气派、气魄、气势、气质、情操、人才、事迹、天赋、希望$_2$、心地、愿望、智慧、智谋

（3）、（4）两类抽象名词具有消极或者积极语义韵，但是这种倾向并不能直接从构成成分的字面意义推导出来，这种情况是需要重点考察和探讨的。《现汉》标注“权术”的贬义性质，而未标注“权柄、权欲”的贬义性质；标注“榜样”的褒义性质，而未标注“模范”的褒义性质。这说明词典对抽象名词的褒贬义标注还不太系统。按照一致性原则，词典应当对上述词语的语义韵进行标注。

（5）具有错综语义韵的抽象名词5个：

局面、气味、味道、味儿、滋味。

上述与语义韵相关的抽象名词共计143个，加上《现汉》已经予以说明的11个，共计154个。本节着重探讨（3）、（4）两类。

一、消极语义韵抽象名词考察

Svartvik（1992：8—10）认为“语料库比内省法客观；语料库数

据容易被其他研究者验证;语料库研究提供频率数据”。利用 Antcon 3.2.4w 可以罗列出节点词所有词、多词单位表现,这一点与传统的内省研究方法截然不同,前者没有大脑思维的局限,数据具有穷尽性特征。

如前所述,我们调查发现消极语义韵抽象名词 50 个。有些词语的消极性尽管不能从构成成分的字面意义进行推导,但是相对比较容易识别,如“把柄、把戏、行径、圈套、事变、事端、纠纷”等。而有些抽象名词的消极语义韵是需要结合语料库和软件分析才能发现的。下面举例说明。

(一)“情绪”的消极语义韵。我们把“国家语委语料库”里所有关于“情绪”的用例(分词语料)导入 Antcon 3.2.4w,得到“情绪”的索引 1200 行。进而检索“情绪”的二字词簇,可以发现“情绪”语法类连接的情况,排名前三位的是:第一,“X 的情绪”〈426〉,大部分是消极表达,如“复杂的情绪、感伤的情绪、冷淡的情绪、恐惧的情绪”等,但也有“高涨的情绪、愉快的情绪”等积极表达。第二,“V+情绪”〈154〉,绝大部分是消极表达,如“敌对情绪、对立情绪、抵触情绪、逆反情绪、反叛情绪、失望情绪”,少部分是中性表达,如“学习情绪、生产情绪、劳动情绪”等。第三,“a+情绪”〈113〉,绝大多数为消极表达,如“消极情绪、紧张情绪、不安情绪、偏激情绪、急躁情绪、负面情绪”,积极表达较少,如“乐观情绪、欢快情绪”等。检索“情绪”的三字词簇发现,如 X 种情绪〈28〉、思想情绪〈26〉、情绪波动〈21〉、情绪上〈17〉、不满情绪〈12〉,等等,上述搭配大多数也是消极语义韵表达,少数为积极或中性表达。我们还可以继续检索四字词簇、五字词簇等。上述初步的定性分析说明,“情绪”的消极语义韵频率较高。

下面我们用抽样统计的方法定量分析“情绪”的语义韵。我们对“情绪”的所有索引行每隔12行进行抽取，得到随机的100条索引。我们对其搭配行为进行穷尽的分析，分析其搭配行为，结果如表2：

表2：抽象名词“情绪”的语义韵表现

项目	积极语义韵	中性语义韵	消极语义韵
情绪100例	25例（25%）	14例（14%）	61例（61%）

表2说明，“情绪”的消极语义韵频率确实最高，占61%，相关搭配如“不满情绪、消极情绪、紧张情绪、不稳定的情绪、恐惧情绪、失望情绪、失落情绪、感伤情绪、悲观情绪、空虚的情绪”。其次是积极语义韵，占25%，相关搭配如“高涨的情绪、激动的情绪、兴奋愉快的情绪、自信乐观的情绪”。中性语义韵表达仅占14%，相关搭配如“生产情绪、群众情绪、学习情绪”。

表2所反映“情绪”的语义韵倾向，还可以得到其他证据的支持。我们发现“情绪”在表达消极语义韵时，是无标记的。例如：

（1）教育对象正在火头上，不去处理，等他情绪稳定之后再讲道理。

（2）较难的课文孩子能在短时间内背诵下来，而很浅的数学公式他却长时间记不住，这里就有情绪问题。

（3）从大家的产生情绪到幸福的生活，每一个小的问题，他都谈得非常仔细而具体。

以例（3）为例，“产生情绪”不是指产生正面情绪，而是指产生负面情绪，这似乎是约定俗成的，是人们在语义理解时的习惯性偏好。

再如“情绪稳定”，也是指负面情绪的稳定，而非指正面情绪的稳定；“情绪问题”也是指负面情绪问题，而非正面的情绪问题。这都说明“情绪”表达消极语义韵是默认的、无标记的。“情绪激动、情绪不稳定”等都优先解读为消极语义韵倾向。更有意思的是，通过观察“国家语委语料库”发现，“有情绪”和“没情绪”都倾向于消极语义韵。如例(4)、(5)，“有情绪”是指有不满的意见；“没情绪”与“没劲”相互呼应，指没有灵感，没有动力等。

(4) 当时，战犯管理所的干部、战士都是临时抽调来的，不少人有情绪，工作不安心。

(5) 织云摇摇头，颓丧地道：“我谈不到了，对什么都没劲，也没情绪，好多年不写，也没法子写了。”

(二)“状况”的消极语义韵。《现汉》(第7版，2016：1725)对“状况”的释义是：“图情形：健康～良好。”从上述释义来看，“状况”的语义韵似乎并不太明显，但是仔细分析，就会发现一些倾向性的表现。检索“国家语委语料库”发现“状况”共计1309例，下面是基于Antcon 3.2.4w里200行索引所做的分析：

1)消极语义韵，68%；2)中性语义韵，30%；3)积极语义韵，2%。

可见“状况”多为消极语义韵，也用于中性语义韵，但是极少用于积极语义韵。例如：

(6) 关键问题是改变缺乏技术人才和技术落后的状况。

(7) 去年十月份，联营厂出现流动资金紧张状况，外贸部门立即提供五万元周转资金。

基于索引行我们发现,“状况”往往是需要改变的,因此有“改变……状况、纠正……状况、造成……状况、导致……状况”等表达,但一般不说“获得……状况、取得……状况、达到……状况”等,这直观地说明了“状况”具有消极语义韵。另外,“紧张状况、不正常状况、不公平的状况、条件差的状况”等搭配也是消极的。与其他近义词比较,也能验证“状况”的消极语义韵,如可以说“最佳状态、最好状态、上佳状态”,但是一般不说“最佳状况、最好状况、上佳状况”。

语义韵是话语性质的,因此观察某节点词的语义韵特征时,不能仅仅限于节点词左右相邻的搭配词,而应该观察更大范围的上下文,至少应该是包含该节点词的完整的句子。如例(8)里,单独看“气候状况”我们不知道其语义韵倾向,似乎是中性的,但是如果我们在扩大的语境里观察的话,会发现“事故原因”“与事故有关”等表述,至此,我们知道这里的“气候状况”是消极倾向的,是指恶劣的气候条件。因此在观察节点词的语义韵特征时,需要在扩展的语境里仔细观察。

(8) 赶到现场视察情况的葡萄牙交通部长说,事故原因尚未查明,但飞机下降时机场的气候状况可能与事故有关。

(三)“代价”的消极语义韵。《现汉》(第7版,2016:249)收录了“代价”一词:

代价:名①获得某种东西所付出的钱。②泛指为达到某种目的所耗费的物质或精力:胜利是用血的～换来的|用最小的～办更多的事情。

“代价”在“国家语委语料库”出现216例,利用Antcon

3.2.4w，以“付出”为左搭配词，以10L（L为英语Left的缩写）为跨距，发现“付出……代价”74例，占总数的34.3%。其内容都表现出“付出惨痛的代价、付出血的代价、付出高昂的代价、付出巨大的代价”等消极语义倾向，如例（9）。“以（牺牲）……为代价”13例，如例（10）。“不惜（一切）……代价”共计12例，如例（11）。

（9）这样做的结果，不是转化不成，就是勉强转化了，但是付出了过高的代价，造成不应有的损失。

（10）实际是以牺牲效率为代价来维持公平，把社会性失业转嫁到企业身上，影响企业的生产发展。

（11）既不能不惜一切代价地搞增产，也不可抛开增产而片面地讲节约。

上述“代价”的搭配总计99例，占总数216的45.8%。另外，“代价”的右搭配词多是“高、很高、巨大、惨痛”等。在人们的认知里，“代价”多为巨大的、沉重的、高昂的，因为只有这样才值得说“代价”。小的、轻微的、低的“代价”往往不值一提。“代价”几乎没有积极语义，而“价值”则既可以是中性的，也可以是积极的，例（12）中的“有较大的价值”不能换为“有较大的代价”。

（12）这部录像片所记录的斋醮仪式，对于研究宗教学、民俗学等都有较大的价值。

（四）“手段$_3$”的消极语义韵。《现汉》（第7版，2016：1202）把“手段$_3$”解释为“指待人处事所用的不正当的方法：耍～骗人”。从语义韵来看，“手段”确实常常表现出消极语义倾向，“手段”常常有以下搭配：

压迫手段、剥削手段、强制手段、非法手段、软硬兼施的手段、毒辣的手段、纵横捭阖的手段、欺骗的手段、骗人的手段、卑鄙的手段、侵略的手段、手段残忍

“手段”表达中性语义韵的概率较小，如在“重要手段、规范手段、管理手段、传播手段”等搭配里边，“手段”无明显语义韵倾向，但这类用法比例偏低。因此，可以认为“手段”的消极语义韵是比较明显的。词典专门设立一个义项说明其贬义性，这很有必要。

（五）“脸色”的消极语义韵。《现汉》（第 7 版，2016：812）记录了“脸色”一词：

脸色：名①脸的颜色：～微红｜～灰白。②脸上表现出来的健康情况；气色：经过几个月调养，他的～比过去好多了。③脸上的表情：～温和｜～阴沉｜一看他的～，我就知道准是有什么好消息。

从《现汉》的记录来看，我们看不出“脸色”的语义韵倾向，如果单从所举例句来看，“脸色”似乎是中性的，但是我们发现“脸色”的语义韵明显倾向于消极性。检索“国家语委语料库”发现，“脸色”一共 380 例，我们逐一考察这些索引行，发现 357 例与“脸色”搭配的词语都不同程度地体现出消极性，占总数的 93.9%。例如：

脸色苍白、脸色蜡黄、脸色也不好、愁眉不展的脸色、脸色像太阳一样的惨白、苍白的脸色、脸色铁青、脸色又变得很严肃、脸色很不好看、脸色是那么冷淡、脸色阴沉、脸色挺难看、脸色黄黄的、脸色惊疑、脸色陡变、脸色很不好、脸色十分严峻、要看别人脸色行事、脸色刷白、脸色铁青、脸色是黑里透黄、脸色很不自然、他发烧不退脸色绯红、脸色发青、脸色像草

纸、脸色灰暗、惨淡的脸色像结着冰霜、脸色陡地变得青灰、脸色也难看、脸色变得阴森可怖、脸色不对、脸色白了、脸色有点苍白、脸色惶惶不安、脸色冷峻、她的脸色和纸一样白、脸色太难看了、脸色白惨惨的没有一点血色、发灰的脸色、没有个好脸色

上述搭配里,“脸色”都是消极的。我们只发现了23例“脸色”用于积极语义,例如:

(13) 他脸色红润润,须发白苍苍。

(14) 而那个“里根”已经坐在火炉边的一张皮沙发上,手里端着一杯咖啡,一边慢慢喝着一边从镜子里注视着自己,从这么近的距离看他,他与墙上的那个里根没有任何不同:脸色红润,皱纹不多,精力充沛,体格健壮。

(15) 小冬是个十一二岁的小男孩,两道浓眉下忽闪忽闪地转动着一对大眼睛,脸色黑里透红,十分壮实。

上述与“脸色”搭配显褒义的一般都带有红色。现代人,尤其是年轻女性的追求是脸上皮肤白,这是美丽漂亮的标志。在汉语语言思维当中,“皮肤白”是好的。但是“脸色”与“白”搭配的86例里,多数是不好的,如“脸色煞白、脸色苍白、脸色惨白、脸色刷白、脸色灰白”等,表示积极意义的仅有“脸色白皙”一例。现实生活里,我们说某人“脸色很白”也多是不好的。因为“脸色白”基本不能表达“皮肤白”的意思,而是指气血不足、活力不足。

生活中,我们能够感知到“脸色红润”的积极语义表达。但是在语料库里发现,“脸色”与“红”搭配共计32例,仅有8例表示积极语义,例如:

(16) 小季的脸色很快就红润起来，她长长地喘了口气，坐了起来，眨了眨眼睛道："陈博士、李工程师，谢谢你们救了我!"

(17) 这时，从山上走下来一个青年，脸色红润，两道眉毛像游龙似地向上翘飞，眼睛不大却很深沉，啊，一个英气勃勃的美少年!

(18) 那是一个脸色黑红、脸型圆得像茶盘的青年，个头不高，可粗手大脚。

另外24例都是消极的，例如：

(19) 张国焘的脸色不易察觉地红了一下，因为实际上是在批评张国焘了。

(20) 丑妮一旦表现出和我亲近，桔如立刻就皱起眉头，脸色一阵白一阵红，流露出女孩儿的嫉妒心理。

(21) 当他的小烟袋咬在嘴上的时候，他快活，闲暇……一副充血的脸色，喝过烧酒般，红红地；眼睑有些浮肿，他还生着不甚浓密的胡须……

(22) 小伙子脸色绯红，下意识地拧着军衣下摆……

例(19)是因为被批评而脸红；例(20)是因为嫉妒心理而"脸色一阵白一阵红"；例(21)是因为充血而脸红；例(22)是因为害羞而脸红。上述"脸色"发红都表达一种消极语义特征。"脸色"与"灰色"搭配共计13例，全部表示消极语义，例如：

(23) 他脸色灰暗，头发灰白，让人看了心中难过。

(24) 丹尼尔便一声不响地往沙发上一靠，脸色立刻消失了红润，呈现出死灰色。

(25) 佟老大刷一下脸色灰白,身体筛糠似的颤抖起来。

上述“脸色”与“灰”组合后都显示出消极语义,其中“脸色灰白”搭配的实例出现最多。“脸色”与“青色”搭配共计 24 例,都是消极语义,例如:

(26) 此时的刘老汉,头脸都湿透了,水顺着他脸上的皱纹沟淌下来,脸色白得发青。

(27) 方仲明从齿缝迸出这么一声,目光像两团火焰似的闪着,渐渐的脸色转青,额角的筋络都鼓了起来。

(28) 他脸色虽然有点发青,态度倒还镇静;拱着两手,满脸赔笑……

(29) 当她意识到发生了什么事,即刻气得脸色铁青,身子像钢筋一样有劲,奋力地挣脱出来,冲着又向她扑来的他,狠狠地踹了一脚。

上述“脸色”与“青”组合后都显示出消极语义,其中“脸色发青、脸色铁青”搭配用例最多。“脸色”与“黄色”搭配共计 17 例,都表示消极语义,例如:

(30) 当年,她的美丽与性感曾令工厂里的大男小子趋之若鹜,但如今在戒毒所见到她,却令人惨不忍睹:脸色蜡黄,两眼发直,眼皮也似乎变了颜色……

(31) 氮氮仔细一看,原来是一棵又瘦又矮的卷心菜,无精打采地耷拉着脑袋,脸色枯黄的,像是遭了霜打一般。

(32) 你们发育所需要的营养缺得很呢,以后你们还会得营养性贫血症,你们的脸色会发黄,胃口不好,皮肤粗糙,头发稀疏,容易疲劳……

上述“脸色”与“黄色”搭配显示出消极语义，其中“脸色蜡黄、脸色发黄”搭配用例最多。“脸色”与“紫色”搭配共计 2 例，都表示消极语义，例如：

(33) 有时气得高君脸色发紫才住口。

(34) 张指导员已昏迷不醒，头上、腿上到处是血，嘴里吐着白泡沫，脸色由白变紫。

“脸色”与“黑色”搭配共计 8 例，其中 6 例表示消极语义，如：

(35) 瞧他，头发乱蓬蓬的，后脑壳顶上还翘起一大撮，脸色是黑里透黄，分明有一层晦气。

(36) 那个泥水匠戴着鸭嘴帽，脸色黑瘦，不过也是为了元旦新剃过头。

只有 2 例表示积极语义，例如：

(37) 那女的四十岁模样，个子高高的，头发短短的，脸色黑黝黝的，走起路来很稳重。

在语料库里，未发现“脸色”与“绿色、蓝色”搭配的实例。总之，在我们的习惯表达中，“不想看别人的脸色、给脸色、有脸色、没脸色、没什么好脸色、变脸色”等都暗示着某种不好的意思。在中医理论与人们的日常认知中，似乎只有“脸色红润”是积极的。“脸色苍白”一般是由于脸部毛细血管充盈不足而引起的，中医认为大多是患有虚寒症或失血。“脸色潮红”在中医看来，多是实热；而两颧绯红，可能是阴虚火旺的虚热。中医认为“脸色青紫”是因为寒症、痛症和肝病。而“脸色发黄”则多因脾虚，或皮肤缺少气血或有肝部疾病等。

“脸色”多有消极语义韵倾向，在表达积极语义韵倾向时，多被“气色、肤色”等替代。如我们经常听到“你今天气色不错啊”，而不太能听见“你今天脸色不错啊”。

“脾气、结果、意见、处境、境地、局限$_2$、偏见、事件$_2$、事态、田地”等抽象名词亦可如此分析。

二、积极语义韵抽象名词考察

如前所述，积极语义韵抽象名词有31个，某些词语的积极性尽管不能从构成成分字面意义进行推导，但比较容易识别，如“成就、模范、气概、事迹”等。而有些抽象名词的积极语义韵需要结合语料库和软件分析才能发现，下面举例说明。

（一）“成绩”的积极语义韵分析。罗陈霞、朱彤（2004：51）认为“成绩”属于中性词，“成就”属于褒义词。我们在日常生活中，确实能听到“小明成绩不错、小强成绩很差”等说法。这是不是意味着“成绩”真的属于中性词呢？检索“国家语委语料库”发现“成绩”1062例，以200条索引行为考察对象，发现仅有24例表现出消极语义韵，如“成绩不好、成绩不高、成绩差”等。多达176例都表达积极语义韵。例如：

（38）我国老将许海峰、王义夫多次在奥运会和世锦赛上取得好成绩。

人们可以说“取得好成绩、取得巨大成绩”，但一般不说“取得很小的成绩”。人们可以说“优异的成绩、成绩优异”，但是不太能说“不高的成绩”。可以说“获得可喜的成绩”，一般不说“获得了令人担忧的成绩”。以上分析说明，“成绩”具有积极语义韵。总之，

“成就”与“成绩”都具有积极语义倾向，只不过前者比后者更加凸显。

（二）“时机”的积极语义韵分析。“国家语委语料库”里“时机”出现226例，搭配频率在2次以上的有“有利时机、教育时机、好时机、抓住时机、时机成熟、抓紧时机、时机已经成熟/到了、适当时机、把握时机、掌握时机、最好时机、等待时机、最佳时机、看准时机、选择时机”等。它们倾向于积极语义韵，共计155例，占总数的68.6%。如果加上搭配频率为1次的用例，“时机”的积极语义韵比例更高。可以说“不好/糟糕/很差的时候”，但是一般不说“不好/糟糕/很差的时机”，这也能说明“时机”偏向积极语义韵。

再如，“国家语委语料库”里“心地”出现35例。其中32例都偏向积极语义韵，占总数的91.4%，如“心地善良、心地坦诚、心地坦白、心地纯洁、心地耿直、心地纯正”等。仅有3例为消极用法，如“心地歹毒、心地狭隘、心地毒狠”，其中有两例来自翻译作品。总的来看，“心地”绝大部分用于积极意义。与“心地”不同的是，“心术”是消极的，最高频的搭配是“心术不正”。

三、错综语义韵抽象名词考察

“滋味”类的错综语义韵考察。《现汉》(第7版，2016:1733)：

滋味：～儿。名①味道：菜的～不错。②比喻某种感受：挨饿的～不好受|听了这话，心里真不是～。

《现代汉语规范词典》(2004:1727)：

滋味：①名美味；味道：滋味鲜美。②名比喻内心的感受：尝到了失败的滋味。

检索“国家语委语料库”发现，“滋味”共计193例。“滋味”属于非常典型的错综语义韵词语，它表现的语义韵倾向非常复杂，在某些语境下为积极语义韵，在某些语境下为中性语义韵，在某些语境下为消极语义韵，甚至用例本身就能体现出错综性。“滋味”在语料库里的语义韵分布如下：积极语义韵用例为61例；中性语义韵用例为33例；消极语义韵用例为95例；而用例本身就呈现出错综语义韵的有4例。

“滋味”用于积极语义韵表达时，常见的搭配有“有滋味、别有一番滋味”。例如：

(39) 他自己后来还回忆说，当年看《三国演义》，看得特别有滋味。

(40) 它在天鹅湖岸边轻易地狩猎了一只灰雁，美餐一顿，那滋味才够得上舒美。

(41) 麦苗的滋味，嚼在嘴里，是新鲜而又清香的。

(42) 洗衣服，家常事儿，收拾屋子咱有劲儿，饭菜做得有滋味儿。

例(39)表达的是有意思的滋味；例(40)是舒美的滋味；例(41)是新鲜而又清香的滋味；例(42)是饭菜有滋有味。上述例句表达了说话人的喜好；而“滋味”用于中性语义韵的表达时，常常是一种客观描述，不带有主观倾向。例如：

(43) 食物的形状，喂狗人的形状和脚步声与食物的滋味联系起来，所以此时狗虽没有吃食物就会流出口涎来。

(44) 你要知道梨子的滋味，你就得拿个梨子，亲口吃一吃。

例(43)是食物的滋味,例(44)是梨子的滋味。这些都是客观叙述,至于到底是什么滋味,需要体验才能知道。“滋味”用于消极语义韵表达时,常见的搭配有“不是滋味、不知道是什么滋味”。例如:

(45) 听着女儿越哭越伤心,陆秉达也觉得挺不是滋味。

(46) 尽管安全了,不会有烧身之虞,可被大火烤着,不是个滋味儿。

(47) 筱秋沉思了一会,说:“有时候,心里很实在;可有时候,……你别笑话,有时候,又感到心里有些空虚、怅惘,说不清是股什么滋味。”

(48) 吉祥像是感觉到一点悲哀,虽然他并不知道什么叫悲哀,悲哀又是什么滋味。

例(45)和例(46)的“不是滋味”表达一种不好的感受。例(47)里“说不清是股什么滋味”其实也是消极的,因为它就是前指上文的空虚、怅惘。语料库有较多“不知是什么滋味”的用例,多数都是表达空虚、迷茫、不知如何处置的消极态度。更能验证“滋味”为错综语义韵的事实是,有的用例本身就反映出了“滋味”的错综性,例如:

(49) 这滋味是甜的,也是酸的、苦的,还常常令她为之牵肠挂肚。

(50) 我们吃米饭、馒头、葱、蒜等食物的时候,食物一方面以液体状态刺激味蕾,一方面以气体状态刺激嗅细胞,形成了复杂的滋味。

(51) 这次我尝到当爸爸的滋味了。

(52) 这滋味,挺特别。

例(49)里“滋味”是甜的，也是酸的、苦的，这典型地表现出了“滋味”的错综性。例(50)里“形成了复杂的滋味”也是不知道到底是好的滋味还是不好的滋味。例(51)是“尝到当爸爸的滋味了”可以是好的滋味，即“当爸爸很幸福”；也可以是消极的，即“当爸爸太难了，太累了”。“滋味”的错综语义韵性质，跟其本义相关，酸、甜、苦、辣、咸五种味道，个人喜好不同，但是都用“滋味”概括，因此“滋味”在表达味道本义时就是错综的，用于引申义“内心的感受”时也是错综的。

第三节 抽象词“影响”的语义韵分析

修丹丹(2010)对“影响”的语义偏移现象进行了考察，文章认为：(1)“影响”在人们的具体运用中，语义发生偏移时，向褒义偏移的情况较多，“影响”在特定的结构中偏向积极意义，归根结底是由“乐观假说”的语用原则决定的。(2)“影响”向褒义偏移的情况居多，从社会心理因素分析，社会的前进，人类的发展，使得人们越来越追求完美，反映在“影响”的实际运用中，就是人们更愿意接受积极意义的“影响”，向褒义偏移。修丹丹的上述结论主要来自于以下统计数据的支撑，见表3：

表3：修丹丹(2010)对“影响”的相关统计数据

“影响”114个用例里的语义偏向分析			
1	消极修饰显贬义	3例	2.6%
2	语境显贬义	12例	10.5%
3	中性	60例	52.6%

续表

“影响”114 个用例里的语义偏向分析			
4	积极修饰显褒义	4 例	3.5%
5	语境显褒义	35 例	30.7%
“有影响”103 个用例里“影响”的语义偏向分析			
1	语境显贬义	11 例	19.4%
2	中性	20 例	10.7%
3	语境显褒义	72 例	69.9%

说明：表 3 数据引自修丹丹(2010：11，25)，数据照实摘录，表格形式有所差异。

对于修丹丹(2010)得出的结论，我们从语感上难以接受，为何“影响”向褒义偏移的情况较多(褒义 34.2%，贬义 13.1%)。凭我们的直觉，“影响”应该是属于消极性的，如“影响学习、造成影响、严重影响”等都应该是消极的。“影响”的语义偏移情况到底如何，是倾向于积极还是倾向于消极？我们认为有重新论证的必要。本节专论“影响”的语义韵性质，不仅包括了其抽象名词用法，还包括了其动词用法。

一、“影响”语义韵的数据统计

(一) **“影响”的 1000 例语义韵分析**。修丹丹(2010)对 114 个用例的来源进行了说明，“这 114 个用例是随机考察了 2009 年 7 月 2 日这一天所有哲学与人文科学领域的报刊中带有‘影响’一词的句子(限于篇幅，每种情况只选择 3—4 个用例来深入分析，其他在附录中呈现)。”遗憾的是，我们查阅修丹丹的全文，并未发现其附录。

鉴于“影响”语义韵的复杂性，我们考察“国家语委语料库”发现,“影响”是一个非常高频的词语,总排名 171 位,出现 6103 次,频率为 0.0639%。我们利用语料库自带的页码转换功能(每页 50 个用例),随机抽取不重复页码 20 页,共计 1000 个用例。我们认为这 1000 个用例能够代表“影响”的整体使用情况。相关分析见表 4:

表 4:1000 例“影响”的语义韵再分析

序号	语义韵类别	用例数	百分比
1	消极语义韵	416	41.6%
2	中性语义韵	392	39.2%
3	积极语义韵	156	15.6%
4	语境不足	36	3.6%
合计	—	1000	100%

分析发现,我们考察“影响”的语义韵表现与修丹丹(2010)的结论完全不同,甚至可以说是截然相反。修丹丹认为“影响”向褒义偏移的情况较多(褒义 34.2%,贬义 13.1%),而我们的统计显示,“影响”用于消极语义排在第一,有 416 例,占总用例的 41.6%,而积极语义韵仅有 156 例,占总用例的 15.6%。需要说明的是,表 4 里“语境不足”的用例有 36 例,例如:

(53) 这种情况同样也会影响到个体学习的速度。

(54) 同时,也受个人的经验所影响。

我们认为上述用例里的“影响”应该有语义韵倾向,但是由于缺少上下文语境的支持,我们无法确定,因此照实记录,好在此类用例数量不多,不会影响本节的相关分析。

（二）“影响”的多词单位分析

表 5:“影响”的多词单位分析

序号	多词单位	出现次数	序号	多词单位	出现次数
1	会影响	254	18	不良影响	31
2	影响到	215	19	发生影响	31
3	影响下	176	20	产生影响	30
4	直接影响	172	21	社会影响	29
5	影响了	171	22	影响人们	28
6	有影响	129	23	教育影响	28
7	相互影响	103	24	不利影响	27
8	思想影响	70	25	巨大影响	26
9	严重影响	69	26	影响作用	26
10	受到影响	57	27	什么影响	25
11	重大影响	51	28	都会影响	22
12	从而影响	49	29	因素影响	21
13	互相影响	48	30	并不影响	20
14	影响生产	40	31	环境影响	20
15	能影响	40	32	重要影响	20
16	影响力	38	33	不会影响	19
17	受影响	37	34	可能影响	19

说明：表 5 仅显示次数大于等于 19 次的情况，一共有 34 行，情况比较复杂。另外，Antcon 3.2.4w“词簇”功能不能直接显示跨距搭配，所以跨距搭配的情况暂不在此表呈现。

初步分析发现，“会影响”“影响到”的频率都比“有影响”高，后者不是最高频搭配。多词单位“会影响、影响到”对判断“影响”的语义韵性质具有实际意义。“影响”的左搭配词修饰还有“直接影响、相互影响、思想影响、严重影响、重大影响、互相影响、不良影响、社会影响、不利影响、巨大影响”等。“直接影响”是凸显的，而“间接影响”则是隐含的、不容易激活的。“影响”是相互的，单个人或者单个事件则无所谓影响，因此有“互相影响”和“相互影响”。“影响”容易表达成严重的、重大的、巨大的，而较少表达成轻微的、微小的、渺小的。其实并不难解释，如果某事不能带来影响或者带来的影响较小，那么说“影响”的必要性也就偏小。因此，“较小影响、次要影响、很小的影响”之类的表达在实际使用中频率偏低。“影响”也倾向于说成不良的、不利的、不好的、恶劣的，“不利影响”类在实际使用中，频率远远高于“有利影响”类表达，这证明“影响”的消极倾向性是显现的。

二、“影响”的消极语义韵分析

（一）“造成……影响”跨距搭配的消极语义倾向。统计语料库发现，“造成……影响”跨距搭配共计 101 例，全部表现消极语义，例如：

（55）对于这些问题，虽然有的及时作了纠正，但这些违反选举法的行为和错误做法毕竟给选举工作造成不好的影响。

（56）历史经验告诉我们，每当社会发生重大变化的时候，谣言就伴随而生，造成不良的影响。

（57）明后双休日仍有雨水相伴，会给大家的出行造成一些影响，驾车的朋友要注意减速慢行。

上述用例都说明“造成……影响”有消极语义。“造成”属于致使类动词，Xiao & Mcenery（2006）统计了这类词语的语义韵表现，指出 91%的“造成”都表示消极语义。由于语义浸染和语义相宜性，“造成……影响”表示消极语义也就不足为奇。相比之下，

“发生影响〈31〉”和“产生影响〈30〉”基本都表现出中性语义韵，例如：

(58) 凡此种种，大凡与人生有关的事物、现象和知识，只要不是个别的、转瞬即逝的东西，而与社会整体相互联系，那么社会整体就对它的存在和发展发生影响，它也对社会整体的存在和变化发生影响，对它就可以作社会学的研究。

(59) 特定时空景物和人物的内心因素，必然地要对人物的声音和形体造型产生影响。

（二）与能愿动词搭配时，“影响”的语义韵分析。统计语料库发现，“影响”与能愿动词搭配的突出表现是，“会影响”254 例，“能影响”40 例。除个别“会不会影响、是否会影响”搭配之外，97%的“会影响”用例表现出消极语义，例如：

(60) 营养不足无疑会影响青少年的发育、学习和将来的生活，通过遗传基因，甚至会影响到下一代国民体质。

(61) 特别是随着农村经济体制改革，新情况、新问题大量涌现，如不及时解决就会影响经济建设。

“能影响”则无明显的语义韵倾向，可以是积极的，如例(62)，也可以是消极的，如例(63)。

(62) 高尔基说得好：“我所理解的‘美’，是各种材料——也就是声调、色彩和语言的一种结合体，它赋予艺人的创作以一种能影响情感和理智的形式。”

(63) 法律不能触及他们的生命，但能影响他们及其继承者的声誉。

为何“会影响”的用例是“能影响”的5倍多。又为何“会影响”表现出明显的消极性，而“能影响”不是呢？渡边丽玲(1998:481)指出，从发生的可能性来说，“会”可以表示非期待的行为，而“能”不行，例如：

(64) a.会失败、会冻死、会来讨债　b.＊能失败、??? 能冻死、?? 能来讨债

上述用例说明，“会”可以是非期待的，因此“会”与“影响”组合时具有语义相宜性，语义韵和谐，所以“会影响”绝大部分表示消极意义。

（三）“影响到”与“影响了”的语义韵分析。统计语料库发现，“影响到”共计215例。从词性来看，“影响”具有名词和动词用法，但“影响到”一定是动词用法，因为“到”是动词标记。我们对这215例进行了详尽分析，发现85%的用例表现消极意义，14%的用例表现中性意义，仅有1%的用例表现积极意义。消极意义用例如下：

(65) 在眼前的只有父亲同母亲，父亲正为时局影响到金融发着愁，母亲则恐怕兵乱闭市，在那里打算买点腌鱼咸肉，他们两个什么也不吩咐他，给他。

(66) 例如精密机械制造工厂与在生产过程中排出大量灰尘的工厂为邻，就会使得制作精确仪器的技术操作上发生困难，有害地影响到这些仪器的质量。

语料库里，“影响了”共计171例，其中“了”也是动词标记。其中93%的用例表现消极意义，5%的用例表现中性意义，仅有2%的用例表现积极意义。消极意义用例如下：

(67) 家庭出身不好就影响了阶级觉悟，阶级觉悟低就影响了对党的利益的敏感。

(68) 他想，人们本应当吃完饭休息，现在竟因为买东西影响了睡眠，这怎么办呢？

(四)“受(到)……影响”跨距搭配的语义韵分析。“受(到)……影响”跨距搭配共计708例，我们抽样考察前100个用例，发现消极语义韵69例，积极语义韵8例，中性16例，语境不足7例。消极语义所占比例达到69%，例如：

(69) 尽管社会上还存在着“哄孩子没出息”的偏见，但是，只要自己认为是神圣的东西，就绝不要受偏见的影响。

(70) 在夺取政权的战争年代，有些无产者和共产党人，由于受资产阶级思想的影响和腐蚀，贪生怕死，投敌变节者有之；贪图安逸享受，脱离革命队伍者有之。

另外，我们观察到“受到影响”紧邻搭配共计57例，“受影响”紧邻搭配共计37例，它们无一例外地都表示消极语义，例如：

(71) 艾滋病的冲击，使许多国家的生物制品、血液制品生产受到影响。

(72) 马寅初细细算了一笔账，吃惊不小：中国人口如以这个比例无限制发展，新增人口将吃掉本来就少的国民收入，那么资金积累、发展生产力、加速工业化甚至国家富强都因此受到影响。

(五)“影响+N”语义韵分析。当“影响”后直接带名词性宾语时，一般都表现消极语义韵，如例(73a)。相比之下，“影响”后带程度补语时却没有类似现象，如(73b)里的用例可以是积极的，可以是中性的，也可以消极的。

(73) a. 影响工作、影响健康、影响身体、影响形象、影响家庭、影响睡眠、影响食欲、影响他的未来、影响我们的感情、影响大家的情绪

b. 影响重大、影响深远、影响恶劣、影响太坏了、影响太大了

上述分析可以总结为表6，数据说明在这些搭配里，“影响”的消极用法非常高频。修丹丹(2010)认为“影响”向褒义偏移的情况较多，而客观数据却说明她的论断是错误的、站不住脚的。

表6：“影响”的典型消极语义用法

项　目	消极用法百分比	项　目	消极用法百分比
造成……影响	100%	影响到	85%
会影响	97%	受……影响	69%
影响了	93%		

三、“影响”的积极语义韵与中性语义韵分析

(一)“影响”的积极语义韵分析。我们对语料库里129例“有影响”进行了分析，如下：

表7：129例“有影响”的语义韵分析

序号	语义韵类别	用例数	百分比
1	消极语义韵	23	17.8%
2	中性语义韵	33	25.6%

续表

序号	语义韵类别	用例数	百分比
3	积极语义韵	70	54.3%
4	语境不足	3	2.3%
合计	—	129	100%

我们先分析“有影响”的消极语义用法，全部23例里，有20例都用于“对……有影响”跨距搭配，例如：

(74) 这倒是个问题，没有窗户，空气不好，阳光不足，对健康有影响！

(75) 三班制工人中需要连续六天作夜班，对工人身体健康有影响……

上述用例中的“对……有影响”跨距搭配都显示消极意义。实际上，吕叔湘(1983)已经指出“这对你的升学有影响”里的“影响”跟“有”连起来用就有贬义。吕先生所举用例恰好是“对……有影响”跨距搭配。

积极语义用法的70例里，“有影响”绝大部分充当定语，经常构成如“最有影响的、颇有影响的、很有影响的、较有影响的”，例如：

(76) 道安是我国东晋时期最博学的佛学家，最有影响的佛教宣传者和组织者。

(77) 海明威是20世纪西方最有影响的文学家之一。

(78) 后者如美国有影响的语言学家布龙菲尔德主张：“语言使一个人给予刺激(S)时，另一个人能作出反应(R)”，把语言过程看成是机械运动。

“有影响”的语义韵表现是分化的，当充当定语时，多为积极语义；当用于“对……有影响”跨距搭配时，多为消极语义。总的来说，积极用法多于消极用法。

另外，与名人相关的“影响”多表示积极语义，如例(79)是培根对大学创办的“影响”，例(80)是相关事物对童年邓颖超成长的“影响”，它们都表现出积极倾向。

(79) 培根的建议，对英国以及欧洲的大学创办发生过重大的影响。

(80) 这给童年的邓颖超留下了深刻的印象，对她以后的成长发生了有益的影响。

“广泛影响、积极影响、重要影响、深刻影响、深远影响”也多表示积极语义。

(二)“影响”的中性语义韵分析。修丹丹(2010)并未对“影响”的中性语义进行分析，尽管中性语义的比例在其统计数据里位居第一，达52.6%。我们统计的1000例里，“影响”的中性语义达392例，数量较为可观。对这些用例进行分析，我们会发现一些明显的特点。

第一，当人们客观描述自然界事物之间的相互作用、相互变化所产生的“影响”时，一般是中性的，例如：

(81) 在气候影响下，干湿交替，融冻变化，加上植物根系的穿插，逐渐形成具有蓄水性能的团粒结构，成土母质就发育成具有一定肥力的土壤层。

(82) 纬度地带性的产生，主要是太阳辐射受地球球体形状影响，从赤道向两极递减的结果，也就是说纬度地带性是以热量为基础的。

以(81)为例,气候是客观的,植物、成土母质等也是客观的。当人们以置身事外的视角来描述这些客观事物之间的变化时,所论及的“影响”也多是中性的。我们检索语料库发现,谈及客观事物的“相互影响”和“互相影响”,基本上都是中性的。

第二,当“影响”是多方面的时候,特别是同时谈及正反两方面的时候,此时的“影响”多是中性用法,如:

(83) 它直接影响到我们的干部能不能得到战士的尊重和信任,能不能造成一个干部战士亲密团结的局面。

(84) 主观指导的正确与否,影响到优势劣势和主动被动的变化。

以(83)为例,其中“影响”的结果是“能”与“不能”两个方面,所以它是中性的。

四、“影响”语义韵的其他表现

(一) 自然口语里“影响”消极语义的使用频率更高。近年来诸多学者提倡分语体进行研究(陶红印 1999;方梅 2007;张伯江 2007 等),不同的语体对语法的表现有不同的体现和限制。只有分别研究,才能更接近语言真相。正是基于这种理念,我们对自然口语会话体里的“影响”进行了分析,我们分别统计了三种语料,共计 31 例,其中仅有 1 例是中性的,其他 30 例都是消极用法,这说明在口语里“影响”的消极语义使用频率比在书面语里还要高。例如:

(85) (背景:台湾青年谈开摩托车)我们这样开车喔……我们可能……我们算影响算小的,好不好,我们可能我没办法。(语料引自“台湾政治大学口语语料库‘国语’语料”)

(86) 夏:我二十多年的心血,就,就这样被他毙了?

刘:坐下吧你。真是。你这样对孩子影响可太不好了啊!我告诉你啊,小雪可也在那跟你学着打拳呢。你是一家之主,是我们的顶梁柱,你得给我们做点儿榜样啊!(语料引自《家有儿女》的20集转写材料)

(87) 问题不在这儿。这要是真有个外宾在场,影响多坏啊。给人留下什么印象?中国人都这么粗野。(语料引自《编辑部的故事》)

(二) 英语里的affect也被认为是消极语义的。郭放、李文中(2011:55—56)认为“在词语搭配和语义韵方面,British National Corpus(简称BNC)中affect的主语涉及政治、经济、医学、环境、法律等领域,且都属于消极词汇。跟affect搭配频率最高的副词是adversely、badly、seriously、worst、severely。所以affect呈现出消极语义韵。”“影响”与affect是对译词,这在一定程度上间接证明了“影响”的消极语义性质。

(三) 如何看待“否定+影响”的语义韵性质。汉语学界一般以词为据点,探讨语义偏移现象。如修丹丹(2010)认为“没影响”里的“影响”是消极的,因为“没影响”一般是“没有坏的影响”的意思。例如:

(88) 但这些又始终没有影响陶渊明的理想抱负与“大济于苍生”,为祖国,为人民的美德善行连在一起,尤其是在青年时期的陶渊明更是这样。(党玉敏《试论陶渊明弃官归田的原因》)

在修丹丹看来，例(88)“没有影响陶渊明的理想抱负”里的“影响”当属消极语义倾向。这确实没有错，但是如果考虑“没有影响”这个多词单位的话，我们似乎也可以认为“没有影响”是积极语义倾向。因为从整句话来看，“没有影响”带有一种积极倾向。我们从邹韶华的相关论述里也可以看到很多这种差异，如：

(89) 他确实没劲儿。(“劲儿”偏向“大”，褒义)

(90) 那粮站的位置落得不是地方。(“地方”偏向“合适的地方”，褒义)

(91) 洪达不够朋友。(“朋友”偏向褒义)(引自邹韶华 2004:1,7,262)

上述用例从词语来看，都是偏向褒义，但是它们无一例外地都用于否定句中，整个话语却是消极的。因此在探讨词语语义偏移或语义韵倾向时，由于基点的不同，统计结果也会有所不同。可以说，这两种统计各有利弊。基于词语语义偏向，探讨的基点“词语”不会变动，相对稳定；但是这忽视了语言的话语性质和篇章性质。基于语义韵的研究，需要考虑由“词语”构成的格式、多词单位的语义韵倾向，对话语性质和篇章性质的把握较为有利，但是前提是，需要一定的技术挖掘该词的多词单位。我们倾向于语料库语言学和语义韵的视角。

(四) 表现消极语义的“影响”并不违背“乐观假说”的语用原则。修丹丹认为“影响”在特定的结构中偏向积极意义，归根结底是由“乐观假说”(Pollyanna hypothesis)的语用原则决定的。所谓“乐观假说”是指语言中褒义词的使用频率总是高于贬义词。客观的统计已经证明修丹丹的结果不可靠，我们认为“影响”的消极

语义用法大大多于积极语义用法。那是否意味着消极语义的"影响"违背"乐观假说"语用原则呢？如果按照汉语传统的研究，即中性词"影响"在语用中发生了偏移，偏向消极意义，那么似乎可以认为"影响"违背了"乐观假说"原则。但是如果转换视角来看，"影响"表现出消极语义特征恰恰是遵守了"乐观假说"的语用原则。例如，人们不直接说"你打扰我了|你烦死我了"，而采用"你影响我了"这种委婉的表达。以较为中性的意义表达容易"伤面子"的负面内容，这种把话说得更为委婉的手法在另一个层面遵守了"乐观假说"的语用原则。

谈话人在交谈时需要满足两种面子要求，即积极面子(Positive face)和消极面子(Negative face)。所谓积极面子，是指在交流时参与者要表现出跟别人十分融洽，而消极面子指的是不要得罪谈话对象。语言形式的选择常常遵守和睦原则(Rule of rapport)，这种原则可以解释谈话中一种常见的现象：人们经常出于为对方考虑而不直接说出他们要表达的意思。消极语义用法的"影响"满足消极面子，体现和睦原则。

语义韵的揭示有赖于语料库语言学理论和语料库检索软件的支持，需要小心求证，才有可能做到细致科学，结论可信。

第四章　抽象名词的依赖性分析

第一节　抽象名词依赖性的三个具体表现

交际最基本的要求之一是，要有一定的内容和信息量。太过空洞的语句是没有意义的，同时也会让对方难以接受或者难以满足。抽象名词语义空泛，具有较大的不确定性，因此有些抽象名词在句法层面，往往需要与其他成分组合在一起，才能足句。即抽象名词往往需要加修饰语或某些补足成分才能具体化，并得以自足。抽象名词的句法依赖性大致表现在以下三个方面。

（一）普通宾语位置。此类现象，学界已有所研究，如李子云(1995)观察到“出现情况｜＊出现面貌”现象。王惠(2004:47—48)考察4300余个名词义位的搭配情况，发现有161个名词义位不能单独充当宾语，必须带上定语成分才能充当宾语。这161个名词多为抽象名词，如“称号、程度、状况、口味(表示属性/性状)、念头、愿望、学说(表示看法)”等。沈家煊(2006)指出，“有界”的动词和“无界”的名词搭配不自由，“无界”通过附加限定语可以转化为“有界”，所以在一些动宾搭配中，名词前应附加限定语，“有界-无界”理论具有一定的解释力。李晋霞(2008)从配价角度认为二价名词独立充当宾语的能力较差，因此二价名词充当宾语时通常要求有

限定成分共现。如“采取强硬态度|＊采取态度”“表示反对立场|＊表示立场”等。辛平(2013)也基于语料库分析动宾搭配中名词宾语的定语受限问题。下面以动词“有”来说明这一问题，例如：

(1) ＊有习惯 | 有晚睡的习惯、有晨练的习惯
＊有现象 | 有异常现象、有旷课的现象
＊有功能 | 有治疗的功能、有抗衰老的功能
＊有比例 | 有一定的比例、有很大比例

这种现象非常有趣，紧邻搭配不被接受，而相距很远的连接却很常见，原因在于这类抽象名词具有修饰语依赖性质。唐正大(2006:231)指出“抽象名词属于修饰语依赖型名词，这些抽象名词内涵具有不确定性，对于语境具有高度依赖性。这类名词强烈要求修饰语出现以确定其所指。”

我们以“有晨练的习惯”为例，该句语义清晰，表达了有某种习惯的意思，但是“有习惯”语义含糊，没有足够的信息量，因此难以被接受。人们可能会进一步发问，“有嘲笑别人的毛病”能说，为何“有毛病”也能说呢？这是因为“有毛病”虽然不具体，但是它整体上已经属性化或形容词化(李先银 2012)，它相当于一个形容词成分，如“真有毛病、太有毛病了”等，这属于“语法转喻”。

除了属性化，现象化也是部分“动词＋抽象名词”摆脱修饰语依赖性的一条途径，如“考虑问题”里的“问题”不需要修饰语，这是因为人们会经常考虑各种各样的问题，于是“考虑问题”得以抽象出来指代这种“现象”，这体现着“重要的、高频的现象得到命名和表达的机会多，次要的、低频的现象得到命名和表达的机会就小”这一原则。“‘现象’是一个被高度概括的抽象表征，只有那些较为

固定的,值得为其命名的动作、行为,才有可能被抽象为'现象'"(杉村博文 2006)。"考虑问题"可以充当主语,如"考虑问题要周全",这说明其在句法上发生了一定程度的名词化。总之,只有属性化和现象化的"动词+抽象名词"才有可能摆脱修饰语依赖性。

（二）**介宾结构**。抽象名词在介宾结构中,也有可能表现出句法依赖性,例如:

(2) ?针对情况〈0〉|针对……情况〈1022〉

?本着原则〈0〉|本着……原则〈1281〉

?关于问题〈3〉|关于……问题〈8752〉

?基于情况〈0〉|基于……情况〈87〉

我们设定跨距为 10 字以内,如"针对情况"紧邻共现用例为 0,而"针对……情况"为 1022 例。这种数据的悬殊性充分说明介宾结构中抽象名词句法依赖性的存在。有些抽象名词还可以依赖后置介词实现功能上的转化,"事实上、基本上、根本上"这类大体充当状语或者定语。如"事实上,他们是合伙人"里"事实上"不能说成"事实"。即抽象名词"事实"依赖后置介词"上"才能自足。这里的"上"不是修饰语,至少不是严格意义上的修饰语。

（三）**定中结构**。抽象名词在定中结构中充当名词中心语时,也有可能表现出句法依赖性,例如:

(3) 一副样子〈24〉　|　一副……样子〈463〉

"一副样子"出现了 24 例,多用在"这么一副样子、那么一副样子"等具有指称修饰的句子里。带修饰语是其典型用法,如"一副疲惫的样子、一副懒洋洋的样子、一副玩世不恭的样子"。

要注意的是,抽象名词句法依赖性有强弱之分,如"程度"是依赖性很强的抽象名词。但是有些词语就不太典型，如“高度”做宾语时表现出修饰语依赖性，“达到一定高度”不能说成“达到高度”，但是“高度”充当修饰语后其自身就不需要修饰语了，如“高度评价、高度负责”。经常表现出句法依赖性的抽象名词还有“东西、价值、名堂、名义、性格、性质、样子”。

第二节　“程度”的依赖性分析

抽象名词的修饰语依赖性质仅有个别学者有所提及。唐正大(2006:231)所举的用例是：

(4) *他喜欢体形。

他喜欢漂亮的体形。他喜欢老婆的体形。

他喜欢这种体形。他喜欢经过锻炼形成的体形。

唐正大认为“体形”的修饰语都是限制性的，并指出此类抽象名词还有“方式、研究、手段、结果、原因、技术、性质、事物、想法、器官、样子、表情、气质、性格”等。本节以数据统计的方式来描述汉语抽象名词“程度”修饰语依赖的性质、类型与功能。

一、“程度”的多词单位分析

“随着短语学概念的提出，以及构式语法的兴起，研究者正在达成这样的共识：孤立地研究词根本不能解决语言中的众多问题，而脱离词去研究语法似乎同样困难重重。在语料库语言学界，词的概念逐渐淡化，抽象的语法也越来越少被提及，取而代之的是词汇语法、短语学、构式语法等基于多词序列的语言分析体系。”(梁茂成等 2010:14)因此,仅仅就抽象名词本身来探讨是没有多大意义的,我们变换思路,考察抽象名词的修饰语依赖性质。

我们利用"国家语委语料库"检索到"程度"共计 2674 例。如果人工对这 2674 个用例进行分析,那将是非常辛苦、非常费时费力的,同时也是效率低下的。其结果的可靠性也将受到影响,因为人的思维难免挂一漏万。利用 Antcon 3.2.4w 对"程度"进行分析,效率将大大提高。下面依次检索长度为 2 至 5 的多词单位情况,这里仅显示最低频次(Min-Size)达到 10 次以上的多词单位,如表 8:

表 8:"程度"的多词单位分析

序号	频次	多词单位	序号	频次	多词单位
1	529	程度上	14	27	社会化程度
2	528	的程度	15	24	相当程度
3	219	一定程度	16	16	危害程度
4	203	不同程度	17	15	成熟程度
5	185	大程度	18	15	程度如何
6	79	文化程度	19	15	重要程度
7	71	某种程度	20	13	利用程度
8	70	程度不同	21	13	种程度
9	46	发展程度	22	12	机械程度
10	39	某种程度	23	11	富裕程度
11	32	教育程度	24	10	发达程度
12	31	什么程度	25	10	一定的程度
13	30	熟练程度	总计	2243	

从总体来看,"程度"属于修饰语依赖程度较高的抽象名词,我们统计了各类修饰语 2243 例,占总数的 83.9%(本节相关百分比相加的结果超出 100%,这是因为有些多词单位字段重合,导致数

据重复计算，如“程度上”与“一定程度上”分别进行了统计）。例如：

(5) a. 这种重新瓜分世界的斗争发展到一定程度就必然引起战争。

b. * 这种重新瓜分世界的斗争发展到程度就必然引起战争。

(6) a. 但这时资本主义已经在西方有了较大程度的发展，并进行了对外的扩张掠夺，于是亚洲各国就成了西方国家殖民掠夺的对象。

b. * 但这时资本主义已经在西方有了程度的发展，并进行了对外的扩张掠夺，于是亚洲各国就成了西方国家殖民掠夺的对象。

用例(5a)和(6a)里的“一定程度、较大程度”不能说成“程度”，否则句子不通。(5b)和(6b)都不规范，这正是由抽象名词“程度”的修饰语依赖性质决定的。

检索发现，“程度上”529 例，“的程度”528 例。需要特别注意的是，这两个多词单位并非真正有明确意义的单位，但是它们确定无疑地证明了“程度”的修饰语依赖性质。“程度上”是“在……程度上”框架搭配的缩略，而“的程度”也暗示“的”前必定为修饰语。这两个多词单位都属于跨层非短语结构，它们基本成对立互补状态，合计 1057 例，占总数的 39.5%。“在……程度上”这类结构属于框架搭配，前置词“在”与“程度上”在一定跨距内共现、搭配。除此之外，我们还发现了“程度”其他高频复现的、搭配范围有限的、有意义的多词单位。

二、由“程度”构成的有意义的多词单位

由节点词“程度”构成的多词单位很多都具有一定的意义，而且搭配频次较高。

（一）“一定程度”类多词单位。检索发现，“一定程度”219例。它包含了“一定程度上”178例，但是不包括“一定的程度”10例和“某种程度”71例，该类合计300例，占总数的11.2%。例如：

（7）因为相对真理毕竟在一定时间、一定范围、一定程度上真实地反映了客观事物，在这一定时间、范围、程度上是可靠的、绝对的。

（8）在商品经济发展的初始阶段，不可避免地伴随着一定程度的混乱。

（9）因此只有当出口增加达到一定的程度，才有可能抵销和超过外币价格下跌的损失。

（10）贿赂在我国泛化为商品货币与权力的经常性、大量性交换，使经济运行在某种程度上已靠贿赂机制启动和润滑。

“一定程度”类多词单位表示某种模糊的程度，这种程度不能精确测量。人类思维、社会现象和自然现象，其本质是模糊的，所以存在着大量的模糊现象。人们一般不说“确定的程度、肯定的程度、80%的程度”等，程度太过确定是不自然的，也是不必要的。

（二）“不同程度”类多词单位。检索语料库发现“不同程度”203例，“程度不同”70例，另外，“程度不等”4例，总计277例，占“程度”总数的10.4%。例如：

（11）战士恋爱成功率低，不同程度地影响着部队的教育

训练和个人进步。

(12) 隋唐时代天台、华严和禅宗在创立自己的哲学体系过程中，都程度不同地吸取中国传统思想作为思想资料，融会于自己的思想体系之中。

(13) 无论是突发性的变异还是缓慢性的变化，对社交活动都产生着程度不等的影响。

“不同程度”为定中结构，而“程度不同”是主谓结构。“不同程度”明显比“程度不同”的频率高，而且后者可以被前者替换，因此它们之间应该是变体关系，基本上都充当状语成分。

（三）“很大程度”类多词单位。“大程度”185 例，包括“很大程度、更大程度、相当大程度、颇大程度、较大程度、多大程度”等形式，另外，“相当程度”24 例，共计 209 例，占总数的 7.8%。例如：

(14) 一个企业的生产当然都由企业自己来安排，但就其实质说，应该是在很大程度上用户说了算，生产跟着转。

(15) 工业的高速增长在相当大程度上是靠扩大投资拉动的。

(16) 这个问题抓好了，就可以在相当程度上缓解改革中的矛盾，为其他各项改革创造良好环境，提供有利条件，推动整个改革的前进。

人们高频使用“很大程度”类多词单位，但是一般并不怎么用“较少程度、较小程度、一些程度、一点儿程度”这类搭配。“很大程度”类是凸显的，而“较小程度”类则是隐含的。从人类认知角度来看，其实不难理解，如果某事不能带来某种程度或某方面的影响，那么说“程度”的必要性也就偏小。

(四)“文化程度”类多词单位。“文化程度”79 例,“教育程度”32 例,合计为 111 例,占总数的 4.2%,例如:

(17) 一九八四年,高等学校专科毕业及本科、专科肄业两年以上文化程度的中学教师比重由一九八一年的百分之二十六点九上升到百分之三十五点六。

(18) 这下可把他难住了,自己只有高小文化程度,肚里没几滴墨水,能行吗?

(19) 社会主义民主的发展不但受经济的发展水平影响,而且跟文化水平,教育程度、思想觉悟等紧密相连。

“文化程度”和“教育程度”属于比较固化的复合词,它们是衡量人口素质的重要指标。另外,其他多词单位还有“发展程度、什么程度、熟练程度、社会化程度、危害程度、成熟程度、程度如何”。上述所分析的多词单位可以归结为表 9:

表 9:由“程度”构成的有意义的多词单位

项目	修饰语类型	用例数	百分比
1	一定程度、一定程度上、一定的程度、某种程度	300	11.2%
2	不同程度、程度不同、程度不等	277	10.4%
3	很大程度、相当大程度、相当程度、较大程度、颇大程度、较大程度、多大程度	209	7.8%
4	文化程度、教育程度	111	4.2%
合计		897	33.6%

表 9 说明,如果仅探讨“程度”构成的有意义的多词单位的话,所占比例也不低,占总数的 33.55%。“程度”一词典型的或最频繁共现的组合伙伴多限于上述几类。“程度”与这些修饰语频繁共

现,它们的“结伴行为”(卫乃兴 2011:5),显示了“程度”一词本身的意义呈现方式。

三、相关词典释义与用例选择

Sinclair(1991)指出“如果词典里的定义是用一般英语写的,那么所有解释中出现的推论和细微的含义都可以用来进一步完善定义”。这一点同样适合分析汉语的词典释义。本节以语料库为真实文本,分析节点词“程度”的修饰语依赖性质,并详细分析由“程度”构成的有意义的多词单位。有意义多词单位在词典编撰中词条的用法方面将起到至关重要的作用。这里不妨先看两部著名的词典如何解释“程度”一词:

> 程度:名①文化、教育、知识、能力等方面的水平:文化~|自动化~。②事物变化达到的状况:天气虽冷,还没有到上冻的~|它的肝病已恶化到十分严重的~。(《现汉》第 7 版,2016:170)

> 程度:名①事物发展所达到的水平、状况,觉悟~|努力的~。(《现代汉语规范词典》2004:170)

客观地说,上述两部词典对“程度”释义只是基本的列举性描述,尤其是大部分用例没有反映出语料库里“程度”的高频搭配现象。我们依据本节的分析,给出“程度”的如下参考性编排:

> 程度:名抽象名词,①表示文化、教育等方面的水平、状况等,文化~|教育~|发展~|社会化~。②事物变化的状况、幅度,一定~|不同~|很大~|某种~|危险~|严重~。

我们的释义增加了“发展程度、一定程度、不同程度、很大程度、某种程度”等有意义多词单位，这类用例在频率上得到了语料库的支持，因此也就比较适合读者的需要。

“语料库语言学感兴趣的是哪些语言现象在实际使用上是很有可能的”(桂诗春 2010)。这种取向显然具有实证性质，这无疑丰富了词典的有效内容，提高了词典的适用性、指导性和编撰的科学性。基于语料库的定量定性研究，能对语言进行更为全面的描述、能为传统的词典编撰提供必要的补充，同时也在“很大程度上弥补了传统研究因语言材料不够充分而多依赖主观自省的不足，从而使传统的直觉经验方法转向基于实验和统计的方法”(潘璠 2012:30)。

第三节　其他抽象名词的依赖性分析

目前，学界对常用词“东西”的研究多停留在词义演变、词源考察层面。我们在中国期刊网上搜索到的 22 篇关于“东西”的文章，有 21 篇都是此类研究。如范庆华、董淑华(1996)，宋潇潇、周昌乐(2009)，徐时仪(2010)，杨琳(2012)。

这些成果无疑有利于人们了解“东西”的词源、历时发展轨迹。但是，这些成果未对常用抽象名词“东西”做共时的搭配分析。迄今为止，我们还不太清楚“东西”在共时状态下，其语义是否发生变异，其语用功能如何？对“东西”做共时的分析是非常有必要的，但是这方面的成果还较为少见。马海兰(2012)对“东西”的语用功能进行了初步的研究，但是该文并未深入“东西”一词的内部，未能探讨该词的共时搭配。台湾学者 Biq Yung-O(毕永峨)(2004)、Hsu Yen-ching(许砚晴)(2006)对台湾口语的概括名词“东西”进行了有效的探讨,分析了"东西"的固定搭配和相关构式。她们的研究对我们很有启发,但不足之处是,所依赖的语料库规模偏小,仅有两百多个例句,这似乎不能很好地反映出"东西"的使用特点。

一、"东西"的依赖性及用法

《现汉》(第7版,2016:311)收录"东西"一词:

> 东西:名①泛指各种具体的或抽象的事物:他买~去了|雾很大,十几步以外的~就看不见了|语言这~,不是随便可以学好的,非下苦功不可|咱们写~要用普通话。②特指人或动物(多含厌恶或喜爱的感情):老~|笨~|这小~真可爱。

从《现汉》的释义来看,我们只能了解"东西"的概貌,至于详细的搭配信息还需要进一步研究。我们在"国家语委语料库"里检索到4496例"东西"。

(一)"东西"的搭配分析。"买东西"是一个非常口语化的词组,其实际使用频率远远高于"卖东西"。可能的解释是:某人走进商场可以买很多东西,而某人即使是卖东西,也不可能卖很多东西,"买东西"里的"东西"泛指可以购买的任何商品。"买衣服、买水果、买菜"等都是"买东西"。"吃东西"泛指可以吃的任何东西。"吃饭、吃菜、吃糖、吃麻辣烫"等都称为"吃东西"。因此"买东西、吃东西"里的"东西"都是泛指某一类较为具体的事物。此外还有"搬东西、找东西、偷东西、拿东西、写东西、看东西"等。

"好东西、坏东西、老东西、小东西、笨东西、鬼东西、算什么东西、不是东西"里边,除了普通用法以外,基本上都带有说话人的某种主观评价，这时候“东西”多用来转指人，多数情况表示消极语义，例如：

(20) 杨师傅领着我们，汗水流了几大缸才把稻香村拼成这个样子，你算什么东西？

(21) 那老东西的心真狠，说是丢了她的老脸，羞辱了她的儿子……

(22) a. 这古董是个好东西。

b. 你们男的，没一个好东西！

(23) 你这不知天高地厚的小东西！

(24) 省党部这些人算什么东西，竟敢如此藐视我！

以(22)为例，(22a)是一种普通用法，“好东西”是评价某种东西(古董)好。而(22b)则发生了转喻，把“你们男的”说成“没一个好东西”。再如例(24)“算什么东西”具有一种人际意义，往往表达说话人一种不满的负面评价。少数情况，“东西”转指人或动物表现出一种亲昵、爱护的意味，例如：

(25) 歪嘴子乐了：嗨，小东西，也知道卖劲儿了。

(26) 那小东西真俊，绿头黄嘴儿，扑闪着麻色的翅儿，边唱边吃着。

语料库里“什么东西”，共计303例，例如：

(27) 你买了什么东西？

(28) 丈夫临别对六姐说：“我没有什么东西可以留给孩子，让我为他取一个名字吧。”

(29) 我们知道是为什么要排演这个节目，希望通过这个节目给观众一些什么东西了。

一般来说,“什么东西”里的“东西”似乎都是羡余性的,因此对其进行删除处理后似乎不影响句子的真值语义。我们认为“什么东西”在语用上发挥了作用,“什么东西”似乎要比“什么”显得具体一点,因为“东西”在这里具有临时概念化的功能,“什么东西”相当于概念化的一个事物(注意,这里的事物作宽泛的理解)。而“什么”仅仅是疑问词,不具有概念化的功能。“什么”是上位范畴,它包括“什么情况、什么时候、什么地方、什么方式、什么东西”等,“什么东西”是其中的一种,是下位范畴,尽管其本身也已经足够抽象了。

从是否表示疑问来看,“什么东西”可以用于疑问句,如例(27)。也可以用于否定句,如例(28)。还可以用于肯定句,如例(29)。“什么东西”从疑问到否定,从否定到肯定,说明其虚化程度越来越高。

“这些东西”在语料库里出现150例,“这东西”出现66例,它们表示一种近指。“这东西”一般是前指上文出现的内容,在说话人看来,心理距离较近。“那东西”出现23例,“那些东西”出现15例。“那东西”与“那些东西”表示说话人感觉心理距离较远。例如:

(30)不过我不挪开眼睛地审视他,那肌肉丰满的脸孔、那阔大的下颏、那鹰般的深远、明亮而且发光的眼睛,仿佛是有了一种变化,增加了一点从前我所没见过的东西,这东西把他的全脸神情都改变了,改变成一个慈祥的老人;而且只有这东西是最触目的,那是沿着上唇的浓黑胡须。

(31)对了,那乌黑乌黑的东西是她坚持要买的,她是为那东西来的吧！

"所有/一切/任何＋东西"等表示任指，例如：

(32) 风起时，它喷起十几米乃至几十米高的火焰，以每秒几十米的速度扫过，没有任何东西能阻挡它。

(33) 今天下午我们就会把你需要的一切东西送过来的。

(二)"东西"的结构分析。其中"X 的东西"构式共计 2233 例，占总数的 49.7%，接近一半。"的"是修饰语标记，这说明"东西"具有修饰语依赖性质。我们将对这一构式进行具体的分析。"形容词性成分＋的＋东西"，总计 689 例，例如：

(34) 邓小平同志指出，十一届三中全会以后，我们就是恢复毛泽东同志的那些正确的东西，就是准确地、完整地学习和运用毛泽东思想。

(35) 水分子本身固然不复存在，残余的氢氧原子也就变了质，不成其为水分子中的氢氧原子，而成为"氢氧离子"，都变成新的东西。

上述用例里的"东西"带上了形容词修饰语。这些修饰语不能删除，说明"东西"属于修饰语依赖型抽象名词。从语义的内涵和外延来看，"东西"的外延大于"新的东西"，相反，"东西"的内涵就不如"新的东西"丰富。另外，"正确的"不成其为概念化工具，它只是一个描写性成分，因此需要借助"东西"形成"正确的东西"，表达一种抽象的、宽泛的概念，以满足交际的需要。

"动词性成分词＋的＋东西"，总计 665 例，例如：

(36) 大家需要的东西都发完了，就是没有小周的新衣和皮鞋。

(37) 我们不能把那种打着思想解放的标志而在作品中进行低级庸俗描写的东西与此混为一谈……

(38) 第二天上班,他从家里给老人带来一些吃的、用的东西。

“形容词性成分/动词性成分+的+东西”里,“东西”在语义上是不可或缺的,都是对其前成分的临时概念化,起到泛指、模糊指称的作用。

“名词性成分词+的+东西”,总计503例,例如:

(39) 在部队内部,特别是与熟人、老乡交往,我也绝不拿公家的东西送人情。

(40) 这就要去伪存真,去粗取精,发现事物的真相和本质的东西。

(41) 古代文论中强调个人的特点,自己的面貌,传达精神、气质,这种资料多得很,确实是符合艺术规律的东西。

(42) 他高度赞扬星期六义务劳动,称这种为社会进行的、规模巨大、无报酬、没有任何当局即任何国家规定定额的劳动,是当时社会仅有的一种“共产主义的东西”。

“名词性成分词+的+东西”相对来说比较复杂,例(39)里“公家的东西”指称一些具体实在的物体,而例(40)“真相和本质”和“东西”存在某种同位关系,从语义上来说,“东西”具有一定的羡余性,将其进行删除并不影响句子的真值语义。这例“东西”虚化程度更高,对抽象名词进行指称化,从语用方面加强其前修饰语的临时概念化。例(41)类此分析。例(42)其实是“一种+名词性成分词+

的＋东西”，此时“一种”并不是普通的种类量词用法，“一种共产主义”不表示有另外的共产主义，它与“一种树木、一种水果”等有所不同。这里的“一种”是抽象赋量标记，其后的“东西”则是强化这种抽象赋量。

在组词构语层面上，“东西”往往表现出一定的固定表达，其中某些固定表达经常具有某种评价意义。在构式层面，多用于“X的＋东西”结构。其内部情况有所不同，“形容词性成分/动词性成分＋的＋东西”结构里的“东西”在语义上是不可或缺的。而“名词性成分词＋的＋东西”结构里，部分“东西”与名词性修饰语却构成了同位关系，因此语义上是羡余的，其语用功能才是凸显的，主要是强化其前名词性成分的临时概念化与抽象化。不论是组词构语层面，还是结构层面，“东西”都表现出修饰语依赖性，即“东西”一般不能单独使用。另外，从语义上来分析，“东西”的抽象化程度较高，它可以帮助非抽象词语或者抽象度不高的词语进一步抽象化，如“买苹果→买水果→买东西”由左至右越来越抽象化。“吃东西→好东西→理想的东西”由左至右越来越虚化。

二、“景象”的依赖性及用法

《现汉》(第7版，2016：691)收录“景象”：

> 景象 名 现象；状况：太平～|一派欣欣向荣的～。

“景象”一词表现出较高的修饰语依赖性质，如《现汉》的两个用例不能说成“景象太平|景象是一派欣欣向荣的”。在“国家语委语料库”里，“景象”共计277例，检索相关搭配，如表10：

表 10：节点词“景象”的多词单位分析

序号	多词单位	频次	序号	多词单位	频次
1	的景象	133	6	一番……景象	12
2	一片……景象	26	7	一幅……景象	9
3	呈现……景象	19	8	反映……景象	4
4	一派……景象	18	9	展现……景象	3
5	出现……景象	17	10	发现……景象	2

（一）“的景象”分析。“的景象”共计 133 例，占总数的 48.0%。尽管“的景象”是一个没有多少具体意义的多词单位，但是它足以证明“景象”的修饰语依赖性质很高，因为“的”是修饰语标记。例如：

(43) 整个教育事业呈现出欣欣向荣的景象。

(44) 摆在他面前的却是令人心酸的景象：厂区内，杂草丛生；破旧的厂房里放着四台老掉牙的机器。

（二）“量词短语＋景象”搭配。“量词短语＋景象”包括“一片……景象〈26〉”“一派……景象〈18〉”“一番……景象〈12〉”“一幅……景象〈9〉”等共计 65 例，占总数的 23.5%。例如：

(45) 马达轰鸣，机声隆隆，南护城河岸上岸下一片繁忙景象。

(46) 恰是集潮正兴，人流汇聚，万头攒动，好一派繁旺景象。

(47) 时隔一年，记者来 3 个重灾县，看到的却是灾区大地呈现出人心稳定、社会安定、重建家园的另一番景象。

(48) 偶然会看到一幅奇妙的景象：海水向一块面积并不大的地方涌去，在那里形成一个巨大的水柱，转眼就变得无影无踪了。

（三）**“呈现类动词＋……＋景象”搭配**。“呈现类动词＋……＋景象”包括：“呈现……景象〈19〉”“出现……景象〈17〉”“反映……景象〈4〉”“展现……景象〈3〉”“发现……景象〈2〉”，共计45例，占总数的16.2%。例如：

（49）这时的莫高窟里，不少洞窟，遭人为的惨重破坏，呈现出一派荒凉冷落的景象。

（50）画面从照片上化出，出现了伟大中华人民共和国辽阔无垠的海防前线的壮丽景象。

（51）听了他们的介绍，面对着大棚的青枝绿叶，我的脑海里已经展现出春节的景象。

上述分析表明，“景象”与出现类动词搭配较为自然。从语义韵来看，尽管我们发现了“景象”的消极语义韵，如“悲惨景象、萧条景象”等，但是“景象”的积极语义韵在频率上应该占多数，较高频的搭配有“繁荣景象、兴旺景象、热闹景象、壮观景象、丰收景象、兴隆景象、动人景象、喜人景象、新景象、壮丽景象”等。更能说明问题的是，“繁忙”似乎是个消极词，但是组合成“繁忙（……）景象”时却可以是积极的，例如：

（52）工地上红旗迎风飘舞着，劳动号子此起彼伏，小拉车、手推车穿梭似的你来我往，还有上锨的、抬筐的正在开展友谊竞赛，一片繁忙景象。

三、“名堂”的依赖性及用法

卫乃兴（2011：3）指出：“词汇有其规约性的搭配行为，每个词都有其典型的或最频繁共现的组合伙伴；有其句法行为，每个词都发生于有限的少数几个句法环境中，从而与几个典型的句法结构相关；有其语义行为，每个词都不同程度地承担一定的功能角色，和交际语境相关。”抽象名词亦是如此，如“名堂〈59〉”，用例虽然不多，但是其用法主要存在于有限的少数几个句法环境中。我们检索发现“V 什么名堂〈20〉”“V 啥名堂〈5〉”，例如：

(53) 张八莲看见他把账本子抬了出来，心想这不知搞的什么名堂。

(54) 庄稼人不老老实实种庄稼，搞什么名堂！

(55) 有时，你甚至会这样想：“政权在我们手里，他还能干出什么名堂来？”

(56) 可是，我还有一点不懂，为啥国共两党现在已经打得不亦乐乎，国军方面还能容许共方的船只出入天津，这里头有啥名堂？

其次是“V 个名堂〈9〉”，如“搞出个名堂、搞不出个名堂、弄不出个名堂”。上述用例合计 34 例，占总数的 57.63%。很明显，“V 什么名堂〈20〉”是“名堂”最典型的结构用法。《现汉》(第 7 版，2016：912)关于“名堂”词条的举例是“联欢会上～真多｜依靠群众一定会搞出～来的｜跟他讨论了半天，也没讨论出个～来｜真不简单，这里面还有～呢”等，并未列举出最高频的“V 什么名堂”。

四、“名义”的依赖性及用法

先看《现汉》(第 7 版，2016：913)对该词的释义情况：

名义 名① 做某事时用来作为依据的名称或称号：这件

事是以我个人的～做的，与其他人无关。②表面；形式（后面多带“上”字）：她～上是总管，实际上却什么都不管。

词典定义能帮助我们初步了解该词的用法。第一，从构词法来看，“名义”最初为并列式复合词，但在现代汉语共时层面“名义”基本上是偏义复合词了，“义”的基本义已经荡然无存，仅剩下“名”的语义起作用。第二，“名义”很少单独做主语或宾语，而是以“以……名义”介词短语形式和“名义上”等搭配形式出现，这说明“名义”在很大程度上具有依赖性。

（一）“名义”的语义韵考察。2017 年周梅森的长篇小说《人民的名义》改编为电视剧，收视率特别高，其中“人民的名义”这个标题的含义是什么呢？“名义”又有什么深意呢？我们检索小说《人民的名义》，发现“名义”出现 9 次共 7 例，例如：

(57) 陈海不再迟疑，结束和侯亮平的通话后，做出了一个大胆的决定：不等省委意见了，先以传讯的名义控制丁义珍，北京手续一到立即拘捕！

(58) 李达康明白，自己的屁股干不干净，与这个名义上是他妻子的女人有关。

(59) 纪委妻子立即开讲廉政课，贪腐的口子还不都是在这种至爱亲朋名义下打开的吗？侯亮平立即讨饶：钟主任，您说得太对了，让我悬崖勒马啊，您这就联系快递，给他寄回去吧！

(60) 侯亮平知道，发小这是在寻求庇护，只有检察院以涉嫌行贿的名义拘捕他，才能让他躲开市公安局也就是李达康手下的控制。

(61) 组织部部长和纪委书记走了,沙瑞金仍在想自己名义上的副手高育良。汉东省这潭水真的很深,干部关系盘根错节,人脉、历史渊源都是不可忽视的问题。

(62) 侯亮平在小院柴门前站住,往门框上一靠,双臂环抱,像是和一位老朋友聊天:老同学,……你死了,他们就安全了,(a)他们就可以继续以人民的名义夸夸其谈了!老同学,你说你在这里找到了人民,(b)那就请你以人民的名义去想一想,以残存的良知想一想,是不是该收手了?

(63) 可当他以人民的名义这么大谈特谈的时候,总让人们觉得很讽刺,人民在他们那里仅存名义而已!这么想着,侯亮平凝视着高育良,指着电视画面,开了口:高老师,我想问一下,主席台上这些话是不是发自您内心啊?

从语义韵来看,"名义"多用于消极语义,多是"有名无实",与"表面、形式、空洞、虚伪"等词语接近。如例(58)里李达康与欧阳菁仅仅是名义上的夫妻,其实质就是二人并非志同道合的、有情有爱的夫妻。例(63)里"人民在他们那里仅存名义而已"更是直接说出"名义"的空洞性,而非实质性。观察"名义"的 9 次用例,仅有(62b)"请你以人民的名义去想一想"为积极用法,这说明"名义"消极用法多于积极用法。不过话又说回来,正是这一用例说明了"名义"整体上具有错综语义韵性质,这也正是作者把整部小说取名为"人民的名义"的用意所在。"名义"的这种混合性质,耐人寻味,加大了读者阅读的心理距离,拓展了思考的空间。

(二)"名义"的多词单位分析。检索"国家语委语料库",发现"名义"206 例,情况如下:

表 11:"名义"的多词单位分析

项　　目	用例数
以……名义	133
名义上	35
在……名义(上/下/之下)	27
其他	11
合计	206

从表 11 可以看出:"以……名义"介词结构最高频,据钱颖(2014),该结构里的介词"以"有两种解释,第一种为"利用、按照、使用、用、拿"的意思,这类"以……名义"结构多是中性的,例如:

(64) 以党派的名义提案和进行大会发言增多是本次会议的特点之一。

(65) 石大妈以沙石梁大队再教育组长的名义,应邀出席了县委召开的知识青年上山下乡誓师大会。

第二种为"假借、假冒、冒用、假用、假"的意思,这类"以……名义"结构多是消极性的。具体来说,例(67)里"以爱的名义"的实质就是"打着爱的旗号",表面上是"爱",实质上是"害"。

(66) 1926 年 3 月,蒋介石指使爪牙以黄埔军校驻省办事处的名义,下令给海军局代理局长共产党员李之龙,调派"中山舰"到黄埔候用。

(67) 王明是一个控制欲很强的男人,他以爱的名义毁掉自己妻子的幸福。

"名义上"这一常见搭配已经有固化的倾向,相当于"表面上",与"事实上、实质上"相对。例如:

(68) 他们夫妻名义上虽未离婚，事实上也就等于无形离婚！

(69) 在这种制度下，农民名义上是自由人，实际上也同样遭受奴役。

要说明的是，我们还发现了“在……名义下/之下”这类介词搭配，例如：

(70) 资产阶级是赤裸裸的自私自利者，他们在“自由竞争”的名义下，实行互相吞并，“大虫吃小虫”。

(71) 咸丰帝在“巡幸”的名义下，慌忙带领大群嫔妃和官僚逃奔热河。

(72) 如今在统一的名义之下，我对自己说，这种蔓延的恶习也许已翦除殆尽或者至少已倾向衰歇了。

总的来看，“名义”具有依赖性，仅用于“以……名义”等少数搭配中。“名义”为错综语义韵，多数倾向于消极用法，中性用法较少，积极用法最少。

第五章 汉语抽象名词词典释义的计量分析

考察抽象名词释义，有利于了解其自身的特点。我们以《现汉》(第7版，2016)为范围，统计获得抽象名词词目数2239个，义项数2492个。我们分义项逐条录入Excel表格，生成所需要的语料。在此基础上，我们对抽象名词的释义进行量化分析，揭示《现汉》抽象名词释义的方式和特点，指出存在的问题并提出相关建议。

需要说明的是，第一，以义项为单位。如果某一抽象名词有两个抽象义项，我们分开处理。如《现汉》(第7版，2016：442)里"个性$_1$"指在一定的社会条件和教育影响下形成的一个人的比较固定的特性。"个性$_2$"指事物的特性，即矛盾的特殊性。第二，我们说的"释义"是指狭义的释义部分，除非必要，一般不考察配例部分。

第一节 释义方式和提示成分

据我们统计，《现汉》总计用了34,817字对2492个抽象名词义项进行了释义，平均每个义项用字13.97个。单义项抽象名词2234个，占比89.65%；双义项抽象名词218个，占比8.75%；三义项抽象名词30个，占比1.2%。其他共占比0.4%，分别为四义项的 6 个，五义项的 2 个，六义项的 2 个。

一、释义方式

《现汉》注重收录抽象名词共时义项。这类共时义项达到 2434 个，占比 97.7%，标注"〈书〉"的抽象名词义项有 35 个、"〈口〉"的有 6 个、"〈方〉"的有 17 个。

《现汉》注意避免互训、反训、递训等消极释义方式。《现汉》对 2492 个抽象名词义项进行释义时，没有出现一例互训、反训释义，积极主动采用"限制修饰语+中心语"、近义词释义、语素释义等灵活多样的释义方法。具体分为以下六个类别：

表 12:《现汉》抽象名词释义方式所占比例

序号	释义方式	用例数
1	限制修饰语+中心语	1368(55%)
2	近义词释义	449(18%)
3	综合释义	316(13%)
4	语素释义	171(7%)
5	比喻释义	108(4%)
6	其他释义	80(3%)
合计	2492(100%)	

（一）限制修饰语+中心语

这类释义方式占比 55%，是抽象名词最常采用的释义方式，形式上可以简单，如例(1)；可以繁复（详后），如例(2)。注释出自《现汉》(第 7 版，2016)，释义标明页码，必要时注明版次、词性和例句等信息。

(1) 妄言　虚妄的话。(1355 页)

(2) 体系　若干有关事物或某些意识互相联系而构成的一个整体。(1288 页)

(二) 近义词释义。单个注释词,如例(3);多个注释词,多通过分号连接,如例(4)。

(3) 纲要$_1$　提纲|根底$_1$　基础|好歹　好坏|心气$_3$　心情

(4) 风范　风度;气派|来由　缘故;原因|功夫　本领;造诣

(三) 综合释义。即两种或两种以上释义方式的综合运用。例如:

(5) 本真　原来的面目;本相;本性。(63 页)

(6) 表征　显示出来的现象;表现出来的特征。(88 页)

(7) 道德　社会意识形态之一,是人们共同生活及其行为的准则和规范。道德通过人们的自律或通过一定的舆论对社会生活起约束作用。(269 页)

(8) 病害　细菌、真菌、病毒或不适宜的气候、土壤等对植物造成的危害,如引起植物体发育不良、枯萎或死亡。(95 页)

(9) 梦话$_1$　睡梦中说的话。睡眠时抑制作用没有扩散到大脑皮质的全部,语言中枢有时还能活动,这时就会有说梦话的现象。也叫梦呓。(895 页)

例(5)综合了"限制修饰语+中心语"和近义词释义两种方式。例(6)使用了两次"限制修饰语+中心语"释义方式。例(7)综合了判断释义和解释性释义。例(8)综合了“限制修饰语＋中心语”和举例释义。例(9)采用了“限制修饰语＋中心语”、解释性释义和“挂尾词释义”(谭景春 2015)。

（四）**语素释义**。这类释义方法是指对构成抽象名词的语素分别进行释义，“和”可以充当语素释义的连接标记，例如：

（10）德望　品德和名望。（272 页）

（11）态势　状态和形势。（1266 页）

（12）效用　效力和作用。（1447 页）

（13）法纪　法律和纪律。（354 页）

（14）劳绩　功劳和成绩。（780 页）

（15）技法　技巧和方法。（616 页）

语素释义法不能绝对化，如《现汉》(第 7 版，2016：527)把“和气”释为“和睦的感情”，这比“和睦的气氛”准确恰当，尽管后者属于语素释义。

（五）**比喻释义**。这类总计 108 个。例如：

（16）心潮　像潮水一样起伏的心情。（1453 页）

（17）风暴$_2$　比喻规模大而气势猛烈的事件或现象。（388 页）

例(16)使用了比喻词“像”。例(17)使用了释义提示词“比喻”。经观察，由自然物通过隐喻而衍生出抽象义项的情况较多，如“风波、风潮、风浪、风势、风雨、风云、风色”等；其他如“把柄、步调”等。

（六）**其他释义**。因为这类释义方式所涉及的实例较少，权且归入其他类，如解释性释义、总称性释义等。例如：

(18) 概率　某种事件在同一条件下可能发生也可能不发生,表示发生的可能性大小的量叫作概率。(419 页)

(19) 法制　法律制度体系,包括一个国家的全部法律、法规以及立法、执法、司法、守法和法律监督等。(355 页)

(20) 风俗　社会上长期形成的风尚、礼节、习惯等的总和。(391 页)

(21) 文化$_1$　人类在社会历史发展过程中所创造的物质财富和精神财富的总和,特指精神财富,如文学、艺术、教育、科学等。(1371 页)

例(18)为解释性释义,而例(19)—(21)为总称性释义。总称性释义里往往有“总和、总称、全部”等描述语,这些被释抽象名词在语义层次上往往处于最高的上位范畴。

二、释义提示成分分析

(一) 注意使用括注形式。《现汉》的 2492 条抽象名词义项共使用括注 187 次,占比 7.5%。括注可以用来标注相对词,如例(22);标注使用倾向,如例(23);标注语用领域,如例(24);增强释义的内涵周延性,如例(25)。

(22) 变态　不正常的状态(跟“常态”相对)。(81 页)

(23) 病魔　指疾病(多指长期重病)。(96 页)

(24) 才华　表现于外的才能(多指文艺方面)。(118 页)

(25) 成因　(事物)形成的原因。(166 页)

尤其值得指出的是,《现汉》以括注形式对众多抽象名词的语义韵进行了明确的标注,如:

(26) 成见$_1$ 对人或事物所抱的固定不变的看法(多指不好的)。(165 页)

(27) 处境 所处的境地(多指不利的情况下)。(195 页)

(28) 风度 人的举止姿态(多指美好的)。(388 页)

(29) 后果 最后的结果(多用于坏的方面)。(544 页)

(30) 事态 局势;情况(多指坏的)。(1194 页)

(31) 效果$_1$ 由某种力量、做法或因素产生的结果(多指好的)。(1447 页)

(二) 灵活运用不同的释义提示词。 江蓝生(2013)指出:"释义提示词是指语文辞书释义时用来提示词义的由来、引申途径,或与字面义不同的实际语义、深层含义以及表达功能等的前导词语,一般用在释文的开头或中间。"《现汉》对抽象名词所采用的释义提示词主要有"指(包括泛指、特指、借指、多指等)""比喻"等。《现汉》使用"比喻"类提示词共计 108 个,如前文所述。在 2492 个抽象名词义项里,"指"类释义提示词出现 407 次,具体包括("指"275 次、"多指"63 次、"泛指"39 次、"借指"16 词、"特指"14 次)。例如:

(32) 丑态 指令人厌恶的样子或举动。(187 页)

(33) 法网 指严密的法律制度。(第 6 版:354)

(33') 法网 比喻严密的法律制度。(第 5 版:371)

《现汉》(第 6 版)已经"着重对提示词'比喻、形容、借指'的使用进行了检查"(江蓝生 2013)。如例(33)和例(33')里,因版本不同,"法网"的释义提示词有所不同。"'指'作为词典释义使用频率最高的一个释义指示语,有了它会让人觉得后面的释义出现得更为自然。"(苏新春 2005:144)我们认为"指"有指引释义范围和对象的作用，当“指”前面出现表示范围或领域的词语时，这一点显得尤为明显，例如：

(34) 本原 哲学上指一切事物的最初根源或构成世界的最根本实体。(62 页)

(35) 大道$_3$ 古代指政治上的最高理想。(239 页)

(36) 压痛 医学上指用手轻轻地按身体的某一部分所产生的疼痛或异常的感觉。(1498 页)

从抽象名词义项的分布、释义方式与释义提示成分来看，《现汉》的释义手段丰富多样，满足了不同词条的释义需要。

第二节 抽象名词释义的改进

我们发现《现汉》有些抽象名词的释义尚待改进。

一、义项收录

(一) 部分常用抽象名词义项未能收录。尽管《现汉》收录了2492 条抽象名词义项，规模可谓庞大，但还是漏收了部分常用抽象名词义项，例如：

(37) 魔法 妖魔的法术；妖术。(920 页)

(38) 喜报 印成或写成的报喜的东西。(1405 页)

《现汉》只收录“魔法”的贬义用法，其实“魔法”还有魔术的意思，如“魔法师、魔法箱、魔法盒、魔法棒”等。例(38)的“喜报”应增加抽象的泛指意义，即“泛指让人高兴的消息”。另外，《现汉》(第7 版，2016：1129)的“色相”应该增加“好色的外表；样子”义项。

（二）**误立少数抽象名词义项**。例如：

（39）公费 名由国家或团体供给的费用。（451 页）

（40）全速 名所能达到的最高速度。（1084 页）

（41）风传 名辗转流传的事情。（388 页）

从句法功能看，例（39）里的“公费”很少单独充当主宾语，倒是经常充当定语和用于“是……的”结构，这都说明“公费”更像属性词，而不是抽象名词。另外《现汉》（第 7 版，2016：1737）把“自费”标注为动词，也不妥当。“公费、自费”都应该标注为属性词。例（40）的“全速”也应该标注为属性词，可释为“尽最大速度的”。例（41）“风传”转指为名词的用法非常低频，整体上还应该标注为动词。

另外一种较为普遍情况是，《现汉》标注的一些抽象名词义项使用领域狭窄，其设立的必要性值得考虑。从严格意义上来说，这些义项已经失去活性，不具有独立运用的能力，因此可以考虑不单独设立义项。较为妥当的办法是把它们分散到相应的固定语里进行处理。例如：

（42）大端 （事情的）主要方面：举其～。（239 页）

（43）大义 大道理：深明～|微言～。（247 页）

（44）后福 未来的或晚年的幸福：大难不死，必有～。（544 页）

（45）后效 后来的效果；后来的表现：略示薄惩，以观～。（546 页）

（46）机宜 针对客观情势处理事务的方针、办法等：面授～。（600 页）

(47) 厉色　严厉的面色;愤怒的表情:正言～。(802 页)

(48) 难色　为难的表情:面有～。(938 页)

(49) 奇想　奇特的想法:突发～。(1024 页)

(50) 时艰　当前的困难;艰难的时局:共度～|共克～。(1184 页)

(51) 万机　指当政者处理的各种重要事情:日理～。(1350 页)

(52) 休戚　欢乐和忧愁,泛指有利的和不利的遭遇:～相关|～与共。(1473 页)

(53) 意表　意想之外:出人～。(1556 页)

(54) 殷忧　深深的忧虑:内怀～。(1562 页)

二、释义内容

"《现汉》释义的水平在现有的语文词典中是最高的,也是最具权威性的。"(曹先擢、晁继周 2004:5—6)对此,我们深以为然。但是,这并不是说《现汉》的释义已经十全十美了,有些释义值得探讨。

(一) **抽象名词的主释词不太妥当**。例如:

(55) 病象　疾病表现出来的现象。(96 页)

(56) 概要　重要内容的大概(多用于书名)。(419 页)

(57) 格局　结构和格式。(440 页)

(58) 好处$_1$　对人或事务有利的因素。(519 页)

(59) 好感　对人对事满意或喜欢的情绪。(519 页)

(60) 本末$_2$　比喻主要的与次要的。(62 页)

（61）现实　客观存在的事物。（1424 页）

（62）心愿　愿望。（1456 页）

（63）梦想$_3$　梦想的事情。（896 页）

（64）风头$_2$　出头露面，显示个人的表现（含贬义）。（391 页）

（65）福气　指享受幸福生活的命运。（403 页）

（66）基业　事业发展的基础。（604 页）

（67）全程　全部路程。（1082 页）

例（55）里“现象”作为主释词，范围过大。“现象”是“事物在发展、变化中所表现的外部的形态和联系”，社会现象和自然现象很多，仅有很少一部分属于病象。建议改为“疾病表现出来的症状”。例（56）里的“概要”与“概观、概略、概览、概况”等相近词的释义不一致。释义句里的“大概”虽有名词用法，但是频率远不如副词用法高，建议“概要”改释为“概括而重要的内容”。我们说“打破格局、打破局面”，但是不说“打破格式”，因此例（57）的“格局”可利用语素释义法改释为“结构和局面”。例（58）“好处”里的“处”原指处所，后来泛指地方、方面，与“因素”相差较远。“好处”可改释为“对人或事物有利的地方、方面”。把“处”解释为“地方、方面”符合本义及其意义引申脉络。“益处、坏处”也当如此处理。另外“用处、长处、患处、明处、到处、去处、随处、四处、实处”等词的“处”有实有虚，可以把它们的主释词统一为“地方、方面”，这比用“因素”更加确切。

例（59）的“好感”可以利用语素释义法，改为“对人对事满意或喜欢的感觉”，“感”就是感觉的意思。“情绪”有消极语义倾向；而“感觉”则是比较中性的，因此也就更为妥帖。从系统性来看，《现汉》对 2492 个义项的释义，很少有省略主释词的现象，例(60)的“本末”采用了省略主释词释义方式“比喻主要的与次要的”，宜修改为“比喻主要的与次要的事情”。

从确切性来看，例(61)宜改释为“客观存在的实际情况”。例(62)宜改释为“内心的愿望”。例(63)释义句里出现了被释词，不妥，宜改为“努力追求的事情；理想”。另外，《现汉》(第 7 版，2016：895)把“梦”的抽象义项解释为“比喻幻想或愿望”，不太准确，建议改为“比喻幻想、理想或愿望”。《现汉》(第 7 版，2016：899)把“秘密”释为“秘密的事情”，也属于释义句中出现被释词，可修改为“隐秘的事情”。

例(64)释义句里的“显示个人的表现”不太通顺，可接受度较低，“风头$_2$”可改释为“显摆个人某方面的能力(含贬义)”。例(65)里“福气”的主释词为“命运”，不妥。“命运”指生死、贫富这些本质性的大事，而“福气”则不然。“悲惨的命运”绝对不能说成“悲惨的福气”。“福气”宜改释为“享受幸福的程度”。《现汉》(第 7 版，2016：1624)把“运气”解释为“命运”，这也忽视了两词之间的重要差异，“命运”语义较重，而“运气”语义较轻，其适用场合较为随便。“运气很好”与“命运很好”明显程度不一样。从词语内部修饰关系和释义顺序来看，例(66)宜修改为“具有基础作用的事业”。从准确性来看，例(67)宜改为“全部的路程或过程”。

(二) 修饰限定成分不太妥当。例如：

(68) 动感　指绘画、雕刻、文艺作品中的形象等给人的栩栩如生的感觉。(313 页)

(69) 幻想$_2$　幻想出的情景。(570 页)

(70) 手法$_1$ (艺术品或文学作品的)技巧。(1202 页)

(71) 奇闻 奇特动听的事情。(1024 页)

(72) 常识 普通知识。(148 页)

(73) 骨气$_2$ 书法所表现的雄健的气势。(468 页)

(74) 胜果 指比赛或竞争中获得的胜利果实;获胜的结局。(1174 页)

王宁(2002)指出"现代汉语辞书所作的义界,义值差的数量明显增多,义值差的内容也向描写过细发展",甚至"产生了义值差冗余的现象"。"义值差"相当于我们探讨的修饰限定成分。例(68)的情况正是如此,"动感"的修饰限定成分过多,反而容易造成疏漏,其中"绘画、雕刻、文艺作品中的形象"有过细的感觉。"动感"可改释为"动态的感觉"或"动态的栩栩如生的感觉"。例(69)释义句里出现了被释词,而且"幻想"的关键性语义特征"不真实"未能释出,建议改为"想象出的不真实的情景"。例(70)宜加上释义提示词"多指",整条释义可改为"多指(艺术品或文学作品的)技巧"。例(71)"奇闻"并不一定具有"动听"的语义特征,建议修改为"奇特而吸引人的事情"。例(72)宜修改为"日常的普通知识"。为了释义更加周延,例(73)宜修改为"书法、绘画等艺术作品所表现的雄健气势"。例(74)宜修改为"指战争、比赛或竞争中获得的胜利果实;获胜的结局"。

另外,也有整条释义值得商榷的,例如:

(75) a. 大体 重要的道理。(245 页)

b. 原则$_2$ 指总的方面;大体上。(1611 页)

c. 大局 整个的局面;整个的形势。(242 页)

(76) 劣势　情况或条件比较差的形势。(822 页)

(77) 大势　事情发展的趋势(多指政治局势)。(245 页)

对比例(75)里三个词语的释义,可发现“大体”的释义不太准确,“体”当为“整体的、总的”意思。“大体”可改释为“总的方面,整个的局面”。例(76)里“劣势”含有“比较”的语义特征,因此建议修改为“相比较而言,处于比较差的情况、条件或形势”。例(77)释义句未能释出“大”的语素意义,另外括注限制过严,建议修改为“事情发展的重大趋势”。

有些释义形式繁杂,不利于理解,例如:

(78) 意见$_2$　(对人、对事)认为不对因而不满意的想法。(1556 页)

(79) 顾虑　因担心对自己、对别人或对事情不利而产生的顾忌和忧虑。(472 页)

(80) 水平　在生产、生活、政治、思想、文化、艺术、技术、业务等方面所达到的高度。(1227 页)

(80’) 水平　指某方面所达到的高度:生产～|生活～|政治～|思想～|文化～|艺术～。

从简约原则来看,例(78)可修改为“对人或事不满意的想法”。例(79)可修改为“因担心而产生的顾忌和忧虑”或者“顾忌和忧虑”。例(80)的释义句罗列了“生产、生活、政治、思想、文化、艺术、技术、业务”八个限定修饰成分。众所周知,类似的修饰成分不胜枚举,如还可以说“科研水平、设计水平”等。建议这些限定修饰成分在配例里出现,可改释为例(80’)。

(三) 关于释义句里多“的”现象。刘丹青(2008)指出“多层定语和多项定语都有排斥‘的’在一个名词短语内多次出现的倾向”。冯胜利（2009：183）概括为“一语一的”单用原则，即“一个短语宜于一个‘的’”，如例（81）。张立飞、严辰松（2013）称之为“独‘的’偏好”，即“包含多个修饰成分，且有可能使用两个或两个以上‘的’的名词短语，通常只带一个‘的’”。例如：

（81）a. ＊校长的方案的主要的内容

b. 校长方案的主要内容（冯胜利 2009：183）

统计抽象名词 2492 个义项的释义，总计出现“的”2787 次。双“的”义项 219 条，如例（82）；三“的”义项 17 条，如例（83）；四“的”义项 5 条，如例（84）。这些多“的”义项占比 9.7%。也就是说，将近每 10 个抽象名词义项就有一个多“的”义项。

（82）奥秘　深奥的$_1$ 尚未被认识的$_2$ 秘密。（14 页）（数字序号为我们所加，下同）

（83）内涵$_1$　逻辑学上指一个概念所反映的$_1$ 事物的$_2$ 本质属性的$_3$ 总和，也就是概念的内容。（944 页）

（84）理论　人们由实践概括出来的$_1$ 关于自然界和社会的$_2$ 知识的$_3$ 有系统的$_4$ 结论。（799 页）

上述多“的”释义句都是对“一语一的”或独“的”原则的违反。如何认识这一看似反常的现象呢？第一，“‘的’作为汉语中唯一的定语标记，对于调节成分间的节奏、明晰修饰语与中心语之间的语义关系至关重要。”（张立飞、严辰松 2013）以（82）为例，“深奥的秘密”不宜说成“深奥秘密”，因为“深奥秘密”整体上还不至于形成一个名词性概念。“深奥”与“秘密”的概念距离较远，它们之间只是修饰关系，属于组合结构，还达不到不需要“的”就能构成黏合结构的程度。而“尚未被认识的秘密”更不能删除“的”说成“尚未被认识秘密”，后者不成话、不合法，因此整个释义部分必须出现双“的”。第二，多“的”现象的存在是由抽象名词复杂而丰富的内涵这一本质决定的。第三，多“的”现象是释义周延的需要。因为相对来说，抽象名词往往是内涵不易确定的词类，需要从多个方面加以描写、限定说明，才有可能使被释抽象名词的内涵得以揭示，释义显得周延齐全。如例(84)里，被释义词“理论”是一个非常复杂的抽象名词，要想周延地定义这个概念，增加“的”字限定描写语是一个有效途径。观察释义部分，四个“的”字短语都不可或缺，它揭示了“理论”最为本质的四个内涵。

学者们也探讨了“的”过多的负面影响，冯胜利(2009:183)认为“‘的’过多则佶屈聱牙(层次过多、停顿过多所致)”。“‘的’字用多了会给人以烦冗、啰唆、单调之感。”(张立飞、严辰松2013)据此观点，我们调查发现，少数释义里的“的”是不必要的。例如：

(85) 公约$_1$　条约的一种名称。一般指三个或三个以上的$_1$国家缔结的$_2$某些政治性的$_3$或关于某一专门问题的$_4$条约。(453 页)

例(85)里“的$_1$”加剧了释义层次的复杂化，扰乱了文意。貌似“三个或三个以上”既可以修饰“国家”，也可以修饰主释词“条约”。但是从释义的准确性来看，“三个或三个以上”只能紧邻修饰“国家”，而不可能修饰“条约”，否则就有可能理解成“公约是三个或三个以上的条约”。鉴于“三个或三个以上”可以不带“的”直接修饰“国家”，因此“的$_1$”可以删除。

（四）并列连词的使用。抽象名词释义句里的并列连词包括“或、和、而”，使用情况分别是“或”421 次、“和”341 次、“而”96 次。“或”多用来连接限制修饰语，如例（86）；也可以用来连接主释词，如例（87）；还可以两种情况同时使用，如例（88）；较少用来连接两个“限制修饰语＋主释词”，如例（89）。

（86）笔意　书画或诗文所表现的意境。（69 页）

（87）本性　原来的性质或个性。（62 页）

（88）风气　社会上或某个集体中流行的爱好或习惯。（390 页）

（89）春梦　比喻转眼就过去的好景或空幻的不能实现的愿望。（208 页）

如果同一个释义句中用了双“或”、三“或”，就有可能导致释义复杂化，逻辑层次较难理清，例如：

（90）把柄　比喻可以被人用来进行要挟或$_1$攻击的过失或$_2$错误等。（20 页）

（91）方面　相对的或$_1$并列的人或$_2$事物中的一方或$_3$一部分叫一个方面。（367 页）

（92）课题　研究或$_1$讨论的主要问题或$_2$亟待解决的重大事项。（742 页）

（93）定理　已经证明具有正确性、可以作为原则或$_1$规律的命题或$_2$公式，如几何定理。（308 页）

“和”多用来连接主释词，如例（94）；也可以用来连接限制修饰语，如例（95）；还可以两种情况同时使用，如例（96）；较少用来连接两个“限制修饰语＋主释词”，如例（97）。例（98）的双“和”句，显得不太妥当。

(94) 风华 风采和才华。(389 页)

(95) 工程$_2$ 泛指某项需要投入巨大人力和物力的工作。(448 页)

(96) 法统 宪法和法律的传统……(355 页)

(97) 纲纪 社会的秩序和国家的法纪。(427 页)

(98) 病理 疾病发生和发展的过程和原理。(96 页)

“而”只用来连接限制修饰语,用于表示原因的“(因/因为/由于)……而”框式,如例(99);用于表示目的的“(为/为了)……而”框式,如例(100);表示转折的,如例(101);表示递进的,如例(102)。

(99) 失误 由于疏忽或水平不高而造成的差错。(1177 页)

(100) 政策 国家或政党为实现一定历史时期的路线而制定的行动准则。(1674 页)

(101) 原创性 作品等具有的首先创作或创造而非抄袭或模仿的性质。(1609 页)

(102) 愚忠 愚昧而盲目的忠心。(1598 页)

(五)多种方式同时使用导致限定修饰语太过复杂。结构助词“的”和连词“或、和、而”的使用可能会导致限定修饰语复杂化,另外介词“对、关于、在”等的使用也会如此。当上述几种方式同时出现在一个释义句里时,就会给人们的理解带来困难,例如:

(103) 定义 对于一种事物的本质特征或一个概念的内

涵和外延的确切而简要的说明。(309 页)

(104) 范畴$_1$ 人的思维对客观事物的普遍本质的概括和反映。(365 页)

(105) 纲领$_1$ 政府、政党、社团根据自己在一定时期内的任务而规定的奋斗目标和行动步骤。(427 页)

(106) 高调 借指脱离实际的议论或说了而不去实践的漂亮话。(431 页)

(107) 机制$_4$ 泛指一个工作系统的组织或部分之间相互作用的过程和方式。(600 页)

(108) 技术 人类在认识自然和利用自然的过程中积累起来并在生产劳动中体现出来的经验和知识……(617 页)

(109) 美学 研究自然界、社会和艺术领域中美的一般规律与原则的科学。(889 页)

(110) 义气 指由于私人关系而甘于承担风险或牺牲自己利益的气概。(1551 页)

(111) 因缘 佛教指产生结果的直接原因和辅助促成结果的条件或力量。(1559 页)

潘雪莲(2011)归纳了词典中的三种名词释义模式:中心成分居末释义模式,中心成分居首释义模式和中心成分居中释义模式。抽象名词绝大部分采用中心成分居末释义模式(近义词释义可看作零修饰语加中心语),占 73%。她进一步指出:"中心成分居末的释义模式适于表达语义的各种复杂逻辑关系,因连词、介词、动词介入语义层次复杂,区别限定成分不宜过多。""在词典释义时,采用该释义模式容易出现的问题:一是由于该释义模式表达的逻辑关系复杂,容易造成释义时逻辑的混淆;二是语义层次复杂,难以突出核心的区别限定成分。"例(103)至(111)的释义句形式上为一个单句,内部层次关系因为使用了太多复杂标记而让整个释义句的层次复杂、语义理解难度增加。从简单原则来看,这些释义并非最优选的释义,有的可以简化,有的可以考虑用各种标点符号来分化层次、降低理解的难度。

三、近义词释义

"《现汉》编写细则(修订稿)"指出"用同义词作注,原则上应承认这是不能完全避免的一种注解方式"(2004:104)。部分意义浅显的抽象名词,《现汉》也采用近义词释义方式,如前文例(3)—(5)。近义词对释是我国传统的释义方式,具有简单明了、一目了然的优点。但是近义词之间不可能完全相同,因此近义词对释,不可能十分准确,无法显示近义词之间在语义、语法上的细微差别。例如:

(112) 时候❶时间②:你写这篇文章用了多少~? ❷时间③:现在是什么~了? |到~请叫我一声。(1184 页)

(112') 时候　表示某个时间,例如:有~、到~、那个~、~不早了。

《现汉》用"时间"来解释"时候",并不妥当。相比较而言,"时候"表达时间的跨度比较灵活,可长可短;"时候"不出现在构词层面,只出现在短语层面,如"有时候、小时候";或者小句层面,如"在/当/到/等……的时候、……的时候"等。"时间"表示比较具体的时点和时段(王小莘、张舸 1998),可以出现在构词层面,如"时间性、时间差、时间表"等,也可以出现在短语层面,如"什么时间、有些时间”等。鉴于以上分析，“时候”的部分义项可改释为例(112’)。另外，例(112)的例句“你写这篇文章用了多少时候?”，可接受度较低，因为我们并不说“用了三个月时候”(李向农 2003：43)。

“注释行文要求明确、通顺、简洁，应该避免用方言、文言、生造词、翻译腔。”(《现汉》编写细则(修订稿)，2004：101)词典在释义时要尽量做到不用罕见词释常用词。近义词释义容易出现的问题是，主释义词并不比被释词词义浅显，结果可能达不到诠释的目的。如《现汉》(第 7 版，2016：1546)用“遗恨”释“遗憾”，不妥。“遗恨”使用频率远远低于“遗憾”。“遗憾”的释义可改释为“感到可惜或后悔的事情”。《现汉》(第 7 版，2016：804)以“命意”释“立意”也属于以难释易，需要调整。

钟俊等(2015)指出“避免循环释义是一个悖论”，他们认为“词典释义中有三种形式的循环：(1)用 B 解释 A，又用 A 解释 B；(2)以 A 释 A；(3)以 A 释 B，以 B 释 N，再以 N 释……，最后回到 A”。考察《现汉》发现，2492 个义项中没有第(1)、第(2)种循环释义方式，但是普遍存在第(3)种循环释义。即抽象名词的释义离不开抽象名词自身。《现汉》对抽象名词义项的释义主要采取近义词或者中心成分居末的释义模式，而这些近义词和中心成分本身也是抽象名词，因此抽象名词释义存在一个大的循环。《现汉》中最小的循环发生在三个义项之间，例如：

(113) 条件$_1$ 影响事物发生、存在或发展的因素。(1298 页)

因素$_2$ 决定事物成败的原因或条件。(1558 页)

原因 造成某种结果或引起另一件事情发生的条

件。(1611 页)

(114) 准则　言论、行动等所依据的原则。(1729 页)

原则$_1$　说话或行事所依据的法则或标准。(1611 页)

标准　衡量事物的准则。(85 页)

上述用例的循环释义颇为明显,这或许并不是编撰者没有注意到,而是由抽象名词的特质决定的。抽象名词的循环释义从根本上来说是无法避免的,抽象名词属于元语言名词,而元语言名词是用来解释其他词语的,它"自身的意义无法直接获得终极解释,便只好借助内部相互定义"(钟俊等 2015)。但是,像三个义项之间的循环释义,如果能避免,还是避免为好。

四、兼类与括注

(一)兼类与抽象名词义项的设立。像"研究、组织、准备、调查"等词语,朱德熙(1985:24)称之为名动词。例如"研究"最开始是一种行为,久而久之,转喻为具有该行为的事件,因而具有了抽象的概念意义。《现汉》对动词和抽象名词的义项分别进行了标注,例如:

(115) 爱好、报告、变化、布局、传闻、传言、传说、风传、公告、幻想、假设、经过、经历、设计、体会、误传、误解、要求、疑虑、遭遇

但是《现汉》有时候的处理值得探讨,例如:

(116) a. 实验、练习、证验、归结、开局、限制、希望

b. 试验、考试、验证、归属、开场、局限、期望

(117) 表现、猜测、挫折、答复

例(116a)与(116b)中的词语基本上是对等的,有属于近义关系的,如"实验—试验""开局—开场"等;有属于同领域关系的,如"练习—考试"等。但《现汉》把(116a)标为动名兼类,把(116b)标为动词。再如《现汉》收录了"限制"的抽象名词义项,但是没对"局限"进行相应的处理。《现汉》标注"希望、厚望"的抽象名词义项,并把"厚望"解释为"很大的期望",但是并未收录"期望"的抽象名词义项。例(117)的情况有些不同,以"挫折"为例,《现汉》的解释是"压制;阻碍,使削弱或停顿:不要~群众的积极性"。但是实际语料显示,"挫折"基本不做及物动词,倒是经常充当主宾语,受动量词修饰。因此可认为"挫折"已经从行域转喻到了抽象概念域,获得了抽象名词意义。

少数有标记的语法隐喻的义项处理也不太一致。例如《现汉》(第7版,2016:1556)分词条标注"意味""意味着";而在第85页只立"标志"词条,不立"标志着"词条。在标注"标志"动词义项之后,举例时出现了"标志着"。《现汉》(第7版,2016:773)标注了"来源"的名词和动词义项,但是指出动词用法时,后面跟"于"。这里的问题是,到底是"来源"是动词还是"来源于"具有动词性?"起源、根源"等也有类似情况。少数形名兼类关系也带来了抽象名词义项设立的问题。例如:

(118) 问题$_5$ 属性词。有问题的;非正常的;不符合要求的。(1376页)

例(118)里"问题$_5$"被标注为属性词。"问题少年、问题食品、问题工程"配例里"问题"是看作名词做定语,还是看作属性词做定语,这是一个很值得探讨的问题。朱德熙(1980:14—15)、董秀芳

(2004:129—130)等都认为名词可经常修饰名词,名词做定语是名词的典型功能。其他类似情况还有"魅力城市、气质女人"等,但是《现汉》依然把"魅力、气质"标为名词。鉴于此,我们认为"问题$_5$"应该标为名词。

(二)括注的改进。例如:

(119)实力　实在的力量(多指军事或经济方面)。(1186页)

(120)谈话　用谈话的形式发表的意见(多为政治性的)。(1268页)

(121)大势　事情发展的趋势(多指政局局势)。(245页)

(122)美梦　指美好的幻想(多指不切实际的)。(888页)

例(119)"实力"不一定"多指军事或经济方面",还可以指"竞赛、比赛、科研"等很多方面。例(120)括注为"多为政治性的",限制过严,可改为"多为正式的"。例(121)"大势"也不一定是"多指政局局势",还可以是经济、国家政策等方面。例(122)"美梦"的括注"多指不切实际的",这并不确切,现实中有"美梦成真"的说法。因此可改释为"美好的梦想或不切实际的幻想"。

《现汉》对含有抽象名词的非词成分的处理体例不一,这是从词到非词的连续统性质决定的。但是,如果考虑到一致性的话,某些相关词语应该有统一的安排。

《现汉》收录"实际上、基本上"以及"气头上、兴头上",未收录"原则上、事实上";收录"屁话",未收录"屁事";收录"怪事",未收录"奇事"。《现汉》对"大略"的释义是"大致的情况或内容",对"大概"的释义是"大致的内容或情况",我们认为需要做统一处理。

“滋味儿—风味”是否带儿化，《现汉》的处理不一致。《现汉》对“夙愿—宿愿”有释义照应，但是“素愿—夙愿”“夙怨—宿怨”“宿志—素志”却没有照应。

基于语料库的方法研究某类词的释义问题，是词典释义研究一个较新的趋势。语料库方法在数据统计与分析、系统规模与检索等方面具有相对穷尽性、可见性、可感性等特点，可以帮助人们考察相关义项的一致性，减少义项设立的随意性，发现突兀义项以及释义存在的问题。可以弥补仅靠人脑思考而造成的局限性，从而体现出语料库研究的优势。

由于“《现汉》等并未彻底解决当代汉语词汇中词与非词问题”（刘丹青 1987）。因此我们对相关现象做了操作性处理。第一，只考虑词的抽象义项，不考虑语素的抽象义项，如考察抽象名词“势力”的抽象义项，而不单独考察构成该词的两个语素“势”或“力”的抽象义项或用法。第二，主要探讨了双音节及三音节抽象名词的释义问题。三音节以上的多为复合性抽象名词或者专有抽象名词，例如《现汉》对“社会、关系、社会关系”等都有所收录，我们只探讨“社会、关系”的释义，而没有探讨复合词“社会关系”。从本质上来看，复合抽象名词属于开放类。第三，未考虑抽象的类词缀义项。这些类词缀具有开放性，处理起来就显得比较棘手。例如《现汉》收录“创造性”，未收录“创造力”；收录“着眼点”，未收录“着力点、出发点”；收录“失落感、优越感”，未收录“幽默感、安全感”等。另外，抽象名词的语域分布、构词法、语法属性等与释义的关系问题尚未探讨。

第六章　抽象名词词串的语篇照应功能

汉语抽象名词是一个开放的、重要的而又特殊的名词下位类别。尽管学界对这类词的研究已经取得了一定的成绩，但多是在句法、语义范围内进行的。若要更为全面、准确地揭示抽象名词的性质，急需从语篇角度对其进行深入仔细的分析。

以英语为对象语言的研究中，problem、fact、idea、result 等抽象名词或者含有这类词的词串的语篇照应问题已经得到了长期而广泛的关注（如 Halliday & Hasan 1976：274—276；Schmid 2000；Flowerdew 2002，2003；Mahlberg 2005；Flowerdew & Forest 2015 等）。尽管上述诸家所用术语不尽相同，研究范围和视角亦有所区别，但这些成果都有一个共同之处，即“让这类名词或词串从众多词汇中独立出来，单独立类，突出它们所具有的篇章照应功能”（张维友 2000），这在英语学界业已成为基本共识。

一般来说，“照应”指语篇中一个成分作为另一个成分的参照点。照应总体上分为篇外照应（Exophoric）与篇内照应（Endphoric）两大类。其中“篇内照应”指语篇的某个成分的参照点存在于语篇内部。篇内照应有回指（Anaphora）和下指（Cataphora）两大类型。陈平（1987）认为汉语的回指可分为三类：零形回指（Zero anaphora）、代词性回指（Pronominal anaphora）以及名词性回指（Nominal anaphora）。

学界对这三类回指现象均有较为深入的研究。具体到名词性回指方面，重要的研究成果有廖秋忠（1986，1987），考察了篇章中名词性成分的指同问题和篇章管界问题。徐赳赳（2003：138—268）对叙述文中的名词回指、联想回指等进行了深入的研究。方梅（2002）探讨了“指示词＋名词”组合的篇章语义属性。上述研究成果无疑有利于学界深入认识名词回指现象，但客观来说，对名词回指现象的探讨都较为笼统，尚未专门关注名词下位类别中抽象名词的回指问题。

所谓“抽象名词词串”，是指含有抽象名词的词语序列。观察语料发现，表示概述回指或概述下指时，抽象名词多数是以词串的形式出现。不过我们也发现存在极少量单用抽象名词表示概述回指或下指的情况，这种无标记现象总体频率偏低。

第一节　抽象名词词串的概述回指

一、概述回指的表现

我们在小句和篇章层面论述抽象名词词串的回指现象，如果抽象名词仅限于小句内部发挥临时概念化功能，则不在探讨之列。如“随着城市化进程的加快，城市缺水问题已受到社会各界的普遍关注”里，抽象名词“问题”只是在小句内部临时概念化“城市缺水”这一现象，它的照应范围没有超越小句，只是属于句法内部的照应问题。

王秀丽（2012）在国内首次提出“概述回指”这一重要概念，这类回指是“对前文信息的抽象概括，大多数情况下，常常借助一个抽象名词来完成重提，而且这个抽象名词没有在前文中留下任何语言形式标记”。概述回指由回指语和先行语两部分组成，例如：

(1) 西德垄断资本家要夺取美国垄断资本的阵地，这种事情和和气气地是解决不了的。[《厦门日报》(转版) 1957－11－21 报刊]

(2) 在很多时候，很多人并不知道自己是个什么样的人，这不仅是人们常常存在的一种误区，而且往往也是人类很难超越的人性的弱点。要解决这个问题其实蛮难的。(BCC 语料库，《人生哲理》)

例(1)里回指语“这种事情”是紧邻概述回指最近的一个小句。例(2)“这个问题”是跨距概述回指先行语“很多人并不知道自己是个什么样的人”。概述回指与具体名词回指有所不同，例如：

(3) a. 高压水射流(“水刀”)新技术已得到了广泛应用，可以切割皮鞋内底，制作拼板玩具等。高压水射流比金属刀具切割的质量好，效率高，容易实现自动化。(《厦门日报》1985－8－7)

b. 高压水射流(“水刀”)已得到了广泛应用，可以切割皮鞋内底，制作拼板玩具等。这种刀比金属刀具切割的质量好，效率高，容易实现自动化。

c. 高压水射流(“水刀”)已得到了广泛应用，可以切割皮鞋内底，制作拼板玩具等。这种新技术比金属刀具切割的质量好，效率高，容易实现自动化。

例(3)里，a 句回指语“高压水射流”与先行语“高压水射流”构成忠实的同形回指关系；b句回指语“这种刀”与先行语“高压水射流（‘以水代刀’）”构成部分同形回指关系；而c句则不同，回指语“这种新技术”是对整个先行语的综合性概括性回指，把先行部分的“高压水射流”及其作用概括为一种“新技术”。当抽象名词概述回指多个小句时，这种概述性表现得更加明显，如例（4），回指语“这些问题”回指先行语A—E 6个小句。这种超强的概述能力是零形回指、代词回指、具体名词回指所无法比拟的。零形回指和代词回指的先行语多为单个的、具体的词或短语，其回指语限于短距离照应。而概述回指的先行语往往是小句、句群（多个小句）、段落等较大的单位，其回指语可以标示长距离照应关系。概述回指所照应的范围往往更加宽泛。

（4）此外，A在收入分配关系中存在着比较严重的扭曲现象，B合理调节个人收入的手段还不健全。C一些地方社会治安状况不好，D腐败现象有的还相当严重，E某些政府工作人员的形式主义、官僚主义作风和渎职失职行为，给工作造成危害，群众不满意。上述这些问题已经引起中央政府的高度重视，正在采取各种积极措施，切实加以解决。（《厦门日报》1995－3－20）

二、概述回指的类别

从形式特征来看，一些组合有利于我们确定概述回指。其中“这＋量词＋抽象名词”组合是最典型的形式表现，例如（1）、（2）、（3c）、（4）。具体类别可以看表13：

表 13:概述回指的形式表现与实例

序号	形　　式	抽象名词实例
1	这个+抽象名词	问题、消息、任务、意义、办法、目标、情况、道理、建议、过程、事实
2	这种+抽象名词	情况、现象、状况、做法、思想、精神、方法、说法、办法、方式、行为、情形、看法、想法、关系、态度、形式
3	这类+抽象名词	问题、事、事情、事件、情况、现象
4	这些+抽象名词	问题、情况、措施、事实、经验、思想、缺点、现象、原则、意见、成就、建议、事、政策、事情、条件、因素
5	这点+抽象名词	小事、成绩、东西、道理、本事、经验、常识
6	这次+抽象名词	事件、事故、研究、访问、学习、检查、会谈、选举、展出、战斗、演出、调整、展览、调查、讨论、会晤、评选
7	这一+抽象名词	问题、情况、事件、消息、决定、目标、事实、现象、做法、要求、规定、措施、理论、主题、制度、原则、过程、举措、案件
8	以上+抽象名词	情况、经验、问题、措施、事实、事项、信息、办法、资料
9	上述+抽象名词	情况、问题、规定、措施、决定、要求、目标、任务、范围、原则、条件、办法、事实、现象、消息、行为、立场、原因、建议

说明:抽象名词实例以语料库检索的频率降序排列。

从表 13 可以看出,“这+量词+抽象名词”是概述回指最主要的表现形式,其中“这次+抽象名词”比较特殊,其中有较多实例如“研究、访问、展出、演出”,朱德熙(1985:80)称为名动词。如“研究”最开始是一种行为,久而久之,转喻为指称该行为的概念。其他形式还有“这一/以上/上述+抽象名词”等,例如:

(5) 5 月 18 日早晨,罗源县所属的贵安贮木场附近,有三千多立方米的木材，即将受到洪水的威胁。解放军某部知道这一情况后，立即派二百名解放军官兵，迅速开赴贵安，投入了抢运木材战斗。(《福建日报》1960－6－1)

(6) 美国觊觎墨西哥石油资源的企图由来已久，但都未得逞。墨西哥爆发金融危机又给美国带来了一个机会。墨西哥必须用石油作贷款抵押才能得到美国的援助。以上事实表明，美国之所以解囊援助墨西哥，更多的是为了维护自己的利益。(《人民日报》1995)

(7) 少部分学生指望期末考试作弊，蒙混过关，最终还是补考一片，甚至极个别的学生出现退学、留级、试读等现象。对于上述情况，学生急、学院急。不管是学生，还是教师，认同感强，认为要花大力气抓学风、校风，从严治校，也出台了很多的文件规定，但实际效果差。(《厦门商报》1998－8－22)

汉语的"这＋量词＋抽象名词"组合是对先行事件或现象的包装与压实(Packaging and Compacting)(Halliday 2004:87)。当用于概述回指时，"这"起到指引回指方向的作用，并表现出先行信息与当前信息的"相关性"(方梅 2002)。整个"这＋量词＋抽象名词"组合能够把先行语所包含的具体信息联系起来，从而有利于语篇的整体建构。

"这＋量词＋抽象名词"组合是概述回指的主要形式，"那＋量词＋抽象名词"组合也具有概述回指功能，但是相对而言，频率较低，例如：

(8) 对于贱精就不用说得饶人处且饶人了，贱精天必收。我想过姐姐说的那个问题。(BCC 语料库，微博)

三、概述回指的功能

（一）**概述功能与经济性原则**。顾名思义，概述回指最主要的功能就是概括总结。这主要表现在回指语对先行语（往往是复杂事件）的综合认知与概括上。概述回指“不仅意味着指称追踪，还意味着对信息的再次处理，有一个概念化过程，有事先导入的信息和后台的认知激活之间的共指关系”（王秀丽 2012）。概述回指是对整个复杂的先行语的综合回指，而非对某个词语的简单的同形回指或异形回指。这种概述表明前一段话的结束，进而有可能开启新的话语，从而使得话语信息的传递更为清晰、明确，话语组织更加有序。

“经济原则是支配人们言语活动的规律，它不仅仅是‘节省力量消耗’的同义语，而是指在保证语言完成交际功能的前提下，人们自觉或不自觉地对言语活动中力量的消耗作出合乎经济要求的安排”。（周绍珩 1980）概述回指体现了语言的经济原则，它可以避免简单地重复复杂的先行语，因为反复地使用先行语不仅使篇章枯燥无味，甚至可能会使某些篇章无法建构。如例（7）里的先行语共计 44 字（不计标点），而回指语“上述情况”仅有 4 个字，孰繁孰简，一目了然。更重要的是，回指语“上述情况”不能重复为 44 字的先行语，否则篇章将拖沓冗长，人们也将难以卒读，最终无法理解这种语篇。人们在提及先行语时，既无必要也不可能把先行语都重复一遍。每次都原样重复先行语，这是不可想象的事情。抽象名词词串概述回指“既能避免重复整个上文内容，又能起到简洁明快、引出下文的交际效果”（段业辉 1987）。

（二）**有利于改变篇章推进的方向**。概述回指的先行语往往是具体的、详述的，而回指语则是抽象的、概述的。这种“具体-抽象”模式符合篇章组织的需要，是语篇组织的有效形式。概述回指有利于“改变篇章推进的方向”（王秀丽 2012）。从功能上看，零形回指、代词回指都可以标示同一话题链的延续。而概述回指与此不同，回指语往往标示一个新的话题或者新的自然段落的开始。也就是说，它可能会改变篇章推进的主题。以例（5）为例，先行语叙述了“木材受洪水威胁”这样一件事情，当回指语“这一情况”出现后，文章的话题链不再叙述“木材受洪水威胁”，而是推进到“战士抢运木材”这样一个新的话题。

概述回指“在句法环境上总是处于前一小句所述事件完结、后一小句需要对此进行总结概括的交界，回指语的功能就不能简单概括为仅仅是提取前述内容，而应该还预设了前一述题的完结带来的结果以及该结果所蕴含的某种影响”（周小涛、王军 2014）。再如例（1）和例（2），先行语阐述某个事件或者现象，用上回指语“这种事情、这个问题”以后，接下来的语篇不再阐述该事件或现象，而是推进到“解决”阶段。

方梅（2005）指出，从回指语的形式来看，形式越轻，延续同一话题的可能性越大。这可以概括为“零形回指＞代词回指＞同形名词＞指示词＋名词＞描写性定语＋名词”。由此可见，相对于零形回指和代词回指，“这＋量词＋抽象名词”回指形式最重。如例（9）所示，a 句的零形回指和 b 句的代词回指都延续了同一话题。而 c 句属于概述回指，回指语“这件事情”改变了话题，即不再继续说“小王”，而是引出“该事情引起了单位领导的注意”这一相关话题。回指语“这件事情”属于重形式，因此不太适合用零形回指和代词回指替换，如 c’ 句、c’’句。

(9) a. 小王在短时间内筹不到这么多钱，∅不知道怎么办才好。(自拟用例)

b. 小王在短时间内筹不到这么多钱，他该怎么办呢。

c. 小王在短时间内筹不到这么多钱，这件事情引起了领导的注意。

c' ?小王在短时间内筹不到这么多钱，∅引起了领导的注意。

c'' ??小王在短时间内筹不到这么多钱，他引起了领导的注意。

第二节　抽象名词词串的概述下指

下指又可称为“后指”或者“预指”等。相对于回指而言，汉语学界对下指的分析尚处于起步阶段。

一、概述下指的表现

抽象名词词串的概述下指通常由“下指语”和“后续语”两部分构成。例如：

(10) 我有一个问题，我在短时间内筹不到这么多钱。(自拟用例)

(11) 这次地震损失小的原因，除震源深以外，也与日本人有备无患有关。(《厦门晚报》1995－8－13)

(12) 据调查有如下问题：有的部门机构庞大、重叠，公文旅行现象严重，有的紧急公文在机关内旅行达四十六天之久，往返周转十多次手续；为机关服务的人员多，业务人员和非业务人员的比例不合理。有的机关安插性的人员多，使干部因无工作而感到苦闷。（BCC语料库，科技文献）

（13）我很在意那一千个同龄人中占绝大多数的六百三十人先救妈妈的理由：妻子可以再娶，儿子可以再生，而负有养育之恩的妈却永远只有一个。然而，再转念深思，却觉得这种理由不乏虚伪、自私之处，有伪孝道之嫌。（《厦门晚报》1997－5－27）

例（10）里下指语"有一个问题"下指一个小句。例（11）下指语"原因"下指"除……以外，也……"主从复句。例（12）下指语"有如下问题"下指整个段落，并且"问题"后为冒号，冒号是下指的显现标记，正如徐赳赳（2007）指出"冒号"是启后语的标志，表示其后续部分是要解释或说明的内容。例（13）里第一个"理由"为概述下指用法，而第二次出现的"这种理由"为概述回指用法。它们概述的对象都是同一个部分，这是概述回指与概述下指同现的用例。下指语与后续语之间构成抽象与具体、概述与详述的关系。从上述用例可以看出，后续语一般为小句、句群（多个小句）、段落等较大的单位。

二、概述下指的类别

概述下指的形式类别如表14所示，从共性方面来看，一个最突出的表现就是，下指语多带有篇章管界功能标记。廖秋忠（1987）指出"当管领词的管界范围跨越句子边界时，可称之为篇章管界"，廖先生认为"是、有、（在）于、包括"等都是具有篇章管界功能的谓语动词。廖先生还指出"句中的有些状语，一般位于句首，有时候所修饰的范围也可以跨越本句的边界，形成篇章管界。而其中有一类评估短语，这类状语表达说话人对所说的话的真实性所做的估计。”表 14 里的“事实上、实际上、基本上”等就属于评估性抽象名词词串，它们也具有篇章管界功能。

表 14：概述下指的形式表现与实例

序号	形　式	实　例
1	抽象名词＋是	问题是、原因是、结果是、理由是、意思是、关键是、重点是
2	以下＋抽象名词	以下问题、以下情况、以下事实、以下方式
3	如下＋抽象名词、抽象名词＋如下	如下问题、问题如下、如下原因、原因如下、情况如下、如下情况
4	抽象名词＋在于	关键在于、目的在于、问题在于、原因在于、意义在于、区别在于
5	抽象名词＋上	事实上、实际上、基本上、总体上、本质上、整体上
6	X＋抽象名词包括	X 内容包括、X 范围包括、X 项目包括、X 措施包括、X 因素包括
7	宾语位置带数量修饰的抽象名词	有一个建议、有个问题、说个问题、提个建议

概述下指的形式多种多样，下面我们仅对其中较为复杂的下指形式进行分析。

三、“抽象名词＋是/在于”分析

（一）“抽象名词＋是”概述下指的表现

观察语料发现，“抽象名词＋是”概述下指用法较为突出，因为“抽象名词＋是”是一个非常能产的开放构式，只要把相应的合适的抽象名词填进该构式就可以表达下指。“抽象名词＋在于”用法与“抽象名词＋是”相似，可以合并讨论。例如：

(14) 播种的具体方法是:先在底部铺上一层厚约10cm未腐烂而经水浸泡过的落叶,然后撒上带有种子的菌,在菌上面摆放蜜环菌,一般菌两端蜜环菌生长较旺盛,可多放落叶和菌,最后……(BCC语料库,科技文献)

(15) 安全减灾产业化的关键在于:A必须将公益行为逐步变为有偿服务……;B必须营造一个良好的安全减灾市场化及消费的氛围及习惯……;C需要政府扶持……(BCC语料库,科技文献)

(16) 当前需要研究讨论的有两方面的问题:一是计划经济与市场的关系,这里面主要的问题是:关于商品经济与计划经济的关系;关于计划调节与市场调节;关于市场、市场经济和市场调节的区别。二是条条和块块的关系,或者说部门管理和地区管理、集权与分权的关系。(BCC语料库,科技文献)

(17) 北京话音素简单,但不影响表达效果,原因是北京话有比较丰富的语调。(BCC语料库,科技文献)

上述例句中的"方法是、关键在于、问题是、原因是"等都为下指语,它们与后续语构成概括与被概括的关系。如例(15)里下指语"关键"概述了A、B、C三个后续小句的内容,而这三个后续小句则是对"关键"的内涵填充。例(16)属于嵌套式下指,第一个下指语"有两方面的问题"概述后续的所有内容,而当中的"主要的问题是"仅下指三个"关于"小句。

"抽象名词+是"里的抽象名词往往可以带上立场性、评价性的修饰语,这更有利于说话人表达其话语立场、主观评判。廖秋忠(1987)称之为"观点的改变",即"最为常见的表示说者/作者观点的介入是那些带有评论性的字句”,例如：

(18) 会议认为,突出的问题是,社会购买力与商品可供量存在较大差距,适销商品不足。(《厦门日报》1981－4－5)

(19) 美的基本已完成2002年度空调销售任务,重要原因是美的没有把销售完全寄托在旺季而提前启动市场。(《厦门日报》2002－8－2)

如例(18)“突出的问题是”里的“突出”表明说话人认为后续语具有突出的地位,从而加强了说话人的立场与态度。汉语里,抽象名词带立场修饰语的情况,常见的有：

(20) a. 最大的/一个新的/当前迫切的/主要的/重要的问题(自拟用例)

b. 合理的/新的/科学的/详细的/不同的/必要的/可能的/最明显的解释

c. 基本的/主要的/重要的/根本的/真正的/客观的原因

d. 一个简单的/确凿的/基本的/残酷的/最根本的/明显的事实

e. 最好的/实际的/常见的/理想的/具体的/客观的/最后的/最坏的结果

f. 一致的/我的/传统的/一般的/基本的/重要的/不同的观点

g. 不幸的/最新的/最坏的/可靠的/意外的/消息是

h. 最(为)/更(为)/非常关键的是

i. 显著的/巨大的/最大的/最主要的差异/区别

j. 一个大胆的/一般的/潜在的假设

k. 我个人的感觉/直觉/印象是

下指语易带有立场性修饰语的直观证据是，有些抽象名词本身就带有评价色彩，如“关键是”里的“关键”意思是“最关紧要的部分，对情况起决定作用的因素”，其属性义非常凸显。“问题”自身也具有消极语义韵性质。

另外，比照轻动词理论，抽象名词相当于轻名词，因此“修饰语＋的＋抽象名词＋是”组合存在隐含“抽象名词”的现象，从而形成“修饰语＋的＋是”组合，例如：

(21) a. (令/让人)遗憾的是、(令/让人)高兴的是、令/让人同情的是、(令/让人)没想到的是、(令/让人)不可思议的是、令/让人不安的是、令/让人不解的是、令/让人兴奋的是、令/让人吃惊的是(自拟用例)

b. 值得一提的是、值得注意的是、值得骄傲的是、值得肯定的是、值得关注的是/庆幸的是/警惕的是/祝贺的是/一说的是

c. (最)重要的是/有意思的是/糟糕的是/奇怪的是/欣慰的是/可喜的是/可气的是/可惜的是

d. (需要)指出的是/注意的是/提醒的是/说明的是

例(21)里的组合都可以看作抽象名词隐含的结果，如“(令/让人)遗憾的是”是“(令/让人)遗憾的事情是”的意思。常见的可以被隐含的抽象名词(轻名词)有“事情、问题、结果、情况、情形、现象、东西”等。“修饰语＋的＋是”组合更加有利于说话人表明其话语立场，进而表达“交互主观性和话题跟进”等语用意义。如“需要注意的是”不是提醒说话人自己要注意，而是提醒受众要注意相关

事情。

（二）“抽象名词＋是”概述下指的功能

“抽象名词＋是＋X”句式跟一般判断句的差距已经很大，“是”的判断语义已经相当弱化，甚至是不复存在了。除前文已述的篇章管界功能外，下指语“抽象名词＋是”还可以发挥凸显焦点和联系项（黄理兵 2015）的功能。首先，“抽象名词＋是/在于”具有标记焦点的功能，例如：

（22）调整的重点是：巩固和加强农业基础地位，加快传统农业向现代农业转变。（《厦门》2000－6－7）

（23）一些学校盲目追求升格，中专升专科，专科升本科，大学就不惜一切代价争取上硕士点、博士点，结果是学校和学生的学历升格了，但素质水平却不见提高。（BCC 语料库，科技文献）

（24）绝大部分选票目前已经统计出来，结果是：保守党原来在地方议会中占有 4100 个席位，这次选举丧失将近一半，并且在 53 个地方议会中丧失了主导地位。（BCC 语料库，报刊）

首先，“是”是学界公认的焦点标记（董秀芳 2007；祁峰 2011）。如例（22）里的“是”凸显后续语为焦点信息。在语音上，“是”后有个相对较长的停顿，这也具有凸显作用。同理，“问题是、原因是、结果是、关键是”等都有聚焦化的功能，它们聚焦的对象主要是后续语。如例（23）里的“结果是”凸显后续小句“学校和学生的学历升格了，但素质水平却不见提高”这一现象。要注意的是，例（22）和（24）里下指语后均使用了冒号，这里的冒号是一种边界创立的标记，一并起到凸显后续小句的作用。

具体说来，不同的实例，其具体的篇章功能有所不同，如“问题是”具有追问、深究、转折等话语功能（孙慧妍 2006；李宗江 2008）。“结果是/结果”可以表达宽泛的原因与致使关系。“原因是”具有解释原因的功能；而“理由是”具有解释理据的功能；“意思是”则突出解注功能。

其次，“是”具有联系项的功能。“抽象名词”“是”与“后续成分”三者的关系可以用（Schmid 2007）的图示来说明：

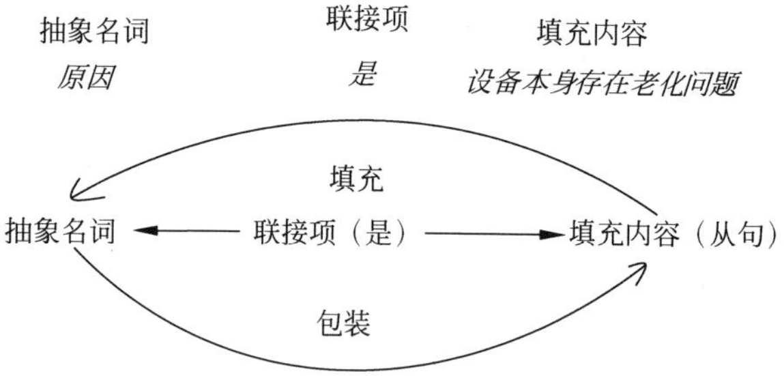

图 1：“抽象名词＋是＋X”的内部关系

从图 1 可知，概述下指的功能在于，把后续句的复杂信息包装成名词性概念，抽象名词就像容器一样容纳后续句所表达的复杂内容。这种包装具有临时概念化功能，它使人们一看到“抽象名词＋是……”组合时，就容易把后续语的复杂内容与该抽象名词关联起来。从语义上来看，后续语则对下指语进行了语义充实，使其具体化，内涵丰富化。从语篇建构来说，后续语是对下指语的语篇延展与阐释。下指语与后续语相辅相成，构成一种独特而有效的表达句式，具有概念传递、解释、说明、描述或转移等功能。

(三)"抽象名词+是/在于"概述下指的形成机制

方梅(2005)指出,轻主语限制与线性增量原则是针对句子的编排来讲的。主要表现为重心在尾原则(置复杂的结构于句尾)和轻主语限制(句子的主语倾向于用一个轻形式)。从形式上来看,光杆的抽象名词比从句(以 X 表示)要轻很多,因此"抽象名词+是+X"形式要比"X+是+抽象名词"更符合语言表达习惯,试比较:

(25) a.(商品成本大幅度降低,)原因是它的晶体管数大大减少。(BCC 语料库,科技文献)

b. *(商品成本大幅度降低,)它的晶体管数大大减少是原因。

例(25)a 句有利于"原因是"概述下指功能的形成,而 b 句可接受度非常低,它不符合重心在尾和轻主语原则。句子的主语太长或谓语太短都可能使句子头重脚轻,失去平衡感。打个比方,b 句就像头大肚子大而脚很小的人,这会给人站立不稳的感觉。如果使用"抽象名词+是+X"就会消除这种不协调感,从而保持整个句子结构的平衡。

相比较而言,我们认为"Y+抽象名词+是+Z"比"X+是+Y+抽象名词"更容易导致"抽象名词+是"的相对独立。因为在前一句式里,抽象名词已经位于句子中间,当具备某种适合的语用条件时,"抽象名词+是"就有可能进一步衍生出概述下指用法。这种语用条件就是当 Y 或 Z 内容复杂时,单句就有可能断裂为复句,"抽象名词+是"也就可能生发出下指功能。如例(26)a 句采用了非常复杂的单句形式,给人以叠床架屋、拖沓繁复的感觉。而 b

句里的“原因是”摆脱了单句的束缚，其概述下指功能得到了凸显。

(26) a. 公司主营业务收入同比下降的原因是新产品销售收入的增长未能完全弥补原产品销售收入的下降。(BCC语料库，报刊)

b. 公司主营业务收入同比下降，原因是新产品销售收入的增长未能完全弥补原产品销售收入的下降。

众所周知，用法先于并大于句法，高频的用法有固化为句法的倾向。当“Y＋抽象名词＋是＋Z”里的Y或者Z经常由复杂结构充当时，句子结构断裂为复句形式，这时我们不得不重新考虑“抽象名词＋是”的性质。断裂后的“抽象名词＋是”符合“联系项居中原则”(刘丹青 2003:68—73)，即“抽象名词＋是”往往在两个被联系的成分之间。由于高频效应，“抽象名词＋是”充当联系项的功能越来越突出，起到关联其前后事件的作用，有的甚至已经衍生出连词用法，如“结果”。从语篇上来看，“Y＋抽象名词＋是＋Z”为非包孕结构，所以Z可以高度复杂，此时不宜变换为“X是Y的抽象名词”，例如：

(27) 中国革命的全部结果是：一方面有资本主义因素的发展，又一方面有社会主义因素的发展。(《厦门日报》1951-7-2)

(28) *一方面有资本主义因素的发展，又一方面有社会主义因素的发展是中国革命的全部结果。

四、“V＋(数)＋量＋抽象名词”分析

(29) 我给你一个建议，如果把后轮的鼓式改为盘式，它

的刹车距离会更短。(BCC语料库,科技文献)

(30) 现在有一个办法,就是根据家用电器说明书上提供的修理电话号码,打电话去询问,将电器出毛病的情况讲清楚,电话就会把如何修理的办法、步骤,详细告诉你,按此办法修理,就可以修理好。(BCC语料库,科技文献)

(31) 这么多年他始终有一个想法:要把这个曾经只是街头卖艺的民间绝活,丰富内涵后推向世界!(BCC语料库,报刊)

(32) 一位青年画家碰到了法国著名画家门采尔,他当即向门采尔请教说:"尊敬的先生,有一个问题一直困扰着我,你能给我解决的答案吗?"门采尔谦逊地说:"什么问题?"青年人说:"我常常能一天作一幅画,可卖出它却总要一年的时间。"门采尔微微一笑说:"年轻人,你可以换着试一下。"(BCC语料库,文学)

上述例(29)—(31)都是紧邻概述下指,而例(32)则是跨距概述下指。"V+(数)+量+抽象名词"为不定指形式,它具有下指功能;而前文所述的"这+量词+抽象名词"为定指形式,它具有回指功能。可以这样说,定指标记与抽象名词组合时倾向于回指,不定指标记与抽象名词组合时倾向于下指。

"V+(数)+量+抽象名词"与"V+抽象名词"不尽相同,前者可以表示概述下指,而后者多为概述外指。所谓概述外指,是"在具体语篇中,当抽象名词概述的信息没有在上下文里出现,那么该抽象名词表现出概述外指功能"。试比较:

(33) 村委仅去年以来就办了三件实事:一是投资30万

元，建成1公里长的村柏油路和改造输电线路；二是筹集100万元发展老年福利互助金，全村461名老人每月都领到40元生活补贴费，还分阶段为50岁以下劳力办理社会养老保险；三是投资100多万元为村小学兴建了400米跑道和操场。（BCC语料库，报刊）

（34）在当前推进改革和发展中，尤其要坚决按经济规律办事，加强调查研究，切实改进思想方法和工作作风，提倡说实话，办实事，鼓实劲，讲实效，踏踏实实地工作，认认真真地做好每一件事情。（BCC语料库，报刊）

例（33）里下指语“办了三件实事”是对后续语的概述，“实事”的内涵得到了充实。而例（34）里，我们并不能通过上下文知道“办实事”的内涵是什么，因此它属于概述外指用法。从语体角度来看，在政论语体里，大量的抽象名词表现出概述外指用法，因为“V＋抽象名词”组合，信息量大而又务虚（不明确所指），这恰好满足了播报体的复杂性和正式性要求。例（34）就属于典型的政论语体。

本节所论述的抽象名词词串的概述回指属于名词回指的下位类型，同时也与代词回指密切相关。概述回指与概述下指的共性在于，二者都具有概述功能，都需要“抽象名词”这一要素的参与。概述回指与概述下指具有架构篇章的功能，前者起到归纳总结的作用，后者起到解释阐述的提示作用。这都有利于篇章的连贯与组织，有利于读者从宏观上把握篇章意义。

二者的差异性也较为明显，大致如下：第一，从形式标记来看，概述回指以“这＋量词＋抽象名词”为主要形式，而概述下指以“抽象名词＋是/在于”等为标记，后者往往带有说话人的立场性、评价性修饰语，并且易于发生语法化、词汇化。第二，从语篇发展方向来看，概述回指是向“左”的、承上性的，而概述下指是向“右”的、启下性的。概述回指是从具体到抽象，从详述到概述；而概述下指是从抽象到具体，从概述到详述。第三，从篇章管界功能来，概述下指的篇章管界功能更加突出，其中“是、有、在于、包括”都是典型的篇章管界标记词。

需要说明的是，有的实例语篇照应能力较强，如“问题、情况、结果”等，有些实例较弱，有些甚至没有语篇照应功能，如我们调查语料库发现“安危、世界、表面”等基本上没有概述回指用法。

如果说具体名词是刚性的，那么抽象名词则是柔性的。语篇的构造往往既需要具体名词，也需要抽象名词，这样才能刚柔相济，相生相伴。

第七章 “抽象名词＋上”的搭配分析

第一节 “抽象名词＋上”的规模和类型

抽象名词在概念上是不自足的，因此必须与其他成分组合在一起才能发挥作用。其中的一种途径就是与介词结构搭配，与后置词“上”搭配最为频繁。下面进行分析。

这类分为两种情况，第一种是“在＋抽象名词＋上”构式，以脱离前置介词“在”为常，如：实际上、事实上、基本上、世界上、社会上、本质上、根本上、原则上、整体上、总体上。

第二种用于“在＋抽象名词＋上”构式，而且前置词“在”经常共现，例如：

在标准上、在地位上、在典型性上、在方法上、在感情上、在功能上、在关系上、在计划上、在技术上、在结构上、在经济上、在历史上、在利益上、在生活上、在时间上、在事业上、在思想上、在特点上、在物质上、在形式上、在性质上、在政治上、在质量上、在组织上

我们发现还有部分抽象名词可以与其他后置词搭配，如：

在……条件下、在……影响下、在……情况下

在……环境里、在……范围内

在……过程中、在计划中

本章将具体探讨抽象名词与后置词搭配的情况，进一步考察抽象名词的横向搭配功能。

第二节 “实际上”的功能及分析

汉语里，叙实性标记比较丰富，前贤关注的焦点多集中在“其实”一词，而针对“实际上”“事实上”的研究则相当少见。由于经历了从客观性对比到非客观性对比再到非对比的演化过程，“实际上”的语义也经历了从指出客观实际到指出主观认为的实际再到话语标记的过程。“实际上”具有转折、否定、补充、修正和组织话语等多项功能。“实际上”从非状位、状位、句内副词、句首副词到句首前位成分最终到话语标记，这种句法位置的变化，诱发其发生主观化和词汇化。“实际上”与“其实”的本质差异在于前者常用于独白体，是自言性标记；后者常用于对话体，是非配合性互动标记。另外，“实际上”“事实上”与“其实”在语义虚实、习惯搭配、语体等方面的分工也有所不同。

《现汉》收录“其实”“实际上”；而《现代汉语规范词典》收录“其实”与“事实上”，照录如下：

实际上：副其实（多含转折意）：他说他听懂了，～并没有听懂｜他看起来不过二十四五岁，～已经三十出头了。（《现汉》第7版，2016：1185）

其实：副表示所说的是实际情况（承上文，多含转折意）：

这个问题从表面上看似乎很难，～并不难。(《现汉》第7版，2016：1024)

其实：副表示所说的情况是真实的，略相当于"事实上"(承上文有转折的意思)：这件事看起来是坏事，～是好事。(《现代汉语规范词典》2004：1018)

事实上：名事情的实际情况方面：他说得虽好，可～并不是那样。(《现代汉语规范词典》2004：1192)

辞书在三词之间采用了循环释义。但构式语法和认知语义学的研究成果显示，结构无同义原则与词汇无同义原则无处不在(Goldberg 1995：46；Zeki：2008：19)。"实际上""事实上"与"其实"是互不相同的单位，它们都具有自身独特的功能。

预设其所述小句命题为真的话语标记为叙实性标记。我们认为"实际上""事实上"与"其实"都是叙实性标记，主要基于以下两点考虑：第一，这三个词语有较强的语类限制，绝大多数情况下用于叙述句，对祈使句、感叹句、疑问句都有较强的排斥性。第二，这三个词语都带有一个"实"字，表示其所述内容的真实性。

一、"实际上"的语义功能

（一）客观性对比，指出实际。"实际上"表示所述内容为实际情况，其典型语境为"P，实际上 Q"，"实际上"的语义演变从对比语境开始。

"实际上 Q"表示客观事实与上文的 P 表象、现象形成对比，例如：

(1) 小李庄村，从表面上看，是坚决抵抗，积极备战；可是

实际上，隐藏着不同的主张，潜伏着反对的打算。（刘流《烈火金刚》）

(2) 企业制订出各种人才招聘计划，不惜重金广聘贤才，表面上轰轰烈烈，而实际上本地不少“千里马”却长年困于马厩，无处施展。（1994年《报刊精选》）

(3) 这样一混乱以后好像什么都要搞现代企业制度，看起来是拔高了，实际上降低了。（1994年《报刊精选》）

(4) 乍一看这是一件好事，但实际上弊端甚多。（余秋雨作品集）

(5) 名义上是人人有份，但实际上不少群众见不到好处。（1994年《报刊精选》）

(6) 那天下午，老田说是去探望同是政协代表的父亲，实际上同贾平凹谈到日薄西山。（1994年《报刊精选》）

(7) 原计划8天完成一个块件，实际上只用7天。（1994年《报刊精选》）

例(1)至(7)中P部分中的“从表面上看、表面上、看起来、乍一看、名义上、说是、原计划”等词语都说明P是表面的、非真实的。表面现象往往肤浅、简单、具有迷惑性，而“实际上Q”则是透过表象看本质，而本质就是事物本身所固有的根本属性，往往深刻、复杂、精确。以(1)为例，P所述内容是小李庄村表面上坚决抵抗，积极备战，但事实情况是人人都隐藏着不同的主张，各自怀着不同的打算。这类用法的“实际上”的对比意味非常明显，即指出事实的实质所在。由于P与“实际上Q”之间往往存在非事实与事实的对比，故对比意味浓厚容易产生转折意味，如上述例(1)、(4)、(5)中“实际上”前面出现了转折标记“可是、但”。

（二）日常概念与科学概念的对比，或者称为民俗知识与科学阐释之间的对比。P所描述的为日常概念，属于民俗性知识，而“实际上Q”则是科学概念，这类“P，实际上Q”非常适合科普类应用文体，例如：

（8）会出现一颗相当明亮的“昏星”，人们称为“长庚星”。这两颗星，实际上是同一颗星，就是金星。（《中国儿童百科全书》）

（9）关于月亮有很多美丽动人的传说，诸如嫦娥奔月、玉兔捣药、吴刚伐桂等等。实际上，月球是一个毫无生机的世界，没有空气和水，没有大气的保暖和海洋对温度的调节，昼夜温差相当大。（《中国儿童百科全书》）

（10）神话故事里把龙王在海底居住的宫殿称为“水晶宫”，实际上，水晶不是生在水下龙宫，而是生于山上的岩洞中。（《中国儿童百科全书》）

（11）“天圆地方说”虽然符合当时人们粗浅的观察常识，但实际上却很难自圆其说。（《中国儿童百科全书》）

例（8）P中的“昏星”和“长庚星”都是民间的命名，属于日常概念，而“实际上Q”中的“金星”是天文学命名，属于科学概念，“实际上Q”指出了“昏星”和“长庚星”实为同一颗星星的实质。例（9）P指出民间对月亮的传统认识，而“实际上Q”则是基于科学考察对月亮的本质认识，前后形成了鲜明对比。这些用例的“实际上Q”都是指出现象背后的实质，出现在较为典型的对比语境之中。民俗往往流于表面，科学更接近事物的本质和真理，“P[民俗叙述]，实际上Q[科学叙述]”这种顺序与人类探索世界的认知顺序具有高度象似性，不能颠倒。(10)不能换成“Q，实际上 P”这种语序，如例(10’)。

(10’) ＊水晶不是生在水下龙宫，而是生于山上的岩洞中，实际上，神话故事里把龙王在海底居住的宫殿称为“水晶宫”。

(三) 与上文的预设形成对比，指出主观认为的实际。“实际上 Q”不是与 P 形成直接对比，而是与 P 所包含的预设、预期形成对比，例如：

(12) 不过，现在你说，那些闹的小孩儿吧，实际上都是特别好。(北京话口语)

例(12)P“那些闹的小孩儿”，按常理推断应该是不好的、不听话的，但是“实际上 Q”却指出“特别好”，这与 P 的预设或者预期相悖，即“实际上 Q”与 P 存在反预期关系。如果语境有需要，完全可以补出这种预期，如例(12’)：

(12’) 不过，现在你说，那些闹的小孩儿吧[按说闹的小孩儿可能都不好]，实际上都是特别好。

“实际上”的反预期用法可以得到形式上的验证，“实际上”可以与反预期标记“并”等共现，我们检索“北京大学 CCL 语料库”发现，“实际上并不”218 例，“实际上并没”94 例，“实际上并非”36 例，“实际上并无”14 例，共计 362 例，这个数量还是比较可观的，例如：

(13) 我们要端正对待爱情的态度，轻佻地玩弄爱情的人，实际上并不懂得爱情，也不可能以严肃的态度对待人生。

（曾卓《诗人的两翼》）

（14）排枪和霰弹轮番发射，但实际上并没有造成多大损伤。（《悲惨世界》）

彭小川（1999）指出“并”的语法功能是加强对语境预设的否定，上述二例中“实际上”与“并”连用，一方面加强了“并”对语境预设的否定，另一方面语义浸染作用使得“实际上”也具有了对语境预设的否定功能。以（13）为例，我们删除“并”得到“实际上不懂爱情”也可以起到否定预设的作用。

（四）与概念有关的对比。众所周知，概念的命名、解释会掺入人类的主观意识，如：

（15）射电望远镜实际上就是一套类似收音机、雷达那样的电子装置。（《中国儿童百科全书》）

（16）天气预报广播中，常常出现“低压槽”和“高压脊”两个名词，实际上就是气旋和反气旋。（《中国儿童百科全书》）

（17）从此，人们就把布尔什维克所主张的观点体系称作布尔什维主义。它实际上是列宁主义的同义语。（《现代汉语词典》）

以上用例实际上反映了三种不同的概念对比关系，例（15）“射电望远镜”是一个概念，该概念相对抽象，难以理解，而“实际上 Q”部分是对该概念的形象解释，利于人们理解其内涵实质，这种解释融入了解释者的主观成分。例（16）与例（15）有所不同，例（16）P“低压槽、高压脊”是概念，而“实际上 Q”所出现的“气旋、反气旋”还是概念，坦率地说，这两组概念对普通人们来说理解难度都较大。例（17）的 P 和 Q 也都是概念，但是 P“布尔什维主义”似乎比

“实际上Q”的概念“列宁主义”的理解难度要大，前者为音译，后者为意译。总之，与概念有关的“P，实际上Q”形式上是对比，但是语义上的对比性质已经大为削弱，因为P、Q两部分都涉及概念。概念是主观性与客观性、特殊性与普遍性、抽象性与具体性的辩证统一，因此或多或少都涉及主观性部分，这为“实际上”的语义演化打下了基础，即从客观性叙实通达主观性叙实。

（五）非对比语境下：表达说话人的主观认识。有时候P不出现，即“实际上Q”所比较的对象并未出现，这使得对比语境空泛，容易产生主观识解，例如：

（18）楚鸿志，实际上是深不可测的。（琼瑶《聚散两依依》）

（19）大概王先生也不会想到，他自己领月薪10000元的工资，实际上也为其他教师吐了一口气。（1994年《报刊精选》）

对比对象不出现有多种原因，如例（18）认为“楚鸿志实际上深不可测”，未出现的对比点可以是“有人认为楚鸿志老实”，也可以是“楚鸿志长相显得老实”等，由于识解的复杂性，因此不便出现或不必要出现。例（19）不是对比语境，“王先生领月薪10000元的工资”与“为其他教师吐了一口气”之间不存在显性对比关系，也不存在概念上的对比关系，更不存在反预期的对比关系，此例中“实际上”脱离了对比语境，其主观化程度显著提高。语义转变有其原因，往往是主观化的过程，即词语客观意义逐渐减弱而主观意义逐渐增强，以传达说话者主观态度的过程。什么内容是实际的，什么内容是不实际的，以及如何判断，在一定程度上取决于说话者的主观意志与主观识解。

“实际上”从表达客观实际与表象的对比，发展到概念与概念的对比，再到无须对比对象出现的非对比，说明“实际上”的语义一步步走向主观化，其主观性也在一步步增强。而且“实际上”的主观化并未停下脚步，在独白性语体这种特殊语境的孵化下，“实际上”进一步向话语标记方向虚化。

二、“实际上”的话语功能

方梅(2000:462—465)论述了话语标记的功能，“实际上”的话语功能非常丰富，包括对上文的修正、补充、转折、否定等，在实现这些功能的同时，“实际上”还有开启新的次话题，引出新信息的功能。

(一)“实际上”的转折、否定功能。例如：

(20) 这些麦粒依次排列，它的长度就相当于地球到太阳距离的2万倍，而实际上全世界2000年也难以生产这么多麦子！(《中国儿童百科全书》)

(21) 中方已多次表明了对达赖喇嘛的态度，实际上他不是一个单纯的宗教人士，而是一个长期在国外从事分裂祖国活动的政治流亡者。(2004新闻稿)

例(20)“实际上Q”是对上文的转折。例(21)中“实际上Q”是对有媒体认为达赖喇嘛是单纯宗教人士的否定。“实际上”的转折、否定功能主要在对比语境内实现。

(二)“实际上”的补充、修正功能。这类“实际上”不仅仅标明其后所述内容是事实，而且有在前文话题的基础上引出新的次话题的功能，使得前文的话题继续得到跟进，或者得到更进一步的阐述。如：

(22) 本书对“玩”的问题，还有对辩论赛的思考，也让我很有感触。本书的第一章里边我们就说，性格和习惯将决定未来的命运，实际上，性格和习惯往往就是在“玩”的过程当中培养起来的。(《完美大学必修课》)

(23) 周恩来就要顾明到河南去看看。顾明去看后，把土法炼出的所谓生铁带了回来，实际上，其中最好的也不过是含铁成分较多的海绵铁。(《周恩来传》)

(24) “洋浦这块30平方公里的土地，现在无论在概念上怎么界定，说她是‘经济开发区’也好，‘自由贸易区’也好，实际上，她仍是中国大陆至今政策最特、最宽、开放度和自由度最高的开发区域。”(1994年《报刊精选》)

(25) 苏联专家的结论，是我发现他们的思维模式是视实际流体为理想流体，而理想流体仅仅是一种抽象出来的物理模型，实际上，流体的流动比固体的运动复杂得多，流体的流动过程中的各种力是互相作用的。(1994年《报刊精选》)

以(22)为例，“性格和习惯将决定未来的命运”与“性格和习惯就是在‘玩’的过程当中培养起来的”之间，与其说是对比关系，还不如说是补充说明或递进关系。P是一个相对宽泛的命题，“实际上Q”是针对该命题做出的进一步阐释。“实际上Q”强调所述内容是事实，尽量降低说话人的主观意识。说话人运用“实际上”充当话语标记，其潜在的语用意图是“虽然话语是从我嘴里说出来的，但是你要相信它确实是符合实际的”。说话人要表明他的话语是符合实际的，“以避免听话人在理解他们的话语时在内容的可靠性方面产生偏见”(吴亚欣、于国栋 2003)。“实际上”的补充、修正功能已经可以不依赖对比语境而实现。

(三)组织话语的链接功能。在独白语体这种特殊的语境下,如在需要长段讲述的语境中,“实际上”可成为说话人组织话语的标记,实施链接功能,“实际上”起到承上启下、衔接话语的作用。“实际上”成为组织话语的标记的一个最显著的表现是,“实际上”往往在此类语篇中反复出现。我们利用“北京大学 CCL 语料库”统计发现,《百家讲坛》中就有大量的“实际上”连用,这是为什么呢?其实这跟《百家讲坛》述说话语的方式有关,众所周知,《百家讲坛》的主讲人一般都是从头讲到尾,中间不需要观众语言上的互动,因此《百家讲坛》话语组织形式往往是主讲人大段大段地讲述。为了讲述的连贯,衔接的自然,主讲人必然要用到链接标记,其中之一就是“实际上”。另外,《百家讲坛》所涉及的题材多为历史、文化等,这些题材的组织比较适合“实际上”的产生。同样是电视节目,《大国崛起》解说词中就很少出现“实际上”连用,因为该节目与《百家讲坛》相比,还算不上真正的讲述。讲述比解说压力更大,也更接近口语表达,此种语境是促使自言性话语标记“实际上”产生的重要因素。请看《百家讲坛》中“实际上”使用的情况:

表 15:“实际上”在《百家讲坛》中的单用与连用

项目	用例数
单用	1751(90.1%)
连用	192(9.9%)
总计	1943(100%)

从表 15 可以看出,“实际上”在《百家讲坛》语料中,连用数量

大约占总数的10%，这个数目相当可观。这些用例中，除了大部分是两次连用之外，还有多次连用的，其中有一例在短短的两百余字内出现了5次，如例(26)。这5次“实际上”都不体现概念意义，仅仅是程序意义的安排，并非出自句法结构的需要。这5个“实际上”一定程度上已经具有了停顿填充词(Pause filler)的功能。

(26)这一点，就说我们一旦危机发生，像SARS是非常明显的，那么这个实际上要动员全社会的能力，那么这时候包括人员人力的这种调动，物资的调配，资金的募集，心理的援助，等等，那在这方面实际上希望我们动员整个全社会能力，当然这里边涉及到跨国界的联合行动，像我们这次科研等等，那你像恐怖事件，你说现在恐怖事件跟贩毒实际上经常联合在一起的，实际上我们国际刑警大家一起联合行动，也是非常有效的，那么这个网络呢，其实就由各种各样的机构组成，实际上企业在应急当中赶快去生产。(《百家讲坛》)

从转折、否定到补充、修正再到链接功能，这体现了“实际上”话语功能由实到虚的斜坡效应。客观对比的转折、否定往往较为实在，而补充、修正往往掺入主观识解成分，作为链接标记的“实际上”在语义上则充分背景化，虚化程度进一步加深，成为名副其实的话语标记。

(四)从词汇化的角度看“抽象名词+上”。从词汇化角度来看，充当句子副词、句首前位成分和话语标记的“实际上”已经高度词汇化了。认知语法的理论精髓之一是“整体大于部分之和，整体不等于部分的简单相加”。“实际上”并非由“实际”和“上”简单相加而来，“实际上”词汇化的路径很可能是从“在……实际上”框式开始的，该框式的前置介词“在”脱落之后，“实际上”逐渐固化，最终完成词汇化。我们可以认为“抽象名词＋上”是一个构式，该构式中的部分实例发生了词汇化，如“实际上、事实上、基本上”，它们都已经被权威词典收录，部分实例尚处于词汇化进程中，如“本质上、根本上、原则上、整体上、总体上”等，而其他大部分实例尚未发生词汇化，如“主观上、客观上、典型性上、标准上、关系上、感情上”等。Schmid(2000:4)称抽象名词为空壳名词(Shell nouns)，认为空壳名词的功能是为其引出的内容提供一个外壳、标签，这种临时概念化的手段有利于读者的解读，起到明示与导向作用。

三、“实际上”“事实上”“其实”的比较

杨永华(2008)指出“其实、实际上、事实上”表达近似的意思。三者确实存在相同之处，如都有信息跌宕的特点，在传递信息时都对信息进行转化，造成心理上的反差效果。如果“P，实际上/事实上/其实 Q”为三者的句法环境，那么三者都可以表达 P 只是一般人注意到的情形，而作者注意到了 Q，因此作者在运用这些叙实标记时，往往体现其信息占有的优势。但构式语法和认知语义学的研究成果显示，结构无同义原则与词汇无同义原则无处不在(Goldberg 1995:46;Zeki:2008:19)，“实际上”“事实上”与“其实”是互不相同的单位，其语义、语用功能也必然会显示出精妙的差异。有鉴于此，我们将着力探讨三者之间的差异。

(一) 语义差异。“事实上”语义最为实在，如“他们是事实上的夫妻”，其次是“实际上”，虚化程度最高的是“其实”。在最讲事实证据的法律语体中，“事实上”往往也不能换成其他两个词语，例如：

(27) 有的夫妻离婚后，不办理复婚登记手续又以夫妻关

系同居，这种事实上的复婚不符合《婚姻法》的规定，在法律上不予保护和承认。（法律条文）

（28）三是搞“两本账”，导致法人股、个人股的事实上扩大，国家股的事实上缩小。（1995《人民日报》）

我们认为“事实上”语义最实在，还可以得到形式上的验证，即在当代汉语中，“事实上”框式用法最为自然，人们经常听到“在事实上”，而较少出现“在实际上”。从使用频率上来说，“其实”最高，其次是“实际上”，“事实上”最低。一般来说，越是高频的词语越容易引起虚化，这也说明“事实上”语义最实在，而“其实”虚化程度最高。“事实上”强调其后成分的事实性不容置疑。

另外，“事实上”还可以表达顺预期，这与“实际上”“其实”仅表达反预期形成了鲜明的对比，如例（29），其中“事实上 Q”是对 P 的确认，属于顺预期，这时不太能用“实际上”，更不能用“其实”替换。

（29）由于张宁食欲不振和身材削瘦的原因，医生们认为张宁可能患有胃病。事实上，她的确患有慢性胃炎。（曹卫东《张宁在 301 医院》）

（二）“实际上”与“其实”的搭配差异。从搭配差异看，“其实不然”为固定搭配，因此都不能用其他两个词语替换。由于词汇化和语法化的途径不同，“其实”与转折标记连用的频次不高，而“实际上”与转折标记连用却非常自然。表 16 显示，“其实”与转折标记共现用例，在数量上均低于“实际上”。为什么会这样呢？我们认为这是连词功能冲突导致的。一般认为转折标记“但、但是、可是、不过、却”都具有连词的衔接功能，属于连词，“其实”由于虚化程度较高,也具有连词功能,这导致它们共现的频率较低。“实际上”的虚化程度不如“其实”,还不是真正的连词,因此与转折标记的连词功能不相冲突,共现频率较高。

表 16:“实际上”“其实”与转折标记共现差异

项　目	用例	项　目	用例
但实际上	1006	但其实	186
而实际上	583	而其实	78
实际上却	368	其实却	118
但是实际上	135	但是其实	25
可是实际上	48	可是其实	7
不过实际上	36	不过其实	15
总　计	2176	总　计	429

(三)**语体差异**。从语体差异上看,我们发现“其实”与“实际上”“事实上”有所不同,请看统计:

表 17:“实际上”“事实上”“其实”的语体差异

语体	篇名	字数	实际上	事实上	其实
对话体	《编辑部的故事》	13 万	5	2	41
独白体	北京话口语	13 万	119	86	23
叙述体	《现代汉语词典》	180 万	42	5	2

从表 17 可以看出,在对话体中“其实”的频率最高,比较少出现“实际上”和“事实上”。催蕊(2008)指出对话体中“其实”既能表客观对比,又能表主观认识,还能充当话语标记,所以出现频率比较高。在独白体中,“实际上”的频率最高,“事实上”次之,“其实”频率最低。在叙述体中,三者的频率都偏低,尤其是“事实上”和“其实”。总的来说,三者的语体差异是可以解释的。“其实”有较

高的非互动性，准确地说是"互动性非配合标记"，这决定了其在对话体中出现的适应性，因为对话体至少是两个人参与，此时的"其实"能起到补充、纠正、转换话题的作用，可以扮演抢夺话语权的角色。从会话功能来看，"其实"主观性强、顺应性差、跟前文关联性不高；"实际上"则主观性相对较弱、顺应性强、跟前文关联性强、体现自言性特点、保持话语权；"事实上"强调事实方面的意味最重。如前文所述，在《百家讲坛》这种独白语料中，"实际上"不但出现频次较高，而且经常能够连用，"事实上"与"其实"则不能，这都说明"实际上"这种自言性很强的标记适合独白语体。

下面通过表18进一步说明三者的差异：

表18："实际上""事实上""其实"差异的定性描述

项　目	实际上	事实上	其实
语义方面	半实半虚	较实	较虚
总体频率	次高	偏低	很高
语体方面	独白体	独白体	对话体
主观性	次强	偏弱	强
与上文关联性	高	高	高
与上文配合性	高	高	低
词汇化强度	较高	较高	很高
是否符合预期	反预期	符合预期或者反预期	反预期

王江(2005)指出"其实"不能用于真性的是非疑问句，因为"其实"表示主观评价并显示某种情态，这种评价是根据说话人对现实世界的认识和判断得出的，因此必然要求命题所表示的信息相对明确。而真性是非问所表示的是对整个命题的怀疑和不知，并不含有明确的信息，这就造成了两者评注域和疑问域之间的冲突，所以"其实"不可后接真性疑问句。确实，叙实性话语标记"实际上、

事实上、其实”基本都用于陈述句中,极少出现在真性疑问句、感叹句中,少量出现在祈使句中。也就是说,叙实标记与陈述句有着较高的适配关系。对此,可能需要更多的语料详细证明。

第三节 “世界上”等多词单位分析

Stubbs(2007)以 BNC 语料库为基础,分析了英语高频名词 world 的多词单位序列(Multi-word sequences),详细探讨了 world 的紧密搭配、跨距搭配以及由其构成的扩展意义单位模式。该文是利用语料库理论和软件对高频名词进行有效研究的典范,真正开启了高频名词语料库研究的新模式。

基于语料库的研究,不但可以显示微观数据,如多词单位的挖掘与发现、搭配类型、频数分析等,而且也有利于进行宏观定性研究。

在“国家语委语料库词汇频率表”的基础上,提取汉语抽象名词的频率表,频次在 50 次以上的抽象名词共计 910 个,表 19 显示了词频为前 24 的抽象名词:

表 19:词频为前 24 的抽象名词

序号	抽象名词	总排名	频次	频率(%)	序号	抽象名词	总排名	频次	频率(%)
1	社会	78	11461	0.1199	7	中国	116	7791	0.0815
2	问题	81	10899	0.1141	8	现在	121	7642	0.08
3	生活	94	9525	0.0997	9	情况	134	6923	0.0724
4	经济	102	8730	0.0914	10	时候	141	6721	0.0703
5	关系	113	7954	0.0832	11	人民	145	6669	0.0698
6	作用	114	7924	0.0829	12	活动	149	6569	0.0687

续表

序号	抽象名词	总排名	频次	频率(%)	序号	抽象名词	总排名	频次	频率(%)
13	方面	151	6523	0.0683	19	方法	172	6098	0.0638
14	科学	155	6505	0.0681	20	要求	173	6097	0.0638
15	条件	158	6427	0.0673	21	技术	175	5978	0.0626
16	思想	162	6370	0.0667	22	事	184	5775	0.0604
17	过程	167	6231	0.0652	23	时间	185	5761	0.0603
18	影响	171	6103	0.0639	24	世界	190	5697	0.0596

传统研究一般认为抽象名词“社会、问题、条件、程度、世界”等太过普通，因而没有对它们进行更深入的了解或研究，而语料库语言学却擅长对词语、短语做个案或群案研究。客观来说，每个高频抽象名词都值得进行个案研究，这里仅以高频名词“世界”为例。“世界”位居词频总表的第190位，位居抽象名词的第24位，共计出现5697例，频率为0.0596%。正如Stubbs(2007)所述：“world在BNC语料库里是前十位的名词，出现了54000次，每百万词出现500次，这在直觉上让人感到奇怪，因为人们不可能需要如此频繁地指称外在的世界。然而解释又是非常简单的，该词之所以高频使用，是因为它出现在高频多词序列中。”汉语里“世界”一词如此高频，也是因为它频繁地用于多词单位中。“世界”一词大部分在半固定短语(Semi-fixed phrase)里呈现，如“世界上”“世界上＋最”“第二次世界大战”等，另外在一些评价性短语构式里也有呈现，如“世界上最有天赋的科学家”“世界第一”等。我们利用Antcon 3.2.4w依次检索长度为3至7的多词单位情况。

(一)“世界上”“世界中”与“世界里”的宽泛范围义。检索发现，世界上〈1123〉、世界中〈103〉、世界里〈73〉。“世界上”的频率最高，其虚化程度也最高，因为它可以经常脱离前置词“在”而单独使用，可以单独充当状位成分、定语成分或者插说成分。我们可以单独说“在世界上”，但很少单独说“在世界中”，要说成更复杂的“在客观世界中、在抽象世界中、在他的内心世界中”等。“世界里”同“世界中”的分析。

以“世界上”为节点词，以“在”为搭配词，跨距为10L进行检索发现，“在……世界上”搭配为645例。这说明57.44%的“世界上”都表现为“在(……)世界上”这一搭配，该搭配主要充当状位成分，如例(30)和例(31)。脱落前置词“在”的“世界上”主要充当定语、插说成分等，如例(32)里的“世界上”就是充当定语成分。也就是说，“在……世界上”主要充当状位成分，“世界上”主要充当非状位成分。从状位成分到非状位成分发生了一定程度的虚化。

(30) 假如丧失了这最后的机遇，在21世纪我们的国家和民族将会更落后，在世界上就将没有我们的地位了。

(31) 道教在世界上也有一定的影响。

(32) 目前世界上的国歌可分为正式国歌、代国歌、准国歌和临时国歌几类。

“世界上”这类词属于概念范畴的较高层次，当人们说“世界上的人”时，并不存在“非世界上的人”与其对比。这类非处所义“世界上”表示说话人话语所设定的宽泛范围。说话人通过宽泛范围的设定，以加强所说话语的准确性。这种宽泛范围的设立，也有利于听话者理解话语的准确含义。

(二)“世界”与“世界上”的极性义表达。例如：

(33) 这是世界上最豪华的酒店之一。

(34) 博尔特是世界上最具天赋的短跑运动员。

例(35)的有序排列直观地说明“世界上最”所具有的极性义，如：

(35) a. 王华是华南师大最知名的教授之一。

b. 王华是广州市最知名的教授之一。

c. 王华是广东省最知名的教授之一。

d. 王华是中国最知名的教授之一。

e. 王华是世界上最知名的教授之一。

例(35a)—(35e)的对比显示，随着范围的扩展，“王华”的知名度也越来越高。例(35e)“王华是世界上最知名的教授之一”说明“王华”的荣誉似乎已经到了无以复加的地步，这正是由“世界上＋最”的极性义所带来的。出现“世界上最”的语句多表现出积极性评价，少部分属消极的。例如：

(36) 世界上最昂贵、世界上最差、世界上最成功、世界上最高级、世界上最坏、世界上最混乱、世界上最流行、世界上最美丽、世界上最贫穷、世界上最权威、世界上最危险、世界上最严重、世界上最重要、世界上最著名

汉语里，“世界之最”已经差不多是个固定表达了，“世界级”等也表示极性意义。另外，“世界水平〈10〉”就是最高水平的意思，如“具有世界水平、达到世界水平”等。以跨距为 10R 进行检索，发现“世界……水平〈76〉”也基本上利用“世界”的极性意义显示“水平”的高超。再如，“世界”的极性义还可以从其与序数词搭配的频数体现出来，它们的搭配频次为：世界第一〈97〉、世界第二〈29〉、世界第三〈21〉、世界第四〈3〉、世界第五〈2〉、世界第六〈2〉、世界第

七〈0〉、世界第八〈1〉、世界第九〈0〉、世界第十〈0〉。从逻辑方面来看，序数词"第一、第二、第三、第四……"之间的地位应该是平等的；但是从人类认知主观性角度来看，语言认知赋予"第一、第二、第三"这三个序数更多的机会和重要性，它们与"世界"构成的"世界第一、世界第二、世界第三"具有较为明显的极性意义。再如"世界先进〈59〉、世界一流〈9〉、世界第一流〈9〉"等也都是极性义表达。

（三）由"修饰语＋世界"和"世界＋名词"构成的多词单位分析。"修饰语＋世界"多词单位高频复现，具有较高的习语性，在这些表达里，"世界"并不完全是字面意义，其表达并不完全语义透明。因为其整体意义有时并非构成部分意义的简单相加，如知道"第三"和"世界"，但是并不一定能知道"第三世界"的意思。语料显示，全世界〈399〉、整个世界〈57〉、世界各国〈175〉、世界各地〈87〉一般都不强调例外性，而是宽泛范围意义或者极性意义的一种规约方式。以下"修饰语＋世界"成对出现，它们都不是对真实世界的划分，而是基于人类的某种思维、精神所做出的区分。如：

(37) 客观世界～主观世界　物质世界～精神世界
外部世界～内心世界　现实世界～理想世界

还有一些"修饰语＋世界"是基于时间维度所进行的划分，如"当今世界、当前世界、旧世界、新世界"等。总之，"世界"之所以高频，是因为它经常出现在多词单位中。

"世界＋名词"这一多词单位经常表示世界性事件或世界性机构，如：世界大战〈359〉、第二次世界大战〈207〉、世界各国〈175〉、第一次世界大战〈107〉、世界冠军〈76〉、世界经济〈76〉、世界纪录〈75〉、世界……组织〈71〉、世界杯〈63〉、世界人口〈61〉。这类多词单位具有命名性质，如“世界卫生组织、世界粮食组织、世界气象组织”等。“世界大战、第二次世界大战”属于事件性命名。

（四）扩展词汇单位模式及相关分析。本节在 Sinclair 的扩展词汇单位模式的基础上来分析“世界”的扩展意义单位。前文所述“世界上……最”具有极性义，因为人们生活、认知的最大范围就是“世界”。据此，我们推知“世上最”这个扩展意义单位应该也具有极性义。检索语料发现“世上〈117〉”其中不乏“世上……最”搭配的用例，如：

(38) 老店主腕子动了动，白纸上就会现出花鸟虫鱼来，在王华祥幼小心灵里，这老店主实在是世上最了不起的人。

当然，“世上”并不一定通过“世上……最”来表达极性义，例如(39)里“世上的一切”也表示极性意义。

(39) 在他眼里，除了这个妇人，世上的一切，连明亮的晚霞都变得暗淡无光。

另外，“国际上、地球上、天下”与“世界上”一样，也可以表达极性义。

第四节 其他抽象名词与“上”搭配分析

我们要探讨的词语还有“社会上、国际上、地球上、基本上、根本上”。例如：

(40) “一个篱笆三个桩，一个好汉三个帮”，一个人不可能孤独地生活在社会上。

(41) 同性婚姻在美国开始呈现蔓延之势,在社会上却引起了争议。

(42) 他一面不断地创作新的诗歌,揭露当时社会上的一些不良现象……

可以看出例(40)中的“在社会上”是句尾焦点,此时框式词“在”不能脱落。例(41)中的“在社会上”已经处于状位,“在”似乎有脱落的可能。例(42)中的“社会上”不仅脱落了前置词“在”,而且整个“社会上”删除也不影响句子的命题意义。由此可见,“社会上”经历了虚化过程。我们认为“社会上”这类词语表示说话人话语涉及的宽泛范围,人们很难从这些词中得到具体的信息。通过宽泛的范围的设定,以加强说话人的论据或者支持其评定。

现对“在社会上”“在社会里”“在社会中”等构式前置介词脱落情况进行考察。先看表 20 所示的与抽象名词“社会”有关的构式:

表 20:后置词与“社会”搭配的相关构式

项　目	用例数	项　目	用例数
社会中	503	社会内	35
社会上	425	社会外	0
社会里	336		

在“国家语委语料库”里,我们找不到“社会外”这种搭配方式,这说明人类认知结构已经认为人必须在“社会内”才能生存,所有人活动的范围都无法超出社会,因此不存在“社会外”的情况。从用法上看,“社会上”与“社会中、社会里、社会内”形成了鲜明的对比。例如:

(43) 在原始社会里　　　　* 在原始社会上

在奴隶社会里	*在奴隶社会上
在封建主义社会里	*在封建主义社会上
在资本主义社会里	*在资本主义社会上
在旧社会里	*在旧社会上
在新社会里	*在新社会上

从(43)看出,“社会上”不能左向扩展,这也说明了“社会上”的凝固性较强,有独立词汇化的强烈倾向。

“社会中、社会里、社会内”一般都用于“在……社会中/社会里/社会内”构式,其中前置介词脱落的概率不大。而“在……社会上”构式里,前置词“在”脱落的概率非常大。我们抽样统计了语料库里100行“社会上”索引,发现前置词脱落的有76例,没有脱落前置介词“在、到、向、从”的仅为24例。也就是说,76%的“社会上”都是作为独立单位进行使用的,“社会上”单独使用的情况主要有三种:最多的时候用在句中充当定语,对所修饰的对象进行宽泛的范围限定,如例(44);还可以用在话语的起始位置,表示一个宽泛的范围,如例(45);第三种情况是在状语位置充当状语,如例(46)。而“在……社会上”构式一般充当状语,如例(47)。

(44) 语言是社会上交际、交流思想的工具,它要巩固和记载人类认识活动的成果,而社会不断前进,交际日益频繁,思维日趋精密,认识日益深化,要求语言记载和传达的内容必然日益广泛和深化,语言必须有足够丰富的材料、严密的规律和多种多样的形式,才能保证交流思想的顺利进行。

(45) 社会上存在着一种类型的人,他们完整地具备着“健康的个性”的品质。

(46) 正是在这道恢复礼教的号令鼓舞下，社会上出现了许多尊孔小团体：如孔教会、孔社、宗圣会、孔道会之类，形成一股宣传封建道德的复古逆流，毒化了中国的政治空气。

(47) 如果产品在社会上积压，工厂仍然增产，照此下去，就会给国家造成经济损失。

仔细分析上述四个例子，我们会发现非常有意思的规律，“在社会上”充当状语时，“在”一般不能脱落，而充当定语时一般都要脱落。“在”的脱落与否具有句法成分的标记性特征。它们直接的演化关系如下：

严格的状语成分→宽泛的状语成分→定语成分

在社会上→(在)社会上→社会上

也就是说，“社会上”之前有无“在”，其所显示的语法功能是不同的。

第八章　“问题”类抽象名词的搭配分析

第一节　“问题”的义项及“问题＋N”结构

本节探讨典型抽象名词“问题”的搭配行为，力图比较全面地观察“问题”的功能与性质。李宗江（2008）、孙慧妍（2006）都关注“问题是”的语篇功能问题，本节与此有所不同，主要涉及：（1）“问题”的传统义项及其各义项之间的关系；（2）“问题＋N”结构的发展，“问题”新义项的形成；（3）“问题”与名词的搭配能力及其表现方式；（4）“问题”三大基本功能：描述功能，临时性概念化功能，联系功能。

一、“问题”各义项间的关系

《现汉》（第7版，2016：1375—1376）对“问题”的释义是：①要求回答或解释的题目；②须要研究讨论并加以解决的矛盾、疑难；③关键；重要之点；④事故或麻烦。我们分别以“$问题_1$”“$问题_2$”“$问题_3$”“$问题_4$”指代，并讨论各义项之间的关系。

（一）“$问题_1$”的语义。与“$问题_1$”搭配的动词多是言说动词，如：报告、陈述、答复、反问、吩咐、告诉、回答、汇报、记录、讲解、交换、交流、解答、解析、抢答、请教、商量、说明、诉说、讨论、提、透露、问、询问。从历时来看，"问题"起初是动宾结构，指"问一个题目"，后来词汇化为名词"问题"，这种词汇化到现代已经完成，因为可以说"问一个问题"，这说明"问题"的"问"已经是词内成分。例如：

（1）这次口试，学生需要回答10个问题。

（二）"问题$_2$"的语义。统计显示，"问题$_2$"运用的范围最广，使用频率最高。与"问题$_2$"搭配的动词一般都不是言说动词，如：避开、避免、查看、查询、呈现、抽查、处理、洞察、观察、观看、回避、揭发、揭露、解决、看、考虑、了解、没有、排除、披露、逃避、提防、调查、想、研究、隐瞒、有、预防、注重。例如：

（2）多年来，城市义务教育阶段的教育不公问题突出表现为择校现象，……成为困扰义务教育发展的老大难问题。（百度网）

（3）困扰广州的交通问题一直没有根治。（百度网）

（三）"问题$_3$"的语义。先请看用例：

（4）毛泽东主席说过"关键的问题是教育农民"这句话。（百度网）

（5）资金暂时不缺，问题在于缺乏合适的人才。（百度网）

"问题"经常构成"根本问题在于、核心问题是、核心问题在于、重要问题在于、主要问题在于"等结构，请看例(4)。这种相邻句法单位的语义浸染导致"问题$_3$"产生，并使其具有"关键、重要之点"之义，请看例(5)。与"问题$_3$"搭配的动词不是典型动词而是关系动词，最常见的如"是、在于、在"。

（四）“问题$_4$”的语义。“问题$_4$”表示事故或者麻烦，与其搭配的动词不多，如“出、闯出、带来、搞出、弄出、弄来、惹出、惹来、制造”等。例如：

（6）那部车又出问题了，抛锚在路边。

（7）高尔夫球著名运动明星伍兹最近问题不断。（百度网）

（五）各义项之间的关系。4个义项间的关系图示如下：

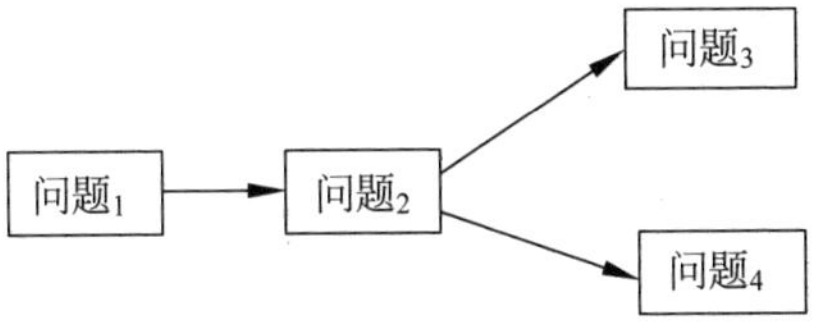

图 2：“问题”4 个义项间的引申关系

二、“问题+N”结构及“问题”的消极义

（一）“问题+N”结构。“问题+N”结构的发展很快。《现汉》把“问题”划分为4个义项，但是我们注意到，“问题”在“问题+N”搭配中的意义已经有所变化，而且该搭配近几年来发展迅猛，例如：

（8）另外一个“问题球员”就是前段大家都比较看重的守门员邓某某，这场比赛中他出现了多次接球脱手的现象！（体育新闻网，2010年2月11日）

（9）为何现在“问题儿童”越来越多？市妇幼保健院一位早教专家认为，这与多种因素有关。（《羊城晚报》2009年11

月2日)

(10) 日本丰田汽车公司……将不惜代价从海外大规模召回问题车辆。丰田公司的问题车辆至少在700万辆以上。(新华网,2010年2月2日)

以上3例中的"问题"都很难套用词典的4个义项来解释,这说明"问题"有了新用法。这些"问题"都处于"问题+N"搭配之中,表示"有问题"的之义。如(8)中的"问题球员"是指"有问题的球员"。我们把该新义项标为"$问题_5$","$问题_5$"的较早用例可以追溯到20世纪80年代初,如例(11)。

(11) 我对他说:你去训导处打听一下:因为我这个人本来就被当作问题人物。又讲一个问题题目,那可是双料。(柏杨《丑陋的中国人》)

关于"$问题_5$"的形成,请看用例:

(12) a. 三鹿的奶粉有问题。

b. 三鹿有问题的奶粉全部被封存。

c. 关于三鹿问题奶粉事件的后续报道

例(12a)中的"有问题"充当谓语,位于名词"奶粉"的右侧。例(12b)中的"有问题"充当定语,位于名词"奶粉"的左侧。例(12c)中的"问题奶粉"是紧密形式,"问题"直接修饰"奶粉",控制"问题"的动词"有"已经隐含。仔细分析,"问题奶粉"的形成有如下关键几步。首先,"问题"要有前置于"奶粉"的机会,这在例(12b)的句法环境中得以实现。其次,"问题"必须摆脱动词"有"的管控,从而可以直接修饰"奶粉"。例(12b)到例(12c)是一种质变，例(12b)中的“有问题的奶粉”与例(12c)中的“问题奶粉”之间存在重大差异：第一，“有问题的奶粉”是松散的句法结构关系，即“问题”与“奶粉”不在同一个层次，二者的语义距离较远，需要标记词“的”隔离。而“问题奶粉”是内部紧密的黏着结构，“问题”与“奶粉”之间的语义距离很近，不需要标记词“的”隔离。这种语义距离远近的分析可以得到形式上的验证，请看例(13a)与例(13b)的比较。第二，从概念化的角度来看，“有问题的奶粉”描述的是一件事，没有被概念化，而“问题奶粉”已经概念化，这种概念化能产生经济省力、言简义丰的效果，“问题奶粉”整体上类似于复合词。

(13) a. 一批有问题的奶粉 | 有问题的一批奶粉

b. 一批问题奶粉 | ＊问题一批奶粉

“问题$_5$”也有少部分是由“问题$_4$”引申而来，如(14)中“有问题的学生”也可说成“惹麻烦的学生”。

(14) 加强校门的控制和警戒；欧锦赛期间避免在校内举行大型活动；对有问题的学生加强管理和防范。（北京大学CCL语料库，《人民日报》）

因此图2可以修正为图3，如：

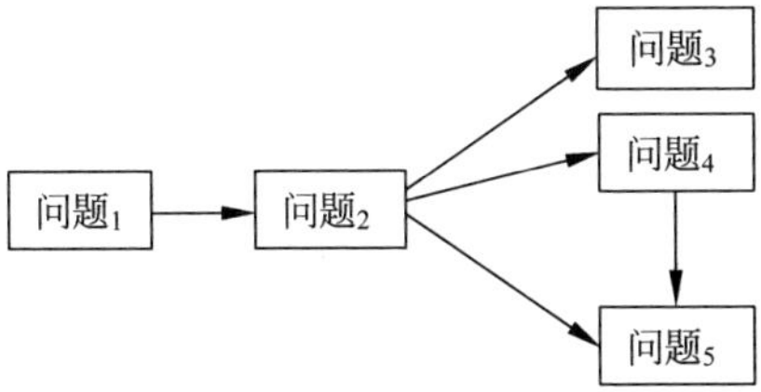

图3：“问题”5个义项间的引申关系

（二）与“问题”有关的消极倾向。“有问题”的消极倾向：从“有问题$_1$”到“有问题$_2$”。

邹韶华（2004：1—20）认为中性名词偏向积极意义的多于消极意义，并对此做出解释：“语言成分甲（如‘水平’）经常与另一个修饰成分的语言成分乙（如‘高’）在相同的语境中（如‘有高水平’）连用，乙的性质就影响到甲，甲就有可能体现乙的性质。这种语言感觉叫作语境频率联想。”该解释可以形象地表示为图4：

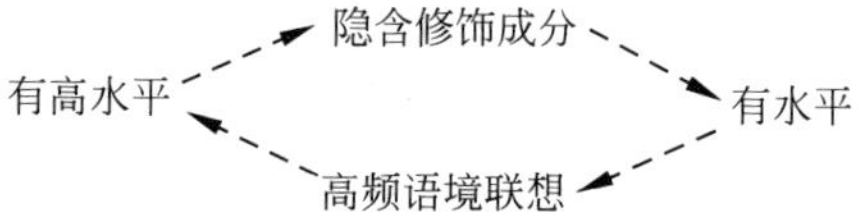

图4：语境频率联想示意图

确实，与“有”搭配的某些名词容易发生褒贬偏移现象，不过邹先生未谈论“有问题”的消极倾向。例如：

(15) 学生：老师我有（一个数学）问题。

上例中的“有问题”表示中性的“要求回答或解释的题目”，可标为“有问题$_1$”，但是“有问题”还有大量其他用法，例如：

(16) 各级检察机关复查各类案件47.7万件，纠正超越管辖范围立案等有问题的案件3773件，给予161名错案当事人刑事赔偿。（北京大学CCL语料库，《人民日报》）

(17) 而美国工业界则指责这份报告的撰写者使用有问题的统计方法和恐吓战术，目的是打击火力发电厂。（北京大学CCL语料库，《人民日报》）

以上用例中的“有问题”无疑是贬义的，我们标记为“有问题$_2$”。“有问题$_2$”的使用频率要远远高于“有问题$_1$”，因此可认为“有问题”具有消极倾向。

我们证明了“有问题”具有消极倾向，即“问题$_5$”具有消极倾向，这与大众的语感相符合，如“问题儿童”是指身心不健康的儿童，丰田的“问题车辆”是指油门踏板有问题的车辆，“问题奶粉”是指含有三聚氰胺等有毒物质的奶粉。“问题$_5$”是从“问题$_2$”引申而来的，因此“问题$_2$”也具有消极倾向，例如：

(18) 日本首相村山富市于去年 12 月 13 日召开内阁会议，表示要努力解决校园暴力问题。（北京大学 CCL 语料库，《人民日报》）

(19) 肥胖问题已成为欧洲面临的主要健康问题和社会负担之一。（健康中国网）

以上二例显示，“问题$_2$”在一些该搭配中具有消极倾向。像“数学问题、物理问题”等中性用例只占少数。同理，“问题$_4$”也有消极倾向。综合考虑后，可认为“问题”具有消极倾向。

第二节 “问题”与名词的搭配分析

根据搭配顺序的不同，“问题”与名词的搭配有“N＋问题”与“问题＋N”两种类型。我们以俞士汶等著《现代汉语语法信息词典详解》（简称“《详解》”）中的 3571 个名词作为封闭语料考察“问题”与名词的搭配情况。我们注意到除了受韵律、语义等因素影响之外，在句法上有相当大一部分名词都可以与“问题”搭配，这些名词一般表示“问题”的关涉对象，可以用形式框架“关于 N 的问题”

来描述，如“关于产品的问题、关于暴力的问题、关于鸡蛋的问题”。“问题”与名词的搭配能力如此强大，非常值得一探究竟。

一、“N＋问题”里 N 的类别

《详解》收录 3571 个名词，其中有 2358 个能与“问题”搭配形成“N＋问题”结构，占总数的 66.03％，“问题”竟然能跟这么多名词搭配，这引起了我们极大的兴趣，下面根据 N 的特点来描述“N＋问题”的具体类型。要说明的是，其中个别用例能否与“问题”搭配可能会有争议，但这并不妨碍该项统计所显示的倾向性以及本节的相关讨论。分类以用例多寡的顺序排列。

（一）**N 为产品名词**。该类别共计 626 例，数量庞大，例如：

> 白菜问题、鞭炮问题、橱窗问题、船舶问题、炊具问题、瓷器问题、饼干问题、发票问题、磁带问题、飞机问题、肥料问题、大米问题、白酒问题、电脑问题

从该类搭配可以看出，第一，大件产品与“问题”搭配的可接受度通常要高于小件产品，如“打印机问题、电脑问题、发动机问题”等可接受度很高，而“大头针问题、棉线问题、图钉问题、糨糊问题”等可接受度偏低。这说明越是复杂的大件的产品就越容易产生“问题”，因而搭配的成功率较高。越是简单的小件的产品就越不容易成为认知意义上的“问题”，即使有问题也因影响不大而容易被忽视，因此搭配的现实性和必要性都比较低。

第二，与人们生活密切相关的衣、食、住、行类的产品与“问题”搭配的可接受度通常要高于其他产品，如“菜价问题、发票问题、柴油问题、粮食问题、大米问题、食用油问题”等可接受度很高，而“柏

油问题、游轮问题”等可接受度相对较低。

第三，人造物名词与“问题”搭配的可接受度较高，如“手表问题、车辆问题”等，自然物只有被人们当作产品或者商品时，才有可能与“问题”搭配，如“白菜问题、鸡蛋问题”等。不能当作产品、商品，并且与人们生活关系不大的自然物，与“问题”搭配后的可接受度就偏低，如“小雨问题、白云问题、山坡问题、黑土问题”等可接受度偏低。

（二）**N 为表示“变量”的名词**。有 338 例。例如：

> 半径问题、比例问题、比重问题、产值问题、霸权问题、版权问题、币制问题、步骤问题、参数问题、草图问题、策略问题、层次问题、岔道问题、分量问题

该类的 N 表示一种变量，本质上都具有不确定性、可变性或选择性。正是由于这种不确定因素才有可能产生“问题”。能证明该类名词具有可变性语义特征的间接证据就是，“X 化”类词语都可以跟“问题”搭配，如“私有化问题、工业化问题、全球化问题、地区化问题、城镇化问题”。

（三）**N 为语言类名词**。有 218 例，例如：

> 爱称问题、暗号问题、暗语问题、成语问题、白字问题、词性问题、报告问题、报刊问题、备注问题、比喻问题、笔画问题、笔试问题、词语问题

该类搭配可接受度较高，这也可以从不确定性、选择性来解释，语言类名词因为有人类主观认知的参与，所以不可避免地具有不确定性和复杂性，因此这类搭配当在情理之中。

（四）**N 为指人名词**。该类名词与“问题”搭配，表示一种人

际、事物关系，共计202例。例如：

宝宝问题、厨师问题、储户问题、村民问题、伴侣问题、帮派问题、帮手问题、裁判问题、保镖问题、保姆问题、编辑问题、裁缝问题、菜农问题、茶农问题

该类搭配涉及人际关系、人员问题等，可接受度较高，这也可以得到认知上的解释，因为无论社会如何高速发展，人类都会无时无刻地关注人类自身，“人”是吸引认知注意力的焦点，这种焦点意识必然反映在语言或词汇上，即“[从]人们对词义单位划分的细致程度看来是有等级的，当这种区分对社会生活、对思想表达、对阅读理解、对交际显得非常必要时，词典会在不同程度上反映这种要求。……对‘人’一词特指的内容尤为关注，区分得最细。”（符淮青1996：178）因此关于“人”的问题较多，这类搭配的可接受度高也就不足为奇了。

（五）**N为贬义名词**。有154例，例如：

案犯问题、案件问题、暴力问题、笔误问题、病毒问题、病人问题、病因问题、病症问题、残疾问题、残品问题、残渣问题、操行问题、差距问题、娼妓问题

贬义类名词与“问题”搭配的可接受度也非常高，这是因为该类名词本身很容易含有“问题”，如“暴力”自身就是一种“问题”，“病毒”指侵害人的机体或电脑的“问题”。“问题”具有消极倾向，“贬义名词＋问题”具有语义相宜性。

（六）**N为处所名词**。该类共计128例，与处所有关，表示“N本身或在N这个地方有问题”，例如：

房间问题、巴黎问题、城市问题、半岛问题、包厢问题、北京问题、边界问题、宾馆问题、病房问题、仓库问题、草原问题、长城问题、长江问题、厂房问题

（七）**N 为疾病/部位类名词**。有 121 例，例如：

疤痕问题、鼻梁问题、心脏问题、肺炎问题、颈椎问题、耳朵问题、胸椎问题、手臂问题、肩膀问题、腿脚问题、肾脏问题、心肺问题、染色体问题、艾滋病问题

（八）**N 为金钱/权力类名词**。有 106 例，该类搭配也具有较高的可接受度，这是因为金钱或者权力是人们极为关心的，而且在量上具有不稳定性。例如：

钞票问题、酬金问题、存款问题、贷款问题、电费问题、罚金问题、房租问题、费用问题、本钱问题、报酬问题、财产问题、财富问题、财源问题、财政问题

（九）**N 为领域类名词**。有 83 例，需要注意的是，领域有大有小，如“社会问题”是指大领域，而“文艺问题”相对较小，“古代文艺问题”则又相对较小。该类搭配的可接受度很高，是因为一个领域内部总有各种各样的变数和不稳定性，这就必然产生这样那样的“问题”。例如：

法律问题、社会问题、政治问题、经济问题、科学问题、艺术问题、民生问题、历史问题、考古问题、语言问题、生活问题、卫生问题、保险问题、农业问题

（十）**N 为属性名词**。该类只有 54 例，但是非常有特色，与“问题”的搭配也较为密切，例如：

本质问题、基层问题、边缘问题、表面问题、禀性问题、大众问题、弹性问题、档次问题、底细问题、典型问题、惰性问题、大局问题、局部问题、核心问题

（十一）**N为其他类名词**。该类是以上10类剩下的，语义上没有一个统一的归类，有328例，例如：

百姓问题、班级问题、班组问题、斑马问题、版画问题、包袱问题、绷带问题、比赛问题、蝙蝠问题、标本问题、表格问题、冰雕问题、冰霜问题、菜地问题

根据N类别的不同，以上分析了“N＋问题”搭配的大致情况，共计11个类别。需要说明的是：虽然我们是穷尽分类，但是类与类之间可能存在纠葛之处。如语言类、指人类、金钱/权力类三者同时具有“变量”类的不确定性语义特征，之所以单独立类是考虑到它们各自的特点。下面把相关统计归纳成表21：

表21：“N＋问题”中N的类别及其用例数统计

类　别	用例数	百分比
产品类	626	26.55%
变量类	338	14.33%
语言类	218	9.25%
指人类	202	8.57%
贬义类	154	6.53%
处所类	128	5.43%
疾病/部位类	121	5.13%
金钱/权力类	106	4.50%
领域类	83	3.52%
属性类	54	2.29%
其他类	328	13.91%
总计：2358		

“N＋问题”搭配允许2358个名词进入，这充分说明“问题”是一个搭配能力强大、高频常用的抽象名词。我们认为“N＋问题”搭配是一个临时概念化的结构。抽象名词“问题”的最基本的功能就是与名词搭配，并使得该名词临时概念化，形成一个关于“问题”的临时性概念。要注意的是，“N＋问题”搭配只是方便的说法，其实因N的类别不同，其与“问题”结合的紧密程度是不同的，即整合度高低存在不同(吴为善、邱薇2010)。领域类与“问题”结合紧密，如“法律问题、社会问题、经济问题”等。金钱/权力类与“问题”结合也紧密，如“资金问题、款项问题”等。但是某些产品类与“问题”结合就较为松散，如“菠菜问题、玻璃问题”等。这说明临时概念化也有程度的不同。

与“问题”搭配的名词虽然广泛，但也不是绝对没有限制，《详解》收录3571个名词，其中有1213个名词不能与“问题”搭配，主要有几个原因，如韵律因素、语义因素等。单音名词不能与“问题”搭配，主要是韵律因素所致，而非语义、句法上的制约，因为很多近义的双音节名词可以与“问题”搭配，例如：

*床问题、*货问题、*肉问题、*纸问题……

床铺问题、货物问题、猪肉问题、纸张问题……

这类单音名词不在少数，例如：

癌、氨、班、包、碑、表、冰、兵、部、菜、蚕、草、厂、车、秤、床、词、刺、葱、醋、错、氮、党、刀、岛、灯、地、电、店、洞、毒、队、鹅、饭、房、肺、坟、手、书、树、水、税、屋、戏、虾、线、心、鱼、雨、猪、字、组、嘴、罪

“问题”是具有消极倾向的词语，由于语义相悖，褒义名词与“问题”

很难相容，如“榜样”是指作为仿效的人或事例（多指好的），是褒义名词，一般不说“榜样问题”。其他词如：

保健操、抱负、成果、出息、创举、多面手、范文、芳香、光荣、宏图、精兵、楷模、模范、胜利、胜仗、盛况、帅气、颂歌、王牌、鲜花、英模、英雄、优点、长处

语义单一，内部结构简单，所指事物微小的名词一般不能进入“N＋问题”结构，这种情况上文已经提及，例如：

便饭、等号、等式、顶点、兜子、发夹、扉页、巴掌、包袱、便签、便条、插曲、常客、方糖、把戏、本家、白开水、大头针

某些抽象名词不能进入“N＋问题”结构。这或许是因为“问题”已经是抽象名词，如果再有抽象名词与之结合，就有可能导致表述目的无法落实，也就是说“问题”的临时概念化无法实现，例如：

哀思、傲气、办法、本科、本末、弊病、表现、薄脆、方案、方面、定律、定论、才华、才子、残迹、闯劲、耻辱、蠢事、刺儿、挫折、大意、赌注、动静、厄运、反间计、编者按、辩证法、白日梦、读后感

专有人名一般不能进入“N＋问题”结构，如不说“爱因斯坦问题、鲁迅问题”等。

二、“问题＋N”里N的类别

与“N＋问题”结构具有广泛的搭配能力不同，“问题＋N”还属于新兴搭配，搭配能力相对有限，只有少数类别的名词可以进入

“问题＋N”结构。

（一）**N 为产品类名词**。只有 N 为大件产品时，进入“问题＋N”结构才具有较高的可接受度，一些微小的产品则不易进入“问题＋N”结构，如不太能说“问题图钉、问题帽子、问题针线、问题笔帽、问题鼠标”等。例如：

问题电脑、问题车辆、问题食盐、问题柴油、问题牛奶、问题光碟、问题乳粉、问题疫苗、问题音响、问题冰箱、问题空调、问题图书、问题影片、问题猪肉

（二）**N 为指人名词**。例如：

问题球员、问题裁判、问题教练、问题青年、问题学生、问题儿童、问题少年、问题人物、问题小孩

暂时还未发现其他指人名词可进入“问题＋N”结构，如未见“问题储户、问题导师、问题厂商、问题村民、问题帮派、问题乘客”等。但可以大胆预测，随着“问题＋N”结构的迅猛发展，“问题＋指人名词”模式是其扩展的重要途径之一。如近期已出现“问题女人”的说法，例如：

（20）银幕上的张静初，似乎总是与“问题女人”四个字脱不开关系，《孔雀》里的神经质姐姐、《门徒》里的吸毒女、《证人》里精神濒临崩溃的女律师，而此番又出演惊悚恐怖片，难道不担心自己的心理会出问题？（《羊城晚报》2010 年 3 月 30 日）

为什么“问题＋N”中的 N 只能是部分产品名词或指人名词，而不能是其他类别的 N 呢？如变量类，一般不说“问题半径、问题

参数”等。语言类，如一般不说“问题汉语、问题俄语”等。疾病/部位类，如一般不说“问题肺炎、问题颈椎”等。贬义类，如一般不说“问题暴力、问题垃圾”等。处所类，如一般不说“问题中国、问题长江”等。领域类，如一般不说“问题法律、问题历史”等。金钱/权力类，如目前尚未出现“问题资金、问题金融、问题财政”等说法。属性类，如不说“问题地方性、问题必要性、问题局部”等。

我们认为之所以存在上述现象，主要是要看“问题＋N”中的N能否被“问题”属性化。朱德熙(1980：7)论述了“白纸”和“＊白手”能说与否的问题。“问题＋N”是黏合结构，当N真切地具有了“问题”这种属性时，才能形成“问题＋N”这种搭配，否则不行。“问题＋N”结构中，“问题”是有区别性的，如“问题球员”是针对没有问题的球员所说的，“问题汽车”是针对没有问题的汽车所说的。但是不存在“没有问题的暴力”与“问题暴力”的区别，因此“问题暴力”不合法。

三、“N＋问题”与“问题＋N”的差异

从上述分析可以发现，名词进入“N＋问题”与“问题＋N”这两个搭配，所受到的限制是不同的，总的来说，“N＋问题”的搭配能力要远远大于“问题＋N”。请看表22：

表22：“N＋问题”与“问题＋N”搭配能力的差异

类　别	N＋问题	问题＋N
产品名词	＋	－、＋
变量名词	＋	－
语言名词	＋	－
指人名词	＋	－、＋

续表

类　别	N＋问题	问题＋N
贬义名词	＋	－
处所名词	＋	－
疾病/部位名词	＋	－
领域名词	＋	－
金钱/权力名词	＋	－
属性名词	＋	－
其他类名词	＋	－

说明："＋"表示可接受、"－"表示不可接受、"－、＋"表示大部分用例不可接受小部分用例可接受。

徐通锵(1997)论述了义象、义类、核心前字、核心后字等重要概念,我们以此进行相关解释。为了更清楚地显示"N＋问题"与"问题＋N"之间的差异,我们把相关用例重新编排为例(21):

(21) a. "N＋问题":奶粉问题、学生问题、家庭问题、儿童问题、广告问题……

b. "问题＋N":问题奶粉、问题学生、问题家庭、问题儿童、问题广告……

(21a)中的"问题"占据右核心位置,此时"问题"表示一个模糊宽泛的义类,起到确定外延的作用。如"奶粉问题"除了有可能指奶粉质量有问题,还有其他众多可能性,如"没有钱买奶粉的问题|运输奶粉的问题|包装奶粉的问题|生产奶粉的问题|婴儿怎样喝奶粉的问题"等,因此"奶粉问题"并不一定指奶粉自身质量出了问题,其中"问题"是"问题$_2$"。而(21b)中的"问题"占据左核心位置,起描述内涵而不是确定外延的作用,一般是指"奶粉质量有

问题”。

以上多从语言内部论述“问题＋N”结构的泛化，其实这也与社会经济发展等外因密切相关。语言与社会共变，社会上的新事物、新现象必将在语言上有所反映。“问题奶粉、问题汽车、问题疫苗”搭配的扩大化恰好说明市场上有问题的产品的存在。总之，抽象名词“问题”具有较强搭配能力，这是具体名词所无法企及的。

第三节　“问题”的三个基本功能

前文提到抽象名词“问题”具有临时性概念化的功能，那么什么是临时性概念化呢？Schmid(2000:57)对英语当中的空壳名词(Shell nouns)做了深入研究，他认为例(22)中名词 problem 充当命题式复杂信息“that I had no money”的概念外壳，即 shell。并认为抽象名词有三个基本功能：(1)描述功能，对命题小句或更长语篇所含的复杂信息模块进行描述和视角化的语义功能；(2)临时性概念化的认知功能，抽象名词能让说话者把复杂信息块临时加工成边界明确的临时性名词概念；(3)联系功能，抽象名词能够把名词概念同包含具体信息的小句或语篇等其他片断联系起来，从而有利于整体理解。

(22) The big (problem) was that I had no money.

Schmid 的研究富有启发性，我们认为汉语的“问题”也是一个“空壳”名词，也具有空壳名词的三个基本功能。例如：

(23) 我们都知道你爱小梅，但问题是你爱的方式不对。

(24) 越南在 1995 年既面临“十分巨大的机遇”，又面临

“十分尖锐的困难和挑战”。最关键的问题是必须竭尽一切努力,迅速提高经济发展的速度和质量。(北京大学 CCL 语料库,《人民日报》)

上述二例显示“问题”能与语义内容完全不同的复杂信息相联系,这充分说明“问题”的概念化是临时建立的,只是“在线”式地为临时话语环境服务。如例(23)“你爱的方式不对”是相对复杂的命题信息,“问题”对其进行了包装和临时概念化。正是这种临时性概念化功能使得“问题”具有了较强的搭配能力。“问题”除了可以对小句进行临时概念化之外,还可以概念化语段、语篇等更高层次的单位,如例(25)中的“主要问题”高度抽象并临时概括了两个段落的内容。

(25) 日本家庭农业目前的主要问题有以下两点:

第一,规模小,成本高。(以下省略 127 字)

第二,农业人口日趋减少。(以下省略 193 字)(北京大学 CCL 语料库,《人民日报》)

“问题”如果以“问题是、问题在于、问题就来了、问题就有了、问题就在于”等形式出现,一般为后指。例如:

(26) 有人说,核能既是人类在 20 世纪放出的最凶恶的魔鬼,也是科学所寻觅到的最慷慨的天使。它既给人类带来了巨大的灾难,又给人类增添了征服自然的无穷力量。问题是怎样使用它,变害为利取决于人。(北京大学 CCL 语料库,《人民日报》)

(27) 既然你承认“哦”是句末语气词,那问题就来了,你为什么不考虑句末语法环境。(彭小川老师语法沙龙上的口

语用例）

“问题”如果以“是问题的关键所在、等问题”等形式出现，一般为前指，如例(28)中的“等问题”前指“所需资金、受益人数、实施措施”这三项命题信息，并且对这三项命题信息进行了临时概念化。有意思的是例(29)，第一个“问题在于”为后指，而第二个“是问题的关键所在”为前指。

(28) 经过近一年的准备，原欧盟12国先后就所需资金、受益人数、实施措施等问题起草了各自的行动计划。（北京大学CCL语料库，《人民日报》）

(29) 问题在于这两条例句中的“双双”与做状语的“双双”是否[为]同一个词。用个术语来说，就是两者是否具有“同一性”？我认为这是问题的关键所在。（转引自宋玉柱《也谈“双双”的词性》）

无论是后指还是前指，无论是对小句概念化，还是对语篇概念化，“问题”无疑都具有标记复杂功能块的作用，无疑都利于读者更好更快地理解被抽象的内容。对此Schmid有一个形象的比喻，“这好像人们一看到蜗牛壳，就自然联想到蜗牛一样”，抽象名词很好地起到了揭示被概念化内容的作用。请看例(30)，需要概念化的内容都是“她很快就会离开你”，但(30a)被抽象名词“好处”概念化，而(30b)被抽象名词“问题”概念化。虽然句子的意思不同，但恰好说明“好处、问题”都很好地履行了自身职责，标记了各自的概念内容。抽象名词并不是可有可无的，临时性概念化功能是抽象名词的基本功能之一，正因如此，抽象名词才有其自身的特质。

(30) a. 你这样做的好处在于她很快就会离开你。

b. 你这样做的问题在于她很快就会离开你。

关于“问题＋N”结构中心成分的确定，我们没有过多探讨。凌子惠、刘正光(2008)注意到“问题大米”“魅力城市”“品质生活”这类 N_1N_2 复合词(即我们讨论的“问题＋N”结构)的内部成分之间是拥有关系，但是他们表述的“中心 N_1‘拥有’修饰 N_2”令人费解，因为如果 N_1 为中心，那么为何 N_1 又修饰 N_2。如果理解无误的话，或许他们所说 N_1 是指语义中心，N_2 是指句法中心。即便是这样，我们认为仍有可商之处，我们认为 N_1 既不是语义中心，也不是句法中心，无论从哪个层面看，N_1 都不能解读为“中心”。虽然他们发现“魅力男人”与“大象小姐”不同，但是这并不能说明“魅力”就是所谓的语义中心。因为“魅力男人”与“大象小姐”在更高层面上有着更大的相同点，即“男人、小姐”都是基本义类，无论在语义上还是在句法上都是中心，而“魅力、大象”都不是关涉性修饰语(施春宏 2001)，而是描述性修饰语。这使得“魅力、大象”都暂时不具有区别性，或者说区别性是潜在的，一旦有必要，“魅力、大象”的区别性是可以激活的，如“魅力男人与平庸男人的不同、大象小姐与瘦猴小姐都不是最佳状态”。我们认为 N_1N_2 复合词内部语义关系不论是关系解读，还是属性特征解读，都不会改变 N_2 的中心地位。

再来看“问题”与其他单位的搭配情况。前文考察了“问题”与动词、名词的搭配，其实“问题”还可以与量词、形容词搭配。与量词搭配时，可以说“一个问题、一项问题、一对问题、一组问题、一些问题”。与形容词搭配的有：

不错的问题、差劲的问题、抽象问题、次要问题、大胆的问题、典型问题、烦恼的问题、烦琐的问题、复杂的问题、合理的问题、尖刻的问题、简单的问题、简洁的问题、简易的问题、紧迫的问题、精彩的问题、具体问题、苛刻的问题、客观问题、苦恼的问题、困惑的问题、全面的问题、突出问题、重要的问题、主观问题、主要问题

不仅很多词类可以与“问题”搭配，我们还注意到很多比词大的单位也可以与“问题”搭配，最为常见的就是“名词＋动词”词语串（马真、陆俭明 1996）与“问题”搭配，如“音响调试问题、试题泄露问题、奶粉造假问题、学术造假问题、矿难瞒报问题、污染排放问题、电脑死机问题、煤矿透水问题、瓦斯爆炸问题、醉酒驾驶问题”等，这类“名动词语串”多表示一种贬义事件。

本节初步结论：第一，“问题”是汉语中典型的抽象名词，已经发展出了新兴义项。“问题＋N”搭配近几年发展迅猛，有外因也有内因。第二，“有问题”和“问题”都具有消极倾向，而“没问题”具有褒义倾向。第三，通过对较大规模的封闭语料的考察，我们发现，“问题”能跟大量名词直接搭配，表现在两个方面：2358 个名词能和“问题”搭配形成“N＋问题”结构；只有少部分产品名词和指人名词能与之搭配成“问题＋N”结构。这两种搭配的差异不仅体现在搭配能力上，而且体现在认知机制上。第四，越是复杂的大件产品越容易产生“问题”，越是简单的小件产品越不容易产生“问题”。越是主观的事件越容易产生“问题”，越是客观的事物越不容易产生“问题”。越是人造物越容易产生“问题”，越是与人类不相关的自然物越不容易产生“问题”。第五，“问题”具有描述功能、临时性概念化功能和联系功能。

第九章 “原因”类抽象名词的搭配分析

现代汉语里有这样一些抽象名词“原因、理由、因素、动机、缘故、缘由、原委”等，我们称之为“原因”类抽象名词。这些词语的概念内涵不尽相同，用法也各有特点。本节从共时层面考察这类词语，主要探讨关键词“原因”的语义特点、搭配类型与倾向，并分析、比较“原因”与相关词“因素、动机、缘故”等的异同与使用特点。

第一节 “原因”的语义特征和搭配

《现汉》(第7版，2016:1611)将“原因”解释为“造成某种结果或引起另一件事情发生的条件”，如“成功的原因、检查生病的原因”等。看完定义，我们依然有一连串的疑惑，什么是原因，什么不是原因，“原因”的语义内涵与作用是什么，该如何界定？诸如此类的问题，语言学界并未进行深入的探讨。“词语的意义在于它们的使用”(维特根斯坦 1996:22,81)，词语通过“观其伴而知其意”(Firth 1957)。我们将通过研究“原因”的典型搭配来揭示其语义特征与真实用法。

一、“原因”的复杂性与事件性

(一)“原因”是典型的抽象名词。从搭配来看，主流观点认为抽象名词受“种类量词”等少数量词修饰（赵元任 1979：236；朱德熙 1982：42）。“原因”所搭配的正是种类量词，如表 23，这充分说明“原因”是汉语里的典型抽象名词。要注意的是，“几个”可以修饰抽象名词，因此“X 个原因”有 5118 个用例，这不足为奇。

表 23：“原因”的多词单位分析

序号	实例	频率	序号	实例	频率
1	种种原因	5595	7	诸多原因	514
2	X 个原因	5118	8	一些原因	389
3	多种原因	1342	9	一部分原因	209
4	X 一原因	1176	10	很多原因	202
5	X 种原因	1099	11	X 点原因	196
6	部分原因	570	12	许多原因	154

（二）“原因”往往具有复杂性、综合性。表 23 的数据还能说明，“原因”是复杂的、综合的、多样的。因此人们说“种种原因、多种原因、诸多原因、很多原因”，而较少说“唯一原因、仅有的原因”等。世界是复杂的，而构成世界的事件往往也是复杂的，某事件之所以是这样，而非那样，一般不是由某一个原因决定的，而是由众多原因综合决定的。

举例来说，“肺癌发病率增高”与“大气污染”的关系问题，就涉及原因的复杂性与综合性。从逻辑上来说，肺癌与大气污染的关系大致有以下四种：

（1）肺癌与大气污染属于不相关关系，即大气污染根本就不是肺癌发病率增高的原因。

（2）肺癌与大气污染属于弱相关关系，即大气污染是肺癌发病率增高的一小部分原因。

(3) 肺癌与大气污染属于强相关关系，即大气污染是肺癌发病率增高的主要原因。

(4) 肺癌与大气污染属于绝对相关关系，即大气污染是肺癌发病率增高的唯一原因。

从(1)到(4)是一种连续统关系，但是(1)、(4)太过绝对，很容易被排除。而(2)与(3)很难判断和量化，到底是弱相关还是强相关，这就是争议所在。抛开个案不谈，肺癌发病率增高的原因可能是大气污染，也可能是吸烟习惯，甚至还有可能是现代人的其他生活方式。该例说明世界上很多事件的发生、发展、结局，其原因是复杂的、综合的。人们考察事件的原因时，要分清主要原因、部分原因、次要原因。

再如，何种原因导致了现代人近视率越来越高？一般观点认为，看书时间多、用电脑时间多等容易导致近视，还有人认为与用眼习惯、环境因素等相关，甚至有观点认为孩子过早学习钢琴容易近视。但是最近一项研究认为，上述原因都不是根本原因。这项研究认为户外时间的多少是影响儿童近视与否的关键因素，即在户外时间多的孩子不容易近视，而在户外时间少的孩子则很容易近视。该例也说明某一事件产生的原因往往是复杂的。

二、“原因”与事件密切相关

“事件主要是时间性的存在，它不直接处于空间之中。事件能够被看见、被听到、被经历、被遵守，可以被观察或被观看。可以是突然的、逐渐的、激烈的、长期的。事件、过程和行为可以出现、发生、开始、持续、结束，如火与暴风雪可以发生、开始、结束。事件不位于某处，也不能在某个地方找到。”(Vendler 1967:122—146)事件反映在语言上即为事件名词，如地震、冲击波、暴雨等。语义上既有一般名词的事物性、指称性和空间性，同时还蕴含动作性、陈述性和时间性，这类名词可称为事件名词。

通过观察可以发现，原因往往与事件名词关联，人们经常会问“死亡原因、地震原因、生病原因、误诊原因、失败原因、致死原因、起火原因、中毒原因、核辐射的原因、泄露的原因”等。人们很少就物体问原因，如人们很少说“桌子的原因、电脑的原因”等。也很少就性质问原因，如不单独说“好的原因”，而要说成带事件性的“好喝的原因、做得好的原因”等。无论是原因的主体还是原因所导致的事件都不太可能是简单的人或者物，原因是“通过事件解释事件的”(万德勒 2008:277)。

人们使用“原因”主要是为了论述世界上事件之间的相互依赖性。原因主要与关系事件相关，最为明显的就是“原因”高频用于“X 是 Y 的原因”和“X，原因是 Y”两个句式。如在“X 是 Y 的原因”句式里，X 和 Y 都不能是简单的名词或者动词，而应该是与事件相关的动名词、动词或者名词。如人们不能说“他是我的原因”“小王是这件事的原因”等，但可以说“我没有准备是这次失败的原因”“小王的疏忽是这件事情发生的原因”。

“原因从来没有强的或者弱的、剧烈的或者温和的、突然的或者长久的、危险的或者无害的、但却有可能或不可能的、很可能的或很不可能的、切近的或远隔的。”(Vendler 2008:281)人类认知是如何区分原因的呢？请看表 24：

表 24:“原因”的区别性修饰语

序号	实例	频率	序号	实例	频率
1	主要原因	28236	12	主观原因	442
2	重要原因	15389	13	基本原因	436
3	根本原因	6881	14	首要原因	377
4	直接原因	2244	15	真实原因	306
5	真正原因	1657	16	关键原因	243
6	客观原因	1408	17	人为原因	146
7	深层(次)原因	1002	18	现实原因	135
8	特殊原因	672	19	外在原因	125
9	常见原因	599	20	确切原因	116
10	具体原因	598	21	复杂原因	103
11	内在原因	479	——		

观察表 24 可知:

第一,原因无好坏之分、无真假之分,“真实原因、真正原因”只是原因真实性的强调说法,因为人们不说“假原因”。原因可分为主要与次要、直接与间接、客观与主观、深层与表层、特殊与常见、内在与外在等。

第二,人们对区分原因的维度有非常明显的选择倾向,人们往往关注某事情的主要原因而忽略次要原因,表 24 里的“主要原因”频率高达 28236 次就是证明。因为只有主要原因才决定了事件的性质与发展方向,只有主要原因才真正有利于分析、说明和解释事件。其他搭配“重要原因、根本原因、基本原因、关键原因”都很高频,它们也都是人们关注的焦点。

三、“原因”的致使性与语义韵倾向

(一) **与“原因”搭配的动词**。与“原因”构成动宾搭配的动词类别和数量都较为有限，主要是有无类动词、查找类动词和解释说明类动词，例如：

(5) a. 有原因、无原因、毫无原因、没有原因

b. 找原因、查找原因、查明原因、寻找原因、问原因

c. 解释原因、说明原因、发现原因、分析原因、知道原因、告诉原因

一个事件为何是这样而不是那样，总有一定的原因，人们可以寻找该事件的原因，找到了也就是“有原因”，没有找到也就是“没有原因”，但这并不等于说不存在原因。人们也可以对某事件“解释原因”或“说明原因”。知道了原因，也就等于知道了真相，因此发现原因也就等于发现了真相。

（二）致使类动词与“原因”的共现。观察 BCC 语料库数据发现，“原因”经常与致使类动词共现，如“导致、造成、致使、促成、产生、引起、引发、促使、形成、带来、酿成”等，它们之间的搭配类型及其频率见表 25：

表 25：“原因”与“致使”类动词搭配

序号	实例	频率	实例	频率
1	造成……原因	12095	原因……造成	3625
2	导致……原因	9196	原因……导致	1718
3	产生……原因	8028	原因……产生	874
4	引起……原因	3640	原因……引起	2469
5	形成……原因	3351	原因……形成	661
6	促使……原因	406	原因……促使	172
7	促成……原因	141	原因……促成	59
8	致使……原因	100	原因……致使	123
9	带来……原因	93	原因……带来	170
10	酿成……原因	64	原因……酿成	4

通过表 25 可以做如下分析：第一，“原因”经常与致使类动词共现，有的实例非常高频，如“造成……原因”高达 12095 例，“导致……原因”也高达 9196 例。第二，“原因”与致使类动词共现的方式有两种，可前可后，我们以“造成”为例进行说明，例如：

（6）据新华社南昌 6 月 5 日电，今天凌晨发生在江西广播电视艺术幼儿园，造成 13 名幼儿死亡的火灾原因现已初步查明。引起火灾的直接原因是幼儿床上的可燃物掉落在过道上点燃的蚊香引起燃烧造成的。（《文汇报》，2001－6－6）

（7）1993 年由于种种原因造成 1 万多头仔猪死亡。使养猪业一度陷入困境。（《福建日报》，1994－6－6）

例（6）是“造成某事件的原因如何”，例（7）是“某种原因造成某事件”。这两种表达方式不尽相同，“造成……原因”表面看起来类似于动宾结构，其实是主语的复杂化，即“造成……”修饰“原因”。而“某原因造成……”则是主谓结构。

从语义韵性质来看，“原因”与致使类动词搭配往往带有消极语义韵倾向。Xiao & Mcenery（2006）考察了致使类动词的语义韵表现，见表 26（稍有改动）：

表 26：“致使”类动词的语义韵表现

序号	实例	消极义比例	积极义比例	中性义比例
1	致使	569（99%）	0	3（1%）
2	酿成	92（98%）	2（2%）	0
3	造成	190（98%）	3（2%）	0
4	引发	523（77%）	31（5%）	123（18%）
5	导致	60（76%）	2（3%）	17（21%）

续表

序号	实例	消极义比例	积极义比例	中性义比例
6	带来	64(49%)	36(27%)	31(24%)
7	引起	83(43%)	28(15%)	81(42%)
8	产生	111(31%)	88(24%)	162(45%)
9	形成	34(10%)	85(26%)	215(64%)
10	促使	2(5%)	26(59%)	16(36%)
11	促成	2(1%)	171(98%)	2(1%)

表26告诉我们，除"促成、促使"等少数词语外，"造成、导致、致使"等词语的消极义占比都非常高，它们有着显著的消极语义倾向，由于"原因"与这些动词经常共现，受到这类词语的语义浸染，与这类词语共现具有语义相宜性。因此"造成……原因"或者"原因……造成"也就具有消极义。"原因导致"的语境明显呈现出消极含义(潘璠 2012:91)。

不仅上述搭配具有消极语义韵表现，通过观察语料我们发现，"X原因"(X大多数为双音节名词，也有少量动词性成分)也多具有消极语义韵表现，大致分为两个类型，例如：

(8) 身体原因、健康原因、年龄原因、家庭原因、作风原因、技术原因、天气原因、政治原因、心理原因、体制原因、制度原因、生理原因、气候原因、经济原因

(9) 事故原因、故障原因、死亡原因、疾病原因、病情原因、问题原因、误诊原因、火灾原因、受伤原因

上述两类都带有消极意义，如"身体原因"其实就是指"身体不好的原因"，"天气原因"其实就是指"天气不好的原因"。"事故原因"里的"事故"本身就是消极词。上述两类的谓词隐含不同，经过

谓词还原，我们发现例(8)可以用“因为/由于……的原因”结构来还原，而例(9)可以用“造成/导致……原因”结构来还原。万德勒(2008:277)也指出“X 是 Y 的原因”与致使动词变换的用法，例如：

(10) 爆炸导致了海啸。　　爆炸是海啸的原因。
爆炸导致建筑物坍塌。　爆炸是建筑物坍塌的原因。

人们往往认为正常发生的事情理所当然，属于默认状态，无须说明原因。而对于非正常的事情、特殊事情或不好的事情，才需要寻找原因、解释并说明原因，因此“原因”搭配的语境经常呈现消极语义倾向。另外，有些高频搭配已经词汇化，如“事情的原因”词汇化为“事因”，类似的还有“病因、死因、起因、成因、诱因、归因、溯因、主因”等。

四、“原因”的解释性

(一)“原因是”跨层结构的解释性。“原因”本身可以用来解释某个事件，如“原因是”高频跨层搭配就具有明显的解释、说明功能。考察 BCC 语料库发现，“原因是”频率为 38958 例，占“原因” 316132 例总数的 12.32%，这个比例非常可观。

我们认为“原因”的核心认知功能在于把从句等复杂信息包装成名词性概念。“原因”像容器一样容纳从句所表达的命题内容。包装使得事件状态被打包得像一个事物。把一个事件或事物具体化为像有清晰边界的事物性实体。“原因”对后面的从句进行包装，使得人们一看到“原因是……”时，就知道从句表达的是一种与原因相关的内容。而从句则是对“原因”进行语义充实，从句丰富了“原因”的内涵，使其具体化。“原因”与从句相辅相成，构成一种独特而有效的表达句式。

“原因是X”句式跟一般的判断句的差距已经相当大了，“是”的判断语义已经相当弱化，甚至是不复存在了。该句式主要起到说明原因的作用，“句式里的‘是’主要发挥联系项的作用”（黄理兵2015）。

为何“原因是”具有解释性的篇章连接功能呢？相比较而言，我们认为当“X的原因是Y”具备适合的语用条件时，“原因是”就有可能进一步衍生出连词功能。这种语用条件就是当X或Y过于复杂时，单句就有可能断裂为复句，“原因是”也就完全有可能向衔接成分演化。例如（11）a和b所表达的意思基本相同，但是句子的结构却悄然发生了变化，a是单句形式，成分复杂，前后成分关系比较难以理解。而b则是复句关系，前后关系明晰。这时“原因是”摆脱句法的管控，有语篇化的趋势，“原因是”由句法内成分向语用成分漂移，同时也符合“联系项居中原则”（刘丹青2003：68—73），即“原因”在两个被联系成分之间。

（11）a. 公司主营业务收入同比下降的原因是新产品销售收入的增长未能完全弥补原产品销售收入的下降。（《厦门日报》，2005-7-18）

b. 公司主营业务收入同比下降，原因是新产品销售收入的增长未能完全弥补原产品销售收入的下降。

（二）“由于/因为……原因”跨距搭配的解释性。“由于……原因”为18535例，“因为……原因”为5418例，总计23953例，占“原因”总用例316132的7.58%。例如：

(12) 由于缺货的原因,iPhone4S 销售“遇冷”。

(13) 今天居然因为拨打 12580 的原因,免费获得了两张电影票。

从共性方面来说,“由于……原因”和“因为……原因”两个跨距搭配都是用来说明和解释原因的。从差异方面来看,“由于”句重在分析原因,强调理据;而“因为”句重在说明原因,讲述事实(邢福义 2002)。“由于……原因”比“因为……原因”的理据性和客观性要强一些。从频率来看,“由于……原因”格式的使用频率是“因为……原因”的 3.4 倍,这很可能是凸显理据性需求导致的。

第二节 “原因”与相关词的比较

现代汉语里与“原因”近义的抽象名词大致有“理由、因素、动机、缘故、缘由、原委”等,本节从聚合角度考察“原因”与这些词语的异同。需要说明的是,“原因—理由”留待后文辨析。

(一)“原因”与“因素”。《现汉》(第 7 版,2016:1558)指出“因素”是决定事物成败的原因或条件。在实际运用中,二者有所不同,例如:

(14) X 大因素(X 为数词)、必要因素、不同因素、成功因素、单一因素、独立因素、复杂因素、根本因素、关键因素、基本因素、健康因素、客观因素、偶然因素、特殊因素、直接因素、重要因素、主观因素、最大因素

(15) 不安全因素、不和谐因素、不利因素、不良因素、不稳定因素、成功因素、独立因素、复杂因素、合理因素、积极因

素、决定性因素、危险因素、稳定因素、消极因素、新因素、有害因素

例(14)里的“因素”可以换为“原因”,如“重要因素”和“重要原因”都可以说。但是例(15)则不能,如人们不能说“危险原因、积极原因、不利原因、决定性原因”。“原因”本身没有危险与安全之分,而某事件的危险方面则可称为危险因素。“因素”有构成性,而“原因”没有构成性。从另外一方面来看,“原因”的致使性、篇章连接性、解释性则是“因素”所没有的,人们不说“X 是 Y 的因素”“某因素导致了某事件的发生”或者“因素是”等。

(二)“原因”与“动机”。“动机”指“推动人从事某种行为的念头”,例如:

(16) 主要动机、内在动机、外在动机、重要动机、最初动机、深层动机

(17) 成就动机、行为动机、心理动机、政治动机、思想动机、学习动机、作案动机、杀人动机、不良动机、利益动机

例(16)里的“动机”可以换成“原因”,而例(17)则不能换成“原因”,因为这些用例大多数已经构成黏合结构了。如“学习动机”是指推动学习的动力与想法,“动机”具有驱动性特征,而“原因”则不强调这种驱动性。

(三)“原因”与“缘故”。《现汉》(第 7 版,2016:1613)对“缘故”的解释就是“原因”。从释义方面来看二者似乎并无差异,但是二者用法上存在较大差异。“缘故”的后置倾向非常明显,“缘故”一般不能做主语、定语,只能做宾语而且经常位于句末,常用于“因为……的缘故”框式中。在“北京大学 CCL 语料库”中,“缘故”共

计 3350 例，处于句尾的共计 2650 例，占总用例的 79%强。

总之，像“原因、因素、动机”等这类相关的高频抽象名词之间，往往只具有部分的同质性，很难有完全的同质性可言，它们的差异部分体现了各自的使用特点。基于语料库的定量定性研究有利于细致地厘清这类词语的用法特点。

传统研究认为“原因、理由、因素”等抽象名词太过普通，对这类词语习焉不察。但是事实上，这类抽象名词不仅在语言哲学范畴里属于核心的概念，而且在语言学里边它们的用法也相当复杂，值得深入研究。本节揭示了“原因”的语义特征，“原因”是典型抽象名词，具有复杂性、综合性、致使性及解释性。“原因”与“因素、动机、缘故”等相关词语有同有异，有着各自的使用特点。

第十章　“结果”类抽象名词的搭配分析

学界对“结果”一词已经有了一定的研究。王佳毅(2005)从句法、语义和语用三个方面分析了“结果”的连接功能，认为其可以连接因果、转折和并列三大类复句，并且还认为连词“结果”从动词虚化而来。邬明燕(2006)考察了“结果”的两类形容词定语，如“好的结果”和“粗心的结果”，前者可以变换为“结果是好的”，后者不具备这种变换形式。姚双云(2007)比较了连词“结果”与“所以”的多种差异。周毕吉(2008)、姚双云(2010)都认为连词“结果”由名词性“结果”演化而来。国外，Vender(1967:249—288)从语言哲学的角度论述了effect、result等的语义特点。

上述研究无疑对我们认识汉语“结果”的性质与功能有所帮助，我们同意连词“结果”由名词演化而来的观点(周毕吉 2008；姚双云 2010)，但是现有研究对名词“结果”虚化为连词“结果”的过程描写得还不够细致。如重新分析的动因是什么？这是偶然现象，还是规律倾向？为何只有“结果”这类名词才有可能衍生出连词功能？另外，对“结果”的名词性用法也还有待深入研究。

第一节 “结果”的语义特征和搭配

一、“结果”表示一种事实状况

“结果”与“苹果”不同，它不是具体的物，不是物理的个体，它既不是圆的或者方的，也不是硬的或者软的，人们不能在某个地方找到它。“结果”也不是事件或过程，它既不能说成“一场结果”，也不能说成“结果之前、结果之中、结果之后”等。“结果”本身表达一种抽象事实，是一个抽象名词，它能被断言或否认，如“是这样的结果、不是这样的结果”或者“结果是这样的、结果不是这样的”；能被相信或不被相信，如“相信这样的结果、不相信这样的结果”；能被记住或忘记，如“这个结果我记住了、我忘记了结果”。

“所有的结果都有原因”（Vender 1967：251—287），某种“结果”一定由某种事件或原因引起，产生的东西往往叫作“结果”。动态事件能引起某种结果，而静态物体一般不能引起某种结果。如：

（1）a. 核辐射的结果可能会引起食物中毒。

b. 食物中毒是核辐射的结果。

（2）a. *树的结果长出果子。

b. *长出果子的结果是树。

与“核辐射”类似的名词有“热浪、气压、会议、酗酒、赌博”等，这类词具有动态属性，可称为动态名词，它们的共同特征是具有事件性或过程性，如“一场龙卷风、一场暴风雪”等。与“树”类似的名词是“狗、动物、花、草、植物、家具、思想、观念”等，这类词具有静态属性，可称为静态名词，它们要么是静态的个体，要么是抽象的物。尽管“结果”本身是抽象事实，但是它由原因性“事件”引起。

二、“结果”的链条性与多种可能性

A事件导致B结果的产生，而B结果往往又是导致C事件的原因。A、B、C构成结果链条，B是A的结果，C又是B的结果。例如：

(3)(A人们猎杀蛇)的结果是(B蛇的数量锐减)；(B蛇的数量锐减)的结果是(C老鼠泛滥成灾)；(C老鼠泛滥成灾)的结果是(D农作物减产)；(D农作物减产)的结果是(E人类利益受损)。

上述用例说明，E是D的结果，D是C的结果，C是B的结果，而B又是A的结果。它们两两之间构成原因-结果关系。而位于两端的E与A则是间接的原因-结果关系。

“某事件所导致的结果”往往不止一种，具有多种可能性，如比赛的结果至少有赢、输或者平局三种可能，因此有“预测比赛结果”的说法。再如“小王买彩票中了500万”这件事情会引发一系列的结果，如“A导致小王一夜暴富”“B买了豪华别墅”“C辞了工作”“D改变了小王的人生”，甚至有可能是“E导致其兴奋异常、精神病发作”等。“结果”的多种可能性里，人们最注意的是“直接结果”，如A是“小王买彩票中了500万”的直接结果，而D则是间接结果，因为有的人可能不会因为500万而改变他的生活，E可以算是异常结果。

三、“结果”的两种修饰语

“结果”作为抽象名词，表示“事物发展所达到的最后状态”，主要有两种类型。第一种就是“X(的)结果”形式，该形式在“国家语委语料库”里共计 1347 例，占总数的 34.2%。该形式里的 X 为修饰语，“的”是定语标记，“结果”为名词中心语。上述统计说明“结果”的名词用法是第一位的。此类常见的高频形式有“必然结果、最后结果、可喜的结果、同样的结果、不同的结果、最终的结果、这样的结果、满意的结果”。少量 X 可以不带定语标记“的”，从修饰语的性质来看，邬明燕(2006)发现了“X 的结果”的两种异质结构，如：

(4) a. 好的结果、成功的结果、倒霉的结果

b. 粗心的结果、懒惰的结果、骄傲的结果

(4’) a. 结果是好的、结果是成功的、结果是倒霉的

b. *结果是粗心的、*结果是懒惰的、*结果是骄傲的(引自邬明燕 2006)

邬明燕(2006)从形容词静态与动态方面解释了上述异质结构，有其合理之处。不过我们进一步认为，例(4a)里的形容词都表示“结果”的某种属性，如“好的结果”表明“结果”的正面、积极性质。只有这种属性定语才可能存在对应的转谓形式，如“结果是好的”。而(4b)里的形容词并不表示“结果”的属性，而是说明致使某种“结果”的原因，因而这类形容词具有致使性质，如“粗心的结果”是指“因粗心而导致的结果”。这种致使性定语没有对应的转

谓形式,如"*结果是粗心的"。细究起来,它们还存在其他变换差异,如例(5)和例(6),这两例都说明"粗心的结果"具有一定的致使性质。

(5) a. 好的结果　?因为好,结果她得到了想要的东西

b. 粗心的结果　因为粗心,结果她输得一塌糊涂

(6) a. 好的结果　?好所导致的结果

b. 粗心的结果　粗心所导致的结果

相比较而言,致使性"X的结果"定中结构可以变换为复句,并且使得"结果"有可能向连词方面转变。而表达属性"X的结果"定中结构则不太可能会导致"结果"的连词化。

"结果"除了上述性质以外,当然还有其他方面的表现,如还可以分为"可复制的结果"与"不可复制的结果",例如:

(7) 实验结果、试验结果、测试结果、统计结果、调查结果、计算结果

(8) 战争的结果、地震的结果、洪灾的结果、车祸的结果、革命的结果

从例(7)和(8)的对比可以看出,"结果"一词是在不同层面意义上使用的。例(7)里的结果具有可复制性。在一定条件下,"实验"很多次,只要变量一样,那"结果"应该一样。而"战争"则具有不可控性和不可复制性。同一场"战争"不可能开展很多次。人们对"实验结果"可以有一定的预期,但一般不会对"战争结果"有所预期。

第二节 “结果”连词化动因分析

一、“结果”的两个结构

“X是Y的结果”与“Y的结果(是)Z”两个结构，表面上存在变换关系，但是具体到语篇环境和衔接功能上，它们往往有各自的信息结构特点，相互之间如果转换，往往比较别扭，衔接性也比较差。如“是这样的结果”给人以回指上文的感觉；而“结果是这样的”则给人以下指的感觉。二者衔接特点有所不同。“X是Y的结果”结构里的Y为带来某种结果的重要因素，这类结构一般具有总结性质，因此它在语篇上具有结束某段话语的功能。如例(9)里“X是Y的结果”句式说明曹燕华对自身成就的总结，常常位于一段话的最后位置。并且因为Y处于“X是……的结果”包孕结构中，这就限制了Y的复杂程度，即Y不能太过复杂，否则会导致“X是……的结果”大肚难容的局面。当X比较复杂时，这类结构不能变换为“Y的结果是Z”形式，因为变换后会导致头重脚轻，如例(9’)。另外，因为“X是Y的结果”强调“结果”，所以作为重要信息后置，而“Y的结果是Z”里“结果”前置，整个结构表示对“结果”属性的判断。

(9) 曹燕华，这位威震乒坛的名将已挂拍退役了，她战功显赫，为祖国乒乓事业做出了突出贡献。而曹燕华在回顾自己走过的路程时说：“这主要是党和人民培养、教练员悉心指导的结果。”

(9’) *曹燕华，这位威震乒坛的名将已挂拍退役了，她战功显赫，为祖国乒乓事业做出了突出贡献。而曹燕华在回顾自己走过的路程时说："党和人民培养、教练员悉心指导的结果是这个。"

从语篇上来看，"Y的结果是Z"是非包孕结构，所以Z可以高度复杂，并且此时不宜变换为"X是Y的结果"，例如：

(10) 中国革命的全部结果是：一方面有资本主义因素的发展，又一方面有社会主义因素的发展。

(10') *一方面有资本主义因素的发展，又一方面有社会主义因素的发展是中国革命的全部结果。

汉语语篇的特点之一是一般不采用"头重脚轻，比例失调"的表达，而例(10')的主语长达27个字，这影响了句子结构的正常安排。前面例(9')中主语有16个字，但是"是"后成分只有两个字，这种语篇布局是不合理的。这些句子都比例失调，在语篇上不得体，因此也就难以被人们接受。

从动态分析视角观察汉语的句子结构，将会有新的发现，陆镜光(2004)认为"把句子放到言语交际的环境中考察，发现它的整体结构跟它作为建构话轮的基本单位是有着密不可分的关系的"。句子结构线性序列有其内在的组织规律，当某一成分过于强大时就有可能影响到其他成分的性质。

相比较而言，我们认为"Y的结果是Z"比"X是Y的结果"更容易导致"结果"连词化，因为此时"结果"已经位于句中，当某种适合的语用条件具备时，"结果"就有可能进一步衍生出连词功能。这种语用条件就是当Y过于复杂时，单句就有可能断裂为复句，"结果"也就完全有可能向连词演化。例如(11a)和(11b)所表达的意思基本相同，但是句子的结构却悄然发生了变化，(11a)是单句形式，而(11b)则是复句形式。那么由(11a)到(11b)转化的动因到底是什么呢？

(11) a. 生态环境恶化的结果十分令人担忧。

b. 生态环境恶化，结果十分令人担忧。

实际上，由(11a)到(11b)是线性结构断裂的过程，其断裂的动力主要是Y的过于复杂化，再看例(12)：

(12) 不顾刚刚建立起来的生产关系是否还能适应生产力的发展，就不断地去变革生产关系，结果给我国的社会主义建设事业带来了较大的损失。

(12’) *不顾刚刚建立起来的生产关系是否还能适应生产力的发展，就不断地去变革生产关系的结果给我国的社会主义建设事业带来了较大的损失。

例(12)中Y为“不顾……变革生产关系”共计36字，尽管Y事件与“结果”较为密切，但是因为太长而不太适合以定语的形式修饰“结果”。因此相应的(12’)形式就不合法，句子结构无谓地套叠杂糅、关系复杂化、累赘化，因此非常不符合语言的表达习惯和经济性原则，逻辑上容易致使思维混乱。这样的整句给人们生造的感觉，因此需要变为零句。最终使得单句断裂为复句形式，断裂后造成“结果”位置漂移，结构边界进行重新分析，从定中中心语演变成主语，再到独立成分。汉语学界对重新分析机制的论述也多集中在考察两个或两个以上单位如何融合为一个单位的过程。而我们所论述的“结果”的重新分析恰好与此相反，是指一个完整的单句断裂为两个分句的过程。Langacker(1987:58)认为“重新分析是一个表达结构变化，不会立刻引起表层形式改变的现象，常导致成分之间边界的创立、迁移或消融”，该定义认为重新分析有可能会导致成分之间边界的创立，我们深以为然。“结果”从无标到有标，显然是成分序列间边界的创立。边界的创立，有三点表现：

（一）**添加语法标记**。“结果”演变为连词的一个非常重要的标记是其前面逗号的出现，例如(12)。另外，我们还发现“结果”前后都有逗号停顿的现象，共计53例，这说明“结果”的连词用法已经颇为常见。例如(13)—(16)，这些用例里“结果”符合连词的典型特征，如“结果”不再是主语或者宾语中心语等句法成分。“结果”可做删除处理，但是其存在与否，前后分句的逻辑关系不尽相同。用连词“结果”表明两个分句具有一种前后相依的逻辑事理关系。这种逻辑事理关系有多种可能，可以表达“结果”关系，如例(13)；可以表达因果说理关系，这种可以替换为“因此”，如例(14)；可以表达转折关系，这种可以替换为“可是”，如例(15)；还可以表示时间先后的承接关系，如例(16)。

(13) 美国有一家杂志曾就“哪个国家的菜最好吃”的问题作过一次民意测验，结果，90%的投票都认为中国菜最好吃。

(14) 这种无政府状态，不顾人民需要，只是追求利润，结果，经常产生生产过剩的现象，造成经济危机。

(15) 爸爸告诉我说，快到年终分配时，公社、大队的干部专门把我家的收支情况作了个盘算，结果，全家劳动收入扣除粮草款，还超支三十多元。

(16) 在今天的第一局比赛中，匈牙利女排打得非常顽强,曾先后九次打成平局,结果,匈牙利队以十九比十七胜一局。

(二) **边界的创立**。这使得“结果”摆脱句法的管控,有语篇化的趋势,“结果”由句法内成分向语用成分漂移。是有标记还是无标记,关键要看 Y 的性质,如果 Y 是简单结构就倾向于无标,如果 Y 是复杂结构就倾向于有标。众所周知,用法先于并大于句法,高频的用法有固化为句法的倾向。当 Y 经常由复杂结构充当时,导致句子结构断裂为复句形式,这时候我们不得不重新考虑“结果”的性质。

(三) **边界创立的结果**。似乎(11b)复句形式,更加强调“结果”分句表达的语义。另外,有时候在口语里,人们话语的因果致使性可能不是很明显,如果加入“结果”将会凸显这种关系,“某事件的结果往往是导致其他事件的原因”这种语义表达导致“结果”符合“联系项居中原则”(刘丹青 2003:68—73),即连词“结果”在两个被联系成分之间。由于高频效应的影响,“结果”在口语中充当联系项的功能越来越突出,临时起到关联其前后事件作用,例如:

(17) ……,A 昨天下午处里的几位把校样交回来,B 到处都是错误,C 根本就没有改出来,D 我只好加了一个通宵的班,E 到早上才睡了一个小时,F 来晚了。

上例中“结果”可以灵活地用于 A、B、C、D、E、F 六个位置,可见“结果”的联系功能已经足够强大与常见,甚至有点随意了。“结果”处于句中分句的灵活性,说明其作为连词的衔接功能已经极为强大,这有点类似于口语里另一个连词“所以”。

二、结构复杂化导致词语重新分析

“结果”一词因句子结构复杂化而得以重新分析，这并非偶然，而是一种普遍现象，例如：

(18) a. 现在普遍存在的问题是经济效益差，主要原因是吃大锅饭，没有竞争机制。

b. 当前突出的问题是，森林破坏严重，砍的多，造的少，消耗过多，培育太少。

c. 京剧作为中国戏剧，不会衰落消亡，问题是要解决前进方向道路的问题。

(19) a. 从今年十二月一日起，絮棉敞开供应，在适当提高絮棉等级质量的同时，适当调整絮棉的零售价格。

b. 苏联在这些地区加快了侵略和扩张的步伐，同时又在东南亚地区加紧进行扩张活动。

c. 公社党委和管委会在财务整顿中看到，问题的出现，有思想原因，同时，财务管理方法和财会制度本身，也存有弊病。

(20) a. 遗憾的是这样理想化的孩子为数甚少。

b. 遗憾的是，生活中常常要起波澜，在遥远的大西北，在荒凉的戈壁滩，这个由“盲流”们组成的小小的工程队，终还不是个“避风港”。

(21) a. 我想申辩一下，然而门关上了。

b. 我想，我们倘若能够改变一下年节给孩子压岁钱的旧俗，送给他们一些有益于生活、学习、开发智力的礼物，不是比给压岁钱更有意义吗？

观察上述用例,“问题是、同时、遗憾的是、我想”都在不同程度上发生了重新分析,边界进行了重新调整。抛去各自的特点不论,它们之所以都能发生重新分析,是因为存在一些共性因素,至少有三个方面的表现:

(1) 它们都是高频常用单位,具有高频效应。高频不必然地引起语法化,但经常引起语法化却是不争的事实。从这一点来看,几乎可以肯定连词“结果”从名词演化而来,而不是从动词演化而来,因为“结果”的动词用法在共时层面非常低频,缺乏语法化的动力。

(2) 因为句子结构中某些成分太过复杂,而导致边界进行调整。如“我想”的语义虚化与宾句的复杂化密切相关。再如,“遗憾的是、值得注意的是”这类“XP 的是”的形成是“是”后面的复杂成分“挤兑”的必然结果(方清明 2012)。

(3) 从语义虚实方面来看,这些词语都是较为抽象的词语。语义上较为空灵的成分更容易与其相邻成分发生词汇化或发生语义上的进一步变化。(江蓝生 2004;董秀芳 2009)

我们认为“结果”由名词衍生出连词,其动因是句子动态组织调整的结果。主要经历了成分复杂化、由宾语中心语变为主语再到连词、单句断裂为复句等多重过程。

第三节 “结果”的多词单位分析

我们调查“国家语委语料库”,发现“结果”共计 3934 例,表 27 列出了“结果”的常见搭配形式,共计 3359 例,占总数的 85.4%,因此这些搭配形式基本上能够反映出“结果”的性质。“X 的结果”

等前文已经做了重点的探讨,本节探讨其他多词单位的搭配性质。

表 27:"结果"的多词单位分析

序号	多词单位	频次	序号	多词单位	频次
1	X 的结果	1347	7	实验结果	71
2	,结果	797	8	必然结果	62
3	V+结果	496	9	结果发现	41
4	结果是	206	10	结果使	38
5	其结果	160	11	研究结果	36
6	结果表明	78	12	调查结果	27

观察语料库发现,只有少数"V+结果"分析为动宾关系,例如:

(22) a. 宣布结果、告诉结果、有结果、没有结果、无结果、得到结果

b. 宣布一个结果、告诉一个意料之中的结果、有一个结果、得到想要的结果

"V+结果"为动宾关系时,可以得到形式上的验证,即可以在动宾之间插入量化成分,如(22b)。有些实例似乎有歧义,如"分析结果"可以是定中结构,表示"分析的结果";也可以是动宾结构,表示"对结果进行分析"。"观察结果"也是如此。但是大量的"V+结果"分析为定中关系,属于动词直接做定语的情况(李晋霞2008),例如:

(23) 调查结果、选举结果、侦查结果、考核结果、表决结果、会谈结果、研究结果、验证结果、试种结果、实验结果、试验结果、执行结果、讨论结果、计算结果、比赛结果、检验结果、解

剖结果、探测结果、化验结果、测算结果

从概率上来说，上述实例基本上都构成定中短语而不构成动宾短语。例如：

(24) 他的实验结果是对于美学颇有贡献的，不像从前的实验把“美”和“愉快”混为一谈，在一切颜色实验中它最为重要。

(25) 他的调查结果受到了国内外学者的重视，长期以来这一调查成果被专家、学者作为权威材料来引用、研究。

分析上述用例发现，“调查结果”的意思是指“通过调查所得到的结果”，而不是指“对结果进行调查”。表 27 里“X 的结果”和“V＋结果”的两种搭配相加共计 1843 例，这说明“结果”充当名词中心语是其最为主要的功能。郭慧志等(2005)认为抽象名词与动词搭配时，抽象名词对动词有限定作用。因为“结果”是典型的抽象名词，“V＋结果”结构就容易做出定中解读。

不过，当动词优先与前面成分构成一个预制语块时，“结果”就会被自然断开，从而位于后续分句的句首，整个复句的中间位置，由于联系项居中原则以及频率效应，久而久之“结果”演变成连词，例如：

(26) 对两组母语不同的学生学习英语冠词的情况进行了研究，结果发现，母语中有冠词的一组学生掌握英语冠词的情况远比母语中没有冠词的学生要好。

例(26)中“研究”与“结果”连不到一块儿，因为“研究”用于“对……进行了研究”预制语块中，它在大脑词库里具有“整存整取”效应，因此难以打破该语块的限制,“结果”成为第二个子句的起首成分。这也是其连词化的一个重要表现。

有的“V+结果”可以有对应的“V+的+结果”形式,例如:

(27) a. 实验的结果、调查的结果

b. 实验结果、调查结果

例(27)是两可的情况,有“的”无“的”都可以,“的”的作用是拉大修饰语和“结果”的距离,使二者有界化。从语感上来说,“实验结果”要比“实验的结果”内部关系更为紧密,前者为黏合式,具有复合词性质,后者为定中短语。但是有些“X的结果”里“的”一定不能省略,否则不太能被接受,如(28a)中的定语标记“的”不能省略,它的作用是联系修饰语和“结果”,二者都为有界化成分,因而才能构成定中结构。

(28) a. 令人高兴的结果、使人兴奋的结果

b. *令人高兴结果、*使人兴奋结果

“结果是”有206例,往往可构成“调查结果是、检验结果是”等更大的多词单位,例如:

(29) 从士兵中直接提干,数量难以控制,质量没有保证,结果是提得多、转得多,大出大进,这对干部的培养提高不利……

(30) 调查结果表明教师和研究生的意见是惊人地相似,他们都认为,影响成才的第一位学段是高中,占调查人数的百分之五十以上。

(31) 有的认为与体内雄、雌激素的比例有关,但测量的

结果显示，男性同性恋者血液中雄激素的含量有多的，也有少的。

我们认为“结果”的核心认知功能在于把从句等复杂信息包装成名词性概念。这些抽象名词像容器一样容纳从句所表达的命题内容。包装使得事件状态也打包得像一个事件。把一个事件或事物具体化为像有清晰边界的事物性实体。“结果”对后面的从句进行包装，使得人们看到“结果是……”表达时，就知道从句表达的是一种结果性的内容。而从句则是对“结果”进行填充，从句丰富了“结果”的内涵。“结果”与从句相辅相成，互为犄角，构成一种独特而有效的表达句式。

其他有特色的多词单位还有“其结果”和“结果使”。“其结果”搭配共计 160 例，该形式表明“结果”不再充当宾语，而只能位于分句中间起到连接作用，这也是“结果”连词化的一个过渡形式。“结果使”则表明“结果”具有因果致使性质，某结果可以是导致某事件产生的原因。

第四节 “结果”的语义韵性质

Xiao & Mcenery(2006)论述了“结果”类抽象名词语义韵连续统现象，认为“硕果、成果、结果、后果、苦果、恶果”从左至右积极意义渐弱，而消极意义渐强。姚双云(2007)的研究显示，“结果”虽然有中性用法和积极用法，但是从概率来说，很大一部分都表示消极语义。“结果”的消极搭配如“悲惨的结果”“最坏的结果”“结果造成难以估量的损失”“结果一死两伤”“结果成为一句空话”。

另外两个词“结局”与“结论”有些不同。“结局”意思是“最后的结果；最终的局面”(《现汉》第7版，2016:666)。“结论”表示“对人或事物所下的最后论断”(《现汉》第7版，2016:666)。“结局”使用频率要低很多，我们检索“国家语委语料库”发现144例。“结论”总计776例，得出结论〈56〉、做出结论〈30〉、下结论〈18〉、重要/主要结论〈14〉、科学结论〈11〉、结论性〈9〉，这些是其特殊搭配，如我们不能说“下结果、科学结果、结果性”。“结论”带有判断意味，而“结果”没有这种意思。

再如《现汉》(第7版，2016:544)收录“后果”：

> 后果 名最后的结果(多用在坏的方面)：～堪虑|检查制度不严，会造成很坏的～。

考察语料库发现，在364例“后果”里，其搭配行为表现为：严重(的)后果〈39〉、后果严重〈10〉、不良(的)后果〈17〉、后果不堪设想〈12〉、法律后果〈11〉、前因后果〈8〉、社会后果〈8〉、什么后果〈7〉、危害后果〈7〉、消极后果〈7〉，以及“直接后果、损害后果、不利后果、不顾后果、造成后果、灾难性后果”等。从上述搭配来看，除了少数语义倾向不明显以外，其他绝大部分搭配都倾向消极意义，因此《现汉》指出“后果”多用于坏的方面，这符合语言实际。例如：

> (32) 李玉平虐待继母，致人死亡，情节恶劣，后果严重，触犯了刑法第182条的规定，已构成虐待罪，应追究刑事责任！
>
> (33) 一旦这个情报中转站暴露，后果是不堪设想的。
>
> (34) 当时我感到很为难，可是周镇长说一切后果由他承担，那我只好服从了。

(35) 野猪们是一群蠢货,纪律性很差,遇到吃的就乱跑乱窜,不顾后果。

(36) 如果发生意外,后果自负!

“后果”为贬义词,而“结果”则是具有消极语义韵的词语。

尽管学界已经对“结果”有一定的研究,但是多从语法化的角度进行。本节认为“结果”的性质颇为复杂,语法化仅仅是一个视角,研究不能局限于某一个视角,否则视野则有可能被遮蔽。“语言现象已经被研究完了,没有什么好研究的东西了”这种认识是肤浅的。本节尝试从语言哲学、语料库的角度进一步对“结果”进行整合研究。

第十一章 “事实”类抽象名词的搭配分析

在汉语里，“事实”是高频常用的抽象名词，“用事实说话”“事实胜于雄辩”等已经成为习用语，但是什么是“事实”，什么不是“事实”，“事实”的内涵是什么，该如何界定？“事实”的句法表现如何？“事实”又是如何在语篇中发挥作用的？诸如此类的问题，语言学界并未进行深入的探讨。倒是语言哲学界从日常语言使用的角度对“事实”概念有颇为深入的探讨，例如 Vendler（1967：122—146）、Lyons（1977：438—451）、彭漪涟（1991）、陈嘉映（2014：238—273），等等。我们在前贤研究的基础上，着力探讨“事实”的以下三个方面的问题：(1)“事实”的语义特征；(2)通过句法搭配和近义比较考察“事实”的用法；(3)探讨“事实上”的语篇功能。

第一节 “事实”和“事情”的语义特征

Vendler(1967：122—146)对“事实与事件”进行了精辟的论述，首次突破抽象与具体二分传统，明确地提出物体、事件、概念三分观(详见附录1)。他认为事实属于第三世界，即概念领域，事实不处于时空之中，它不能移动、分割或扩展，事实也不会开始、发生或持续，但是可以被提及、发现或陈述。细而究之，事实具有如下语义特征。

一、与“事实”搭配的动词分析

（一）**“成为”类动词与“事实”搭配**。我们把“成为、变成、构成、形成”等归为一类，称为“成为”类动词。“事实”经常与这类动词搭配，而“事情”基本无此用法，例如：

(1) a. 成为事实、变成事实、构成事实、形成事实

b. *成为事情、? 变成事情、*构成事情、*形成事情

c. 这变成了一件不可思议的事情。

(1a) 里“事实”能以光杆形式与“成为”类动词搭配。(1b)里“事情”不能以光杆形式与“成为”类动词搭配。“事情”只有带上修饰语后才能与“变成”搭配，如(1c)。后文还将看到，(1c)这种情况并非个案，这里我们先进行统一解释。(1c)是一种有标记形式的体现。“事实”与“事情”的这种差异除了频率因素外，还与二者的内涵属性有密切关系。“事实”自身包含了多种内在属性，如真实性、客观性(详后)，因此“事实”可以不依赖外显修饰语，直接以光杆形式与“成为”类动词搭配。而“事情”自身不包含这些内在属性，因此需要带上修饰语才有可能与“成为”类动词搭配。

张新华(2017)指出“‘成为’的组合对象是名词词组，着眼于事物全体，指事物根本性地由一种身份而转变为另一种”。对此，我们深以为然。如“房价上涨已经成为事实”里，“成为”的作用是把“房价上涨”这一事情或现象整体包装成一个“事实”，“成为”的认知方式重在某种结果的形成。“成为事实”倾向于把“事实”加工为离散的个体，凸显某一事实的完成，并且这一事实具有整体性、个

体性。这种事实多是已经达成的、既成性的，其前面可以有表示完成的时间副词“已经、已”等修饰，如例(2)所示。“成为事实”只强调事实的达成，不具体涉及动作的内部进程。

(2) 有些事情既然已经成为事实，就尝试着去接受吧。

“事实”不具有过程性，事实不会开始、继续或结束，如例(3a)。而“事情”则是典型的过程名词，如例(3b)。另外，“事情的原委、事情的经过、事情的起因、事情的始末”等搭配也都说明“事情”具有过程性。

(3) a. ＊这个事实开始了、＊事实正在继续、＊事实结束了

b. 这件事情开始了、事情正在继续、事情结束了

表示完成阶段的动词可以与“事情”搭配，如例(4b)。依据“完成”状态的不同，修饰语也随之不同，“事实”无此类用法，如例(5a)。“凡已经发生的事情、凡摆在那里的事情，都可以叫作事实。”(陈嘉映 2014:242)也就是说，“事实”具有已然性。就已发生的事情来判断是否为事实，这是很自然的，这也符合认知规律。已然的事情是事实；正在被人们谈论的事实是既成事实；人们一般不说“未然的事实”或“将来的事实”。

(4) a. ＊完成事实、＊做完事实、＊干完事实

b. 完成事情、做完事情、干完事情

(5) a. ＊很快完成了这个事实、＊终于完成了这个事实、＊这个事实分三步完成

b. 很快完成了这件事情、终于完成了件事情、这件事情

分三步完成

（二）“查清”类动词与“事实”搭配。我们把“查清、澄清、查明、弄清、认清、调查、搜集、核实、了解、还原”等归为一类，称为“查清”类动词。光杆形式的“事实”可以与这类动词搭配，而光杆形式的“事情”与这类动词搭配则有限制，例如：

(6) a. 查清事实、调查事实、澄清事实

b. ?查清事情、?调查事情、??澄清事情

c. 查清事情的经过、调查事情的始末、澄清了一些事情

“现象”包括真相和假象，只有“真相”的那一部分才是事实。大千世界里的事实数量无穷无尽，有的往往颇为复杂，有时候甚至像个谜团，因此作为对象的“事实”需要“查清、查明”。但是“*查清事情、*调查事情、*澄清事情”等搭配的可接受度并不高，其完句性较差。我们需要说成(6c)那样的表达，才好接受。

（三）“捏造”类动词与“事实”搭配。我们把“捏造、伪造、隐瞒”等称为“捏造”类动词。“事实”经常与这类动词搭配，而“事情”基本无此用法，例如：

(7) a. 捏造事实、编造事实、伪造事实、虚构事实、隐瞒事实、掩盖事实、掩饰事实、扭曲事实、颠倒事实、偏离事实、夸大事实、违反事实、违背事实、背离事实、缺乏事实、不顾事实、回避事实、逃避事实

b. *捏造事情、*编造事情、*伪造事情、*虚构事情、*隐瞒事情、*掩盖事情、*掩饰事情、*扭曲事情、*颠倒事情、*偏离事情、*夸大事情、*违反事情、*违背事情、*背离事情、*缺乏事情、*不顾事情、*回避事情、*逃避事情

(7a) 里,尽管动词的语义轻重有所差别,但都属于消极义动词。例如"捏造事实"是指事实完全不存在,造出一个假的事实。"隐瞒事实"是指存在事实,但是故意不让人知道。

(四)"证明"类动词与"事实"搭配。我们把"证明、说明、表明"等称为"证明"类动词。光杆形式的"事实"可以与这类动词搭配,而光杆形式的"事情"与此类动词搭配较为受限,例如:

(8) a. 证明事实、说明事实、表明事实

b. ?证明事情、?说明事情、?表明事情

c. 证明事情属实、说明事情的经过、表明事情没那么简单

例(8b)显示,光杆形式的"事情"与"证明"类动词搭配不太自然,需要添加相应的修饰成分,如(8c)所示。"事实"不仅能充当"证明"类动词的宾语,而且还能充当这类动词的主语,例如:

(9) 事实证明,人的能动性发挥程度越高,管理效应就越好。

(10) 事实说明,不怕"肥水外流",方能"肥水回流"。

(11) 这些事实表明,中国从中古至近、现代都还保留结绳记事的遗俗。

"事实证明、事实说明"已经有习语化倾向,经常位于句首,用来标记后续话语是经过事实证明并且可靠的。确实如此,"事实"往往与证据具有极为密切的联系(陈嘉映 2014:238—273)。事实可以用作证据,而事情不可以直接用作证据。"事实是最好的证明、事实充分说明、事实充分证明"等搭配也都说明"事实"的证据性。"事实"是论证的基础与材料,正如陈嘉映(2014:241)所论"事

实主要从论证方面着眼，人们用事实来说明道理，支持理论。事实与结论的关系是论证关系，是论据与结论的关系，不是对先后继起的事情的描述。”

从表面来看，事实是不会说话的，但是习用语“用事实说话”“事实胜于雄辩”的深层意思是，运用事实的逻辑说服力来证明某种观点。“摆事实，讲道理”是阐明真相，探索真理的过程，因为真相、真理离不开事实和对事实的正确理解，这也说明了“事实”的证据性。另外，“事实”既可以与依据类介词搭配，也可以与依据类名词搭配，如例(12)和(13)。这都说明“事实”的证据性作用。

(12) a. 按事实……、按照事实……、根据事实……、依据事实……

b. *按事情……、*按照事情……、*根据事情……、*依据事情……

(13) a. 事实根据、事实依据、事实证据

b. *事情根据、*事情依据、*事情证据

“事实”作为证据，除了证明己方观点，还可以驳斥对方，多采用否定形式。“事情”无此用法，例如：

(14) a. 不符合事实、并非事实、不是事实、与事实不符、毫无事实

b. *不符合事情、*并非事情、*不是事情、*与事情不符、*毫无事情

反驳对方的观点、理论等不符合事实，也就是没有证据的意思，具体用例如下：

(15) 布什政府以国家安全为由，没有公布这份报告中有关19名劫机者中有15人是沙特阿拉伯人的信息。但这样做是欲盖弥彰，沙特对此进行了愤怒回应。沙特驻美国大使说“这种指责是恶毒的，根本不符合事实。”

(16) 美国驻阿富汗大使馆发言人说，所谓塔利班领导人奥马尔被抓的报道并非事实。(《文汇报》2002－1－5)

(17) 中国的民众不仅了解日本的历史，也更了解日本的现在。所谓中国民众不清楚日本战后和平发展的说法不是事实。(《文汇报》2005－11－25)

如例(15)，沙特驻美国大使指出“布什政府”的言论不符合事实，这是一种驳斥性言语行为，用于维护沙特方面的权益。有趣的是，我们检索语料发现“不符合事实〈416〉”使用频率远远高于“符合事实〈98〉”。我们可以这样来解释，这是因为“不符合事实”通过否定对方的事实依据，来驳斥对方的观点。但是肯定形式的“符合事实”作为支持己方的表达方式，其表达形式已经被“事实证明、事实说明”等占位，因此使用频率较低。

(五)“告诉”类动词与“事实”搭配。我们把“告诉、说出、陈述、强调、叙述、讲”等称为“告诉”类动词。非光杆形式的“事实”和“事情”都能与这类动词搭配，例如：

(18) a. 告诉你一个事实、说出(这个)事实、陈述事实

b. 告诉你一件事情、说出了这件事情、陈述那件事情

观察例(18)，尽管都能搭配，但是细而究之，二者仍然不尽相同。如“告诉你一个事实”强调告诉的内容是事实真相，而“告诉你一件事情”强调把事情过程告诉你。“事实”还可以与“告诉”构成主谓

关系，如“事实告诉我们/人们/大家……”，但不能说“事情告诉我们……”。“事实告诉我们”这类表达已经习语化，并具有修辞色彩。因为表面上看，“事实”不能发出“告诉”这一言语行为。这类表达主要指人们通过大量事实得出一定的经验、道理、规律。如：事实告诉我们，钱不是万能的，而没钱是万万不能的。

（六）“发现”类动词与“事实”搭配。我们把“发现、指出、揭露、揭穿、披露”等称为“发现”类动词。光杆形式的“事实”可以与这类动词搭配，而光杆形式的“事情”与此类动词搭配则较为受限，例如：

(19) a. 发现事实、列举事实、指出事实、揭露事实、揭穿事实、披露事实

b. ?发现事情、?列举事情、?指出事情、?揭露事情、?揭穿事情、?披露事情

c. 发现事情有变化、列举几件事情、指出事情的困难之处、揭露事情真相、揭穿事情真相、披露事情真相

“事实”有时候就像一个藏在地下的宝贝，人们没有发现它时，它就静静地摆在那儿；人们发现它时，它才有价值。(19b)显示，光杆形式的“事情”与“发现”类动词搭配不太自然，需要添加相应的修饰成分或补足语，如(19c)所示。

（七）“承认”类动词与“事实”搭配。我们把“承认、接受、忠于、尊重、注重、关注、正视”归为一类，称为“承认”类动词。光杆形式的“事实”可以与这类动词搭配，而光杆的“事情”与此类动词搭配则较为受限，例如：

(20) a. 承认事实、接受事实、忠于事实、尊重事实

b. ?承认事情、?接受事情、*忠于事情、?尊重事情

c. 承认这件事情是我错了、接受事情的最终结局、尊重事情的发展规律

例(20a)里,"承认事实、接受事实"这类搭配一定程度上说明"事实"具有客观性和真实性。也就是说,不论你承认不承认,事实都摆在那儿。关于事实的客观性,罗素指出:"大多数事实的存在都不依靠我们的意愿。大部分物理事实的存在不仅不依靠我们的意愿,而且也不依靠我们而存在。"(转引自王建芳 2010)又如"尊重事实"意味着以事实为依据,与"忠于事实、不抱偏见、实事求是、坚持真理、尊重客观规律"等短语相近。"摆事实"实质上是指罗列事实作为证据。由于"事实"具有客观性,它往往与主观性较强的概念相对出现,如"幻想、理想、想象"等。例如:

(21) 人们希望通过药物减肥只是美好的幻想,事实是花钱买来了暂时的心理平衡。

(22) 通过立法制止假唱保护真唱,已经成为崔健逢人必讲的理想。但事实上,目前音乐界真正签名支持"真唱运动"的不过 200 多人。

(23) 姐姐唱"小小子,坐门墩儿",总是那个声音。这也许完全是想象,并不是事实。

上述用例说明,人们的幻想、理想、想象等观念都非客观存在的事物,不具有客观存在的基础,因此不可能是事实。要注意的是,有学者指出"即将成为事实"也可以说,但是大规模语料库里找不到相关例句来支持,这说明"事实"的客观性和即成性确实存在。事实不分真假(李新良 2010)。检索语料发现,"事实真相"经常连

用，二者跨距共现达780例，这是非常可观的。例如：

(24) 我这么说，或许有人会很失望，表示反对。但这就是事实，这就是历史真相——秦陵地宫早就被盗了。

(25) 诈骗罪是指以非法占有为目的，用虚构事实或者隐瞒真相的方法，骗取数额较大的公私财物的行为。

从上述用例可以看出，“事实”经常与“真相”共现，如例(25)里“虚构事实”也就是“隐瞒真相”的意思，二者功能相当。亚里士多德说“以是者为是，以非者为非，即为真”，“是的就是真的，真的就是是的”，“事实”的真实性与否表现在“一个特定陈述与一个相应的特定情况可以相符或不相符，前者决定此语句真，而后者决定此语句假”(李大强 2013)。用逻辑语言来说就是，要么“P 符合 Q”要么“P 不符合 Q”，例如“房祖名是成龙的儿子”为事实，因为它符合真实的客观情况。而“房祖名不是成龙的儿子”则不是事实。

另外，介词搭配方面，“在事实面前/上、从事实出发”多表示以事实为基点进行相关论证；“用/以/让事实说话”多表示事实的依据性、证据性；“与事实相符/不符”表示依据事实进行判断。

二、与“事情”搭配的动词分析

(一)“做”类动词经常与“事情”搭配，而“事实”无此用法。

例如：

(26) a. *做事实、*办事实、*干事实、*处理事实、*事实做好了、*事实没搞好

b. 做事情、办事情、干事情、处理事情、事情做好了、事情没搞好

“做”类动词很好地体现了“事情”的过程性。因为无论时间长短，“做一件事情”一定会经过开始、发展、结束这样一个过程。从认知方面来看，“事实”遵循整体扫描方式，而“事情”遵循顺序扫描方式。“整体扫描指以一种累积的方式观察一个情景的各个方面，逐步建立一个越来越复杂的概念。一旦整个情景被扫描完，该情景的所有方面都同时存在，构成一个完形体（Gestalt）。”“与总体扫描不同，在顺序扫描中，一个情景转化为另一个情景，这一过程持续发生。”（高航 2007）人们总是不断发现一个个事实，进而可能累积大量事实，然后用这些事实去证明什么，人们似乎并不关心事实的形成过程。而人们对待事情，则总是从开始做，到继续做，直至最后做完。

（二）“想”类动词可以与“事情”搭配，而“事实”无此用法。例如：

（27）a. *想事实、*希望这个事实向好的方向发展、*好期待这个事实发生

b. 想事情、希望这个事情向好的方向发展、好期待这件事情发生

例（27）的差异，仍可从语义特征来看，“事实”是已经发生的真实事情，而“想”类动词属于典型的未然动词，二者语义矛盾，因此不能搭配。人们可以说“这件事情是想象出来的、这是我期待的事情”但“*想象出来的事实、*期待的事实”则是矛盾用语。

值得注意的是，“相信这件事情”和“相信这个事实”都可以说。这是因为“相信”是非叙实动词，在时态上具有多功能性，可以相信过去发生的事情，也可以相信即将发生的事情。因此说“相信这个

事实”是指这个事实已经发生，并且说话人表示相信，该句不表示“相信一个未发生的事实”这样的意思。另外，“事情”还能与其他类动词搭配，如“有事情、没事情、出事情、发生事情”，而“事实”无此类用法。

“知道”属于典型的叙实动词，学界已经多有论述。“知道”与“事实”“事情”搭配时，不论是肯定形式，还是否定形式，都预设事实或事情的存在，例如：

(28) a. 知道这个事实、不知道这个事实（预设“存在这个事实”）

b. 知道这件事情、不知道这件事情（预设“有这件事情”）

对事实或事情知道与否，不影响事实或事情本身，而是与主体体验有关，因此“知道事实”并不像“吃饭”那样，表达典型的动作与受事关系。“知道”是指向主体体验的动词。“记得、忘记”亦如此，因此也能与“事实”“事情”搭配，如例(29)。

(29) a. 我还记得这个事实、我忘记了这个事实

b. 我还记得这件事情、我忘记了这件事情

关于动词搭配情况，可以总结为表28：

表28：“事实”和“事情”与动词搭配

	成为	捏造	发现	承认	查清	证明	告诉	知道	记得	做	想
事实	＋	＋	＋	＋	＋	＋	(＋)	(＋)	(＋)	－	－
事情	－	－	(＋)	(＋)	(＋)	(＋)	(＋)	(＋)	(＋)	＋	＋

说明：＋表示经常或能以光杆形式搭配，(＋)表示带修饰语后才能与动词搭配，－表示不能搭配。

分析可知，"事实"具有【+客观真实性】、【+证据性】、【+可解释性】、【+已然性】、【+个体性】、【+整体性】等语义特征。"事情"具有【+过程性】语义特征。

第二节 "事实"和"事情"的修饰语

（一）"事实"受"不可改变"类词语修饰。从下列修饰语可以看出，"事实"具有不可改变性，"事情"无此类用法，例如：

（30）a. 不可改变的事实、不容改变的事实、不争的事实、不可否认的事实

b. *不可改变的事情、*不容改变的事情、*不争的事情、*不可否认的事情

"事实"具有客观性、已然性，一经形成则无法改变。"铁一般的事实""事实铁证如山"这种隐喻表达都是不可改变性的有力证明。检索语料发现，"不可改变的事实"类否定形式大量存在，而未见肯定形式"改变的事实"。"凡事实都始终保持原来的样子，是不会也不能改变的。事物被改造仅仅意味着又出现了新的事实，而并不意味着改变了原来的事实。所谓'事实不是任人打扮的小姑娘'……凡事实都是永远消灭不了、抹杀不掉的。某种事实一经发生，它就成了历史中的一个颗粒，一个不可磨灭的组成部分。"（王长存 2005）举例来说，假如"30 岁以前张三很穷"是一个事实，这个事实并不因为"张三 31 岁时买彩票中了 1000 万"这个新事实而改变，改变的是"张三 30 岁以后继续穷"这类假设。人们可以改变事实的环境，从而产生新的事实，但是原来的事实还是原来的事

实，没有改变。

（二）“事实”受“残酷”类词语修饰。我们发现“事实”还经常受“残酷”类修饰语修饰，例如：

（31）a. 残酷（的）事实、残忍的事实、冷酷的事实、严酷（的）事实、严峻（的）事实、可怕的事实、无情的事实、惊人的事实、不利的事实、不幸的事实、可悲的事实、痛苦的事实

b. 残酷（的）事情、残忍的事情、冷酷的事情、严酷（的）事情、严峻（的）事情、可怕的事情、无情的事情、惊人的事情、不利的事情、不幸的事情、可悲的事情、痛苦的事情

（32）a. *高兴的事实、*开心的事实、*快乐的事实、*美好的事实、*美妙的事实、*奇妙的事实、*轻松的事实、*神奇的事实、*舒服的事实、*顺心的事实、*幸福的事实、*幸运的事实、*有趣的事实、*有益的事实、*愉快的事实

b. 高兴的事情、开心的事情、快乐的事情、美好的事情、美妙的事情、奇妙的事情、轻松的事情、神奇的事情、舒服的事情、顺心的事情、幸福的事情、幸运的事情、有趣的事情、有益的事情、愉快的事情

例（31）显示，“残酷”类消极义词语可以与“事实”搭配，也可以与“事情”搭配。但是反义的“高兴”类词语不与“事实”搭配，只与“事情”搭配，如例（32）。这与乐观假说并不一致。所谓乐观假说是指“人总是乐于看到和谈论生活中光明的一面（好的事情、好的品质），摒弃坏的一面，因此造成一种普遍的人类倾向：积极评价的词语比消极评价的词语用得更加频繁、多样和随意”（袁毓林 2014）。沈家煊（1999：185）也指出“乐观假说”是指语言中褒义词

的使用频率总是高于贬义词。我们无意否定乐观假设，但“事实”只接受“残酷”类修饰而不接受“高兴”类修饰，这一事实说明乐观原则只是一种倾向，并非绝对规律。当消极体验反复出现并得到主体间（作为社会团体的绝大多数人）的一致认同，这种消极体验就有可能突破乐观原则，内化为一种稳定的认知方式，并在句法搭配上外显。回到“残酷的事实”这类搭配来看，例如“小王寒窗苦读，已经是第三次高考了，这次他希望考上大学”，这一事件的结果有可能如愿以偿，但也有可能再次名落孙山。当后一种情况出现时，小王的体验就是“残酷的事实”或“事实是残酷的”。因为人生实苦，生活不易的情况很多，“残酷的事实”是主体间高频的常态体验，因此能外显为句法搭配。另外，还有一些修饰语既可以修饰“事实”也可以修饰“事情”，例如：

(33) a. 简单(的)事实、重要(的)事实、具体(的)事实、错误(的)事实、客观(的)事实、真实的事实、有趣的事实、生动的事实

b. 简单的事情、重要(的)事情、具体(的)事情、错误的事情、客观的事情、真实(的)事情、有趣的事情、生动的事情

例(33a)里，仅有“有趣的事实、生动的事实”为积极语义搭配。“客观(的)事实”“真实的事实”只是事实的强调说法（陈嘉映 2014：238—273）。也就是说，这类修饰语为描写性修饰语（施春宏 2001），其分类作用是潜在的、背景化的。这类修饰语并不是区别性修饰语，因为没有对应的“主观的事实、假的事实”这类搭配。要注意的是，即使“重要的”和“事实、事情”都能搭配，二者的语义仍然不尽相同，前者可能重在事实的证据性、客观性方面，而后者仅

就“事情”自身影响而言。再如,虽然“有趣的事实”与“有趣的事情”都有用例出现,但是从更大范围的语境来看,它们各自使用的环境并不一样,如可以说“做一件有趣的事情”,而不能说“做有趣的事实”。同理,其他用例不再赘述。

(三)修饰“事实”的名词性成分。有些名词性成分与“事实”构成名名复合词或黏合结构,“事情”无此用法,例如:

(34) a. 历史事实、法律事实、新闻事实、经验事实、语言事实、科学事实、案件事实、行为事实、社会事实、心理事实

b. *历史事情、*法律事情、*新闻事情、*经验事情、*语言事情、*科学事情、*案件事情、*行为事情、*社会事情、*心理事情

考察例(34a)可知,这类名名复合词都是说明某个领域的,这些领域往往都是最需要事实真相的领域。如“历史事实”里,可以解读为“关于历史方面的事实”,“历史学”本身就是探寻历史事实规律的学问。“*历史事情”不成立,是因为二者语义没有必然的关联,尚未紧密到需要采用名名复合词的程度。“历史”是过去的事实或过去事实的记载(《现汉》第7版,2016:802),“事情”不一定是过去的,并且不是所有事情都值得作为事实进行记载。

(四)修饰“事情”而不修饰“事实”的情况。这类修饰语较多,例如:

(35) a. *好事实、*坏事实、*大事实、*小事实、*无聊的事实、*安全的事实、*危险的事实、*糟糕的事实、*可笑的事实、*疯狂的事实、*倒霉的事实

b. 好事情、坏事情、大事情、小事情、无聊的事情、安全的

事情、危险的事情、糟糕的事情、可笑的事情、疯狂的事情、倒霉的事情

分析例(35)可知，“好坏”“大小”都可作为区别性修饰语来修饰“事情”，也就是说“事情”可以分好坏、大小。但是事实就是事实，没有好坏、大小之分。虽然可以见到“大量事实、种种事实、各种事实、更多事实、很多事实”等搭配，但这类搭配也都是描写性的，而非区别性的，因为很少有“ * 小量事实、* 更少事实、* 很少事实”类搭配。例如：

(36) a. * 我的事实、* 你的事实、* 大家的事实

b. 我的事情、你的事情、大家的事情

分析例(36a)可知，“ * 我的事实”不成立，“事实”排斥人称领属，这说明“事实”对主体而言具有客观独立性。“事实是一种非人称化的结构，没有言语者或感觉者的出现”(曾蕾、梁红艳 2012)。陈振宇、叶婧婷(2014)论述过从“领属”到“立场”的情况，“我的事情”成立，因为它是标准的人称领属结构，表示“我做过/正在做/将要做的事情”；甚至可以用于立场语境，表达“我的责任、我的任务”的意思，如“这是我的事情，你甭管就是了”。

第三节 “事实”和“事情”用于判断句的差异

(一)“事实”能以光杆形式充当判断句的谓项。例如：

(37) a. 这是事实、这就是事实、这明明就是事实、这根本就是事实、这的确就是事实、这显然就是事实、这毕竟是事实

b. *这是事情、*这就是事情、*这明明就是事情、*这根本就是事情、*这的确就是事情、*这显然就是事情、*这毕竟是事情

(38) a. 事实就是事实、事实毕竟是事实、事实到底是事实、事实总是事实

b. *事实就是事情、*事实毕竟是事情、*事实到底是事情、*事实总是事情

c. *事实就不是事实、*事实毕竟不是事实、*事实到底不是事实、*事实总不是事实

如前文所述,“事实”自身具有较多的内涵属性意义,因此例(37a)“事实”可以直接与判断词“是”搭配,而(37b)里的“事情”则不行。判断词“是”之前的副词“就、明明就、根本就、的确就、显然就、毕竟、到底”都是对客观性的申辩或强化。当“事实”用于判断主词也用于判断谓词时,如(38a),这种强调客观性作用就更加明显了,如“事实总是事实,那是否认不了的”,吕叔湘主编(1999:500)也认为这类用法是“强调事物的客观性”,表示某个事情或现象是不容更改的、不容忽视的。这类强调形式一般都没有否定形式,如(38c)。

“P 是事实”是一种断言(Assertion)言语行为,主要对 P 是否为真做出判断,因此“P 是事实”与“P 是真的”存在一定的变换关系,如例(39)—(41)。这类句子不是预设或蕴含叙实性,而是对叙实性的直接判断。“事实”或“真的”直接明示某事件的叙实性。所谓“明示”是指“说话人通过显性(Manifest)的方式表达意图,告知听话人”(Sperber & Wilson 2001:49—54)。

(39) 恺撒被谋杀是事实。≈ 恺撒被谋杀是真的。

(40) 张三所说的都是事实。≈ 张三所说的都是真的。

(41) 李四喜欢钓鱼是事实。≈ 李四喜欢钓鱼是真的。

要注意的是,“是事实”与“是真的”不尽相同。张新华(2015)指出“小句所述事态可概括为三种:个体事实,可能事件,一般规律”。上述例(39)—(41)都是个体事实,二者都可以搭配。“是事实”与“是真的”与后两类事态有不同的搭配情形,例如:

(42) ?他想出去玩是事实。≠ 他想出去玩儿是真的。

(43) 太阳从东方升起是事实。≠ ?太阳从东方升起是真的。

上述对比差异说明,由于“事实”的客观性和已然性,“是事实”只能明示个体事实或一般规律的叙实性,不能明示虚拟事件的叙实性。而“是真的”带有一定的主观性和主观评价,可以明示虚拟事件的叙实性,但不太能明示一般规律的叙实性。以现有世界知识来看,人们无须说明“太阳从东方升起”的真假问题,正如人们无须说明“1+1=2”的真假问题一样。

(二)“事实”充当判断句的主项。“事实”可以充当判断句的主项,构成“事实是Q”判断句,例如:

(44) 这条假新闻是由旧新闻更改日期所致,事实是<u>2010年1月26日,湖南岳阳临湘发生一起鞭炮爆炸事故,有3名消防官兵遇难</u>。

(45) 事实是<u>“沧海横流难显英雄本色”,众多的国有小企业处于一种不景气状态,成了国家、政府的一大包袱</u>。

从例(44)—(45)来看,空壳的“事实”把从句“设备本身存在老化问题”包装起来。我们认为“事实”的核心认知功能在于把从句等复杂信息包装成名词性概念。“事实”像容器一样容纳从句所表达的命题内容。包装使得事件状态被打包得像一个实体。把一个事件或事物具体化为像有清晰边界的事实性实体。“事实”对后面的从句进行包装，使得人们一看到“事实是……”时，就知道从句表达的是与某种事实相关的内容。而从句则对“事实”进行语义充实，从句丰富了“事实”的内涵，使其具体化。“事实”与从句相辅相成，构成一种独特而有效的表达句式。

“事实是Q”句式跟一般的判断句的差距已经比较大了，“是”的判断语义相对弱化。该句式主要起到说明原因、解释事实真相的作用，“句式里的‘是’主要发挥联系项的作用”(黄理兵 2015)。

“P是事实”与“事实是Q”两种句式从表面上看都是判断句，但是它们各有特点，前者“是”的判断义较强，属于典型的判断句，并且可以回指上文信息，如“这是事实”。后者“是”的判断义弱化，属于解释说明句，“事实是”起到下指作用，从句Q多以新信息出现。

第四节 “事实”词串的语篇照应功能

“事实”类词串具有语篇照应功能。

(一)“指代成分＋事实”的概述回指功能。“指代成分＋事实”多具有概述回指功能，相关形式如“这个事实、这些事实、这事实、这种事实、该事实、此事实、那个事实、那些事实”等，例如：

(46) 哈梅内伊说：“世界各国应该认识到，没有美国它们也能活，也能享受和平与繁荣。在与美国断绝关系的过去15

年中，我们经历了这个事实。”(《人民日报》1993)

例(46)里，回指语“这个事实”是概述回指前面先行语(画线部分)。概述回指的先行语往往是小句、句群(多个小句)、段落等较大单位，其回指语可以标示长距离照应关系。此外，“以上事实、上述事实”也多为概述回指，例如：

(47) 在未经联合国授权的情况下，以美军为主力的联军部队凭借绝对军事优势迅速占领了巴格达。美军惨无人道地虐待伊拉克战俘的照片让世人触目惊心。中东研究所所长朱威烈教授对上述事实作了如此评判，美国前输法理，后输道德。

(二)“事实上”的定语功能。“事实”可以与后置词“上”组合构成“事实上”，且“事实上”已经发生词汇化。我们检索“北京大学CCL语料库”发现，其中“事实上”14763例，占“事实”总用例47293的31.22%。“事实上”无论是充当定语还是状位成分，本质上都是发挥修饰词功能。从频率来看，“事实上”充当定语的情况并不是很多，无明显的语篇照应功能，如例(48)(49)。定语位置的“事实”起强调中心语某种客观属性的作用，如例(50)里“事实婚姻”强调未领取结婚证而以夫妻名义同居生活的事实。

(48) 低工资劳动格局主要是源于用人单位可以把事实上的劳动关系，变为简单纯粹的“干多少活，给多少钱”的经济关系，以减轻企业的管理负担。

(49) 刘邦死后，皇后吕雉成了汉朝事实上的女皇帝。她一改刘邦对南越国的安抚手段，使得双方关系恶化。

(50) 他们是事实婚姻。

（三）**“事实上”的语篇照应功能**。除了“以下事实、如下事实、事实如下”之外，“事实上”的概述下指功能非常突出。检索发现，大量的“事实上”充当状位成分，已经副词化。我们检索发现“。事实上〈5530〉”“，事实上〈3107〉”“？事实上〈175〉”“；事实上〈164〉”及“！事实上〈67〉”，这些数据之和为9043，占“事实上”总数14763的61.25%。这说明“事实上”经常位于句首或者分句之间。也就是说，“事实上”主要起到语篇照应功能。

第一，“事实上”的确认功能。在语境“P，事实上Q”中，“事实上Q”是对P的某种确认，表示Q与P的实际情况相符合，例如：

(51) 不靠着事先收集更多有用的资料，更正确地加以判断，然后更有效率地采取行动的话，事实上真的是行不通的。

(52) “敌人未到雷先埋，敌人不来引他来，敌人不踩逼他踩，雷公定要把花开。”这是当年抗日根据地民兵爆炸组的行动口号。事实上确实如此，抗战期间，最令敌人心惊胆战的就是这赫赫有名的地雷战了。

例(51)里“事实上”与其后的“真的”同义，表示确认语义。例(52)里“事实上”与其后的“确实如此”同现，其确认语义展现无疑。“事实上”能表示符合预期，而“其实、实际上”一般不能表示符合预期，多为反预期用法（方清明2013）。

第二，“事实上”的转折功能。我们检索发现，“但事实上〈1227〉”“但是事实上〈758〉”“而事实上〈413〉”“可是事实上〈110〉”“事实上却〈104〉”“然而事实上〈86〉”“可事实上〈76〉”“不过事实上〈33〉”，这些数据相加为2807，占“事实上”总数14763例的19.01%。这说明“事实上”经常跟转折性成分连用，Q与P之间是一种转折关系，例如：

(53) 影片的拍摄一度曾处于停顿状态。莲达在片中饰演一个不太重要的角色，但是事实上她在影片的拍摄过程中却扮演了非常重要的角色。

(54) 很多作家不愿自己作品中的犹太特性被人指为特点。可是事实上美国文坛上犹太作家的作品已成为一种独特的势力。

(55) 英方为达到其不可告人的目的，口头上表示愿意同中方会谈，事实上却在中英双方已就有关会谈的具体问题接近达成一致之际，悍然采取破坏会谈的行动。

例(53)"但是事实上 Q"是对上文的转折，"事实上"的转折功能主要在对比语境内实现。总之，在"P，事实上 Q"里，Q 与 P 有两种最基本的逻辑关系：第一，Q 符合 P，这是确认意义，也就是符合预期，也叫顺预期表达。第二，Q 不符合 P，这是反预期表达。从频率上来看，"事实上"的反预期用法较为常见。

第三，"事实上"的补充、解释、修正功能。这类"事实上"不仅标明其后所述内容是事实，而且起到引出新话题的功能，使话题继续得到跟进、阐述与补充。如：

(56) 这个集团的成功之路，事实上也就是在优秀企业家带领下，不断探索转换经营机制，建立健全现代企业制度的过程。

(57) 管理科学应用的科学方法，事实上就是应用各种模型来求解。由于模型和求解方法的性质等方面的不同，存在着多种不同的类型。

(58) 保龄球市场炙手可热,可是公众没有兴趣看保龄球的杂志,事实上他们也没看。

例(56)里“事实上 Q”是对 P“成功之路”的进一步补充解释。例(58)里的“事实上 Q”是对 P“没有兴趣看保龄球的杂志”的修正,即“不是没兴趣看,而是没有看”。

“事实”类抽象名词是一个词群,包括“事实、事情、事、事儿、事故、事件、事态、事项、现象、真相”等众多词语。我们还可以比较相关词语与“事实”的异同,例如“事实”与“现实”。陈嘉映(2014:238)指出“事实”与“现实”并非同义词,“现实”更偏向于指整体,差不多可以说,“现实”是“事实”的总和,是实际情况的总和。“现实”指当下的情况、状况,常见的搭配有“改变现实、脱离现实”等,而且“现实”经常充当修饰语,如“现实生活、现实意义、现实世界、现实主义、现实情况、现实条件”等。“事实”一般无此类用法。

又如,“事实”与“真相”。“真相”的词典释义与“事实”完全相同,即“事情的真实情况”,不过“真相”强调区别于表面的或假造的情况,如“真相大白”“弄清问题的真相”等。人们“弄清事实”往往不是其目的,而是一种手段、方式,进而希望继续证明什么。而“弄清真相”往往就是其直接目的或终极目的。“事实”与“假象”相对,“假象”是表面的、可以制造的,而“事实”则是深层的、不能制造的。“假象”会迷惑、欺骗人,“事实”则是帮助人们辨别真相与假象。

第五节 “事儿、事情”及其他

“事儿”和“事情”在语体方面的分工是较为明显的,“事儿”多用于口语语体,口语色彩浓重,而“事情”则用于通用语体。在北京语言大学“北京口语语料”里，“事”共计 3354 例，“事儿”共计 2088 例，“事情”共计 265 例。王志武(1986)观察到“事儿”与“事情”的语体差异，指出“闹事儿、惹事儿、生事儿、怕事儿、没事儿、多事儿”等不能用“事情”替换。例如：

(59) 开车一定要小心，千万别出事儿。

(60) 你得罪了他，他会找你的事儿。

除此之外，我们还在“北京大学 CCL 语料库”里观察到“事儿”的如下搭配，例如：

(61) 动词性成分＋事儿：说事儿、没事儿、完事儿、生事儿、怕事儿、找事儿、惹事儿、省事儿、闹事儿、多事儿、来事儿、摊上事儿、摊上大事儿、别挡事儿、揽事儿、出事儿、没有的事儿、整事儿、管事儿

(62) 形容性成分＋事儿：好事儿、麻烦事儿、大事儿、小事儿、要紧事儿、烦心事儿、缺德事儿、破事儿、烂事儿

(63) 疑问成分＋事儿：这是什么事儿、怎么回事儿、这叫什么事儿呀、多大点事儿

(64) 指代性成分＋事儿：这事儿、那事儿、明朝的那些事儿、是这么个事儿

(65) 其他：事儿妈、真事儿、净事儿

上述用例的“事儿”多不能用“事情”替代，这说明“事儿”与“事情”的语体分化是非常彻底的，即“事儿”的口语色彩较强，使用频率较高，而“事情”则相对正式，属于通用语体。

此外，按照语义韵不同，“事情”类抽象名词大致可分为三种类型：

积极韵：事迹、事业

中性韵：事、事儿、事情、事实、事理、事权、事体、事物、事务、事由

消极韵：事故、事变、事端、事态、事件

上述划分，有些在权威词典里有所体现，如《现汉》（第7版，2016：1194）明确指出“事态”表示局势；情况（多指坏的）：事态严重|事态扩大|事态有所缓和。但是有些词语的语义韵需要通过大规模语料库进行详细考察，如“事件”的词典解释为“历史上或社会上发生的不平常的大事情：政治事件”。但是在当代汉语里，“事件”已经发生了共时变异，浮现出新的用法，“事件”的消极语义韵用法有增长的趋势，例如：

（66）突发事件、突发公共事件、中日撞船事件、恶性事件、恐怖袭击事件、三鹿奶粉事件、怪异事件、“9·11”事件、群体性事件、暴力犯罪事件、食品安全事件、郭美美事件、瘦肉精事件、地沟油事件、踩踏事件、富士康连环跳事件、中美南海撞机事件、骚乱事件、华南虎事件、杀人事件、灾害事件、毒胶囊事件、乌龙事件

当“事件”用于“X门事件”时，更是明显地表现出一种消极性、负面性色彩，如水门事件、电话门事件、窃听门事件、拉链门事件、解说门事件、艳照门事件。张谊生（2007）已经指出“X门”多为三音节的名词，常以“事件、丑闻”类词的同位语或定语的形式出现，并且多充当“陷入、引出”类词语的宾语。“X门”通常表示与公众人物有关的“丑闻、窘况、事故、失误、疑点”等各种负面事件，尽管

不一定全都属实，但一般都具有轰动效应或炒作效果。“X门”为负面事件，由于语义浸染和语义相宜性的作用，“事件”也渐渐具有消极语义韵色彩。“事件”可以指代“事故”或“案件”，如“三鹿奶粉事件”。

第十二章　抽象名词的其他搭配分析

对于搭配的重要性，很多学者有过论述。如胡明扬(1997)认为语汇教学是对外汉语教学的一个薄弱环节。改进语汇教学，首先必须破除不同语言词语之间存在简单对应关系这种观点，要深刻认识不同语言词语在使用范围和搭配关系方面的差异。杨惠元(2003)认为汉语的结构讲究意义的搭配，在教学中如果我们只教汉语的句法规则，他们学习的就不是真正的语法。学生使用类推的方法一说话就出错，一写句子就不通。因为句法规则框不住丰富多彩的语言事实。本章继续分析一些有特点的抽象名词的搭配问题。

第一节　抽象名词与种类短语的搭配分析

贺阳(2008:97—101)指出：

> 王力曾指出："由于西文的影响，现代中国的书报，多数是不知不觉地运用着无定代词。凡是西文里该用无定冠词的地方，一般人就用'一个'，'一种'之类。"
>
> 这一变化最突出地表现在类属判断句里。类属判断句是表示分类的判断句，句子的主语和宾语在语义上具有成员和类别的关系，二者由动词"是"来联系，如"他是外科医生"，是

说“他”是“外科医生”这类人中的一个成员；“语言是社会的交际工具”，是说“语言”是“社会的交际工具”这类事物中的一个成员。

由于类属判断重在说明事物的类别，而不是要指明事物的数量，因此“主语＋是＋一＋量词＋名词性成分”已没有什么表示数量的意味，实际上只是名词性的标记。……这类格式在汉语中虽原本就有，但在五四之前一直不活跃，始终是一种非常用格式，五四以来情况已有了很大变化，该格式已由非常用格式转变为常用格式。

就现代汉语书面语而言，“一＋量词”的名词标记用法的使用是非常广泛的。这种用法不仅大量出现在类属判断句中，而且也出现在其他句法结构中。在许多依照汉语原有习惯本可以不用“一＋量词”的场合，人们也会自然而然地加上。如：我想创作是一种极其艰苦的精神劳动。它不仅是一种自我完善的过程，同时也是一种将生命自我耗尽的过程。

名词性标记用法的“一＋量词”还可以用来修饰动词和形容词，在这种情况下，它们作为名词性标记的功能就更为明显。“一＋量词”名词性标记用法的发展具有积极的意义，对现代汉语向表达精密化和明确化这一总的发展方向演进起到了促进作用。王力《汉语史稿》(1958:467)对此曾有过具体的评价，他指出：“这种无定冠词性的‘一个’和‘一种’在汉语语法的发展上起到了很大的作用；它不但能凭借造句的力量使动词、形容词在句中的职务(主语、宾语等)更为明确，更重要的是，在很长的修饰语前面放一个‘一个’或‘一种’，令华人读者预先感觉到后面跟着的是一个名词性的仂语，这样就大大

> 地增加了语言的明确性。”正是因为“一＋量词”名词性标记用法具有这样的积极表达作用，顺应了五四以来人们改造旧白话以适应现代社会发展需要的要求，因此才能够在印欧语摹本的影响下得到迅速的发展。

《现汉》(第7版,2016:1700)记录了量词“种”,表示种类,用于人和任何事物,如“两种人、三种布、各种情况、菊花的颜色有好几种”,等等。所谓“种类”,就是指根据事物本身的性质或特点而分成的门类,如“花的种类很多”。

一、搭配“种”的名词类别

这类名词与“种”搭配,不仅在句法上、语义上能被接受,而且在一定真实文本中能满足基本的出现频度,具有一定复呈性,这种搭配也可称为现实性搭配(详后)。这类名词大致可以分为三种:基本范畴名词、上位范畴名词和典型抽象名词,例如(1)—(3)。

例(1)里“花、草”属于基本范畴名词,类似的还有“菜、茶、虫、狗、鸟、虾、鱼”等。例(2)里“家具、商品”属于上位范畴名词。以“家具”为例,它的下位可以是“中式家具、西式家具”,也可以是“桌、椅、板凳”等。无论如何区分其下位,我们都可以而且需要对“家具”做出分类。例(3)里“情况、方案”是典型的抽象名词。上述三类名词与“种”搭配都具有切实的现实性,在语料库里均有相当的实例频率(Token frequency)支撑。如考察“北京大学CCL语料库”发现,“花”的相关搭配分别是“这种花〈157〉”“一种花〈114〉”“三种花〈7〉”。

(1) a. 这种花|一种花|三种花

b. 这种草|一种草|三种草

(2) a. 这种家具|一种家具|三种家具

b. 这种商品|一种商品|三种商品

(3) a. 这种情况|一种情况|三种情况

b. 这种方案|一种方案|三种方案

二、种类短语搭配的统计分析

在"国家语委语料库"里,我们发现"种"非常高频,共计出现30123例,使用频率为0.3152,是第23高频词汇。与"种"高频搭配的项目,如表29:

表29:抽象赋量标记"种"的搭配用例

序号	项目	用例数	序号	项目	用例数
1	这种	13005例	5	多种	1445例
2	一种	10349例	6	那种	1316例
3	各种	5710例	7	哪种	120例
4	是一种	2718例	8	每种	115例

据张璇(2008),在抽象名词中,"种"与事件类、知识策略类、事物类搭配度较高,与"知识策略类"的搭配就达21.24%,而与"情感、态度、心理""情况、情形、现象"搭配度也相当高,远远超过"类"。她认为以下24类抽象词语经常与"种"搭配使用,占其统计总数的42%:

情况〈42〉、精神〈19〉、现象〈19〉、形式〈18〉、方法〈17〉、办法〈10〉、做法〈13〉、手段〈12〉、状况〈12〉、关系〈12〉、态度〈12〉、行为〈11〉、观点〈10〉、性质〈14〉(XX性、属性、特性等)、危机

感〈15〉(XX感、感情、感觉、……之感等)、思想〈7〉、说法〈7〉、平等〈6〉、意见〈6〉、活动〈6〉、习惯〈6〉、制度〈6〉(XX制度)、原因〈6〉、意识〈6〉　(引自张璇2008:15)

如前所述,标准不同,直接影响种类短语的判定。本节以俞士汶等著《现代汉语语法信息词典详解》(简称"《详解》")名词表里的前400个名词为封闭语料进行考察。如表30:

表30:"种"与400个名词搭配情况比较

<table>
<tr><th>序号</th><th>BCC语料库</th><th>《详解》</th></tr>
<tr><td>1</td><td>这种NP(249例)</td><td rowspan="3">177例</td></tr>
<tr><td>2</td><td>一种NP(197例)</td></tr>
<tr><td>3</td><td>三种NP(111例)</td></tr>
</table>

《详解》没有说明判定种类短语的标准,如果仅从表30的数据来看,《详解》与BCC语料库的"一种NP"最为接近。但是从实质来看,两者有较大差异。最大不同体现在以下两个方面:第一类,在BCC语料库里出现"这种NP、一种NP、三种NP"实例频率而《详解》认为不能受"种"修饰的名词有44个,例如:

(4) a. BCC:这种爱情〈512〉|一种爱情〈5〉|三种爱情〈9〉
《详解》:X种爱情〈0〉
b. BCC:这种报告〈57〉|一种报告〈6〉|三种报告〈1〉
《详解》:X种报告〈0〉
c. BCC:这种成绩〈106〉|一种成绩〈13〉|三种成绩〈1〉
《详解》:X种成绩〈0〉
d. BCC:这种承诺〈116〉|一种承诺〈347〉|三种承诺〈2〉
《详解》:X种承诺〈0〉

e. BCC：这种比喻〈112〉|一种比喻〈132〉|三种比喻〈5〉

《详解》：X 种比喻〈0〉

以(4a)为例，在 BCC 语料库里，“这种爱情、一种爱情、三种爱情”都有一定的实例频率，这些数据是客观真实存在的，而《详解》认为“爱情”不能与“种”搭配。依前文所述，综合来看，“种”与这些名词搭配时，均可以看作现实性搭配。

第二类，BCC 里未出现“这种 NP、一种 NP、三种 NP”实例频率而《详解》认为能受“种”修饰的名词达到 29 例，例如“暗锁、八宝菜、磅秤、保管员、壁灯、彩旗、长势”等。

上述两类合计 73 例，占总数的 18.3%。这一统计再次说明，种类短语的判定极其复杂。我们需要明确判定标准、区分可能性搭配与现实性搭配，考虑“这种 NP”“一种 NP”与“三种 NP”在可能性方面的差异。唯有如此，才有可能对种类短语做出较为客观的分析。

三、“一种＋抽象名词”的功能

王力(1985：514)认为“一种”相当于西文里的无定冠词，起到“名词性仂语”的作用。贺阳(2008：97—101)把“一种”称为名词性标记，并认为这类格式的情况，五四以来已经产生了很大变化，由非常用格式转变为常用格式。王永娜(2012)分析了非计量“一＋量”的语法功能，她否定了王力、贺阳的观点，认为非计量“一＋量”的本质语法功能是“语法句”赋值的限定成分。我们认为“一种”是多功能性的，认为“一种”只具备某种单一功能是不全面的。

(一) 种类判断句里的“一种”为非计量用法。“‘一量’既有实际表示数量的含义，同时也有表示无定名词性成分的功能。”（尹慧2005）“一种”亦是如此，它具有计量用法。但是在种类判断句里，“一种”均为非计量用法。如例（5）的“一种”是非计量用法，删去基本不影响句意。只是当“一种”出现时，句子的归类作用得到了凸显。此时“一种”不能换成计量的“两种”，如例（5’）。

（5）蝮蛇是一种毒蛇。

（5’）＊蝮蛇是两种毒蛇。

（二）当“一种”后面为动词或形容词成分时，可认为其充当名词化标记。如例（6）里的“促进”，这时“促进”在性质上已经起了变化，其动词性背景化，变得更像名词，其抽象性得到前景化和凸显。如此分析的一个有力的证据是，“促进”后面可以加上名词“作用”，句意基本不变，这说明说话人是把“促进”当作抽象作用看待的，而不是具体的动作行为。例（7）里，形容词“不幸”后面可以加上“的事情”，句意基本不变。这说明说话人是把“不幸”当作抽象事情看待的，而不是具体的性质。

（6）这种压力对全社会的进步都是一种促进。（《羊城晚报》1990－10－2）

（7）生活在山里是一种不幸。（《中国青年报》1987－7－7）

王永娜（2013）指出“VP是一种NP”，VP（事件或事态）可概括为抽象范畴（NP），如例（8），这时“一种”不宜换成“一个”，尽管“一个”也能充当名词化标记。这跟“VP是一种NP”表现书面正式语体有关，而“一个”充当名词化标记时多用于口语语体，如例（8）有往小里说，“轻视”语气，例（10）有夸张语气。

(8) 打老婆是一种[* 一个]不可饶恕的行为。(自拟)

(9) 不就是一个[* 一种]玩儿嘛,又不是赢房子赢地的。(引自周一民 2006)

(10) 小马哥风衣一披,那叫一个[* 一种]潇洒!(引自周一民 2006)

(三)"一种"对对象类别特殊性进行主观评判。例如:

(11) 离了婚的女人往往会觉得,重新结婚是一种灾难。(《解放日报》1982-6-23)

(11')? 重新结婚是一种灾难。

例(11)这类种类判断句用来表达说话人对对象类别特殊性的主观评判,而不是客观归类。"重新结婚"和"灾难"之间并不是客观的稳定的种属关系,而是说话人主观上临时建构的类别性评判。因此在没有上下文的情况下,例(11')作为客观判断,其可接受度很低。这类句子往往有其他主观评价成分共现,例(11)里的"会觉得"就是共现的主观评价成分。再如"舍得是一种智慧""活着是一种受罪"等,这些都不是客观归属,而是说话人的感受与评判。此时"一种"具有对对象类别特殊性进行主观评判的功能。

(四)"一种"的模糊限制功能。Lakoff(1982)指出英语里 sort of 或 kind of 有模糊限制功能。模糊限制词是一些把事物变得模糊的词语,这类词语在修饰别的词语时,能够使本来并不模糊的词义模糊化,或者使一些本来就模糊的词义的模糊程度受到限制或发生变化。"一种"也具有这种模糊限制功能。例如:

(12) 太阳能住宅是一种特殊民用建筑物,包括阳光集能、蓄能、发电、加热以及相应的控制装置。(《新民晚报》

1991－6－27）

例(12)里，如果去掉“一种”说成“太阳能住宅是特殊民用住宅”则属于简单判断句，少了归纳意味。简单判断往往给人以斩钉截铁的感觉，而归纳判断在判断力度上则相对弱一些。因此，“一种 NP”所表达的内容“增加了一种不确定、不具体的感觉”（王永娜 2012），即“一种”具有模糊限制功能，试比较：

(13) a. 这种谬论只不过是一种骗术。（《马克思列宁主义关于革命的理论》）

b. 这种谬论只不过是骗术。

例(13b)真切地表达这种谬论是骗术，属于确切判断；而(13a)“一种骗术”到底是什么样的骗术，让人捉摸不定，并且“一种骗术”让人容易联想到骗术是多种多样的。我们还发现文章标题里也会出现类似用法，例如：

(14) a. 汉语是一种动词型语言（引自刘丹青 2010）

b. 汉语是动词型语言

显然，(14)里 a 比 b 模糊贴切，a 句软化而 b 句生硬。作者有意不把话语说得过于绝对。使用“一种”的软化(Soften)话语功能，表达了作者审慎的措辞(Worded)态度。

“某种”也有模糊限制功能，试比较“得到了灵感”与“得到了某种灵感”，显然后者更加模糊、柔性。“某种程度”的意思就是存在一个程度，但是该程度不确定。“那种”亦是如此。

另外一个证据就是，种类判断句多与可能模态词共现，较少与必然模态词共现。我们对“北京大学 CCL 语料库”进行了简单的调查，发现“可能/应该/似乎/也许/或许/好像/大概/恐怕/大约是一种”类多词序列共现 673 次，而“必然/必定/一定/肯定是一种”类多词序列共现 89 例。两类的比值为 7.6∶1。这一数据支撑了我们的分析，“一种”确实有模糊限制功能。

四、“这种＋抽象名词”的回指用法

“这种 NP”的回指用法颇为常见，大致分为两个类型。

（一）“这种＋具体 NP”表达具体回指功能。例如：

（15）弗莱明的性感苹果销路好极了……。“喂，老头，尝一个吧。”老伴说，“现在大家都吃这种苹果，好像没有什么人说它难吃呀。”“哼，我种了六十年苹果，知道什么是好的。”“可是，外面现在只有这种苹果在卖呀。你不知道吗？现在全镇、全州的果园都只种这种苹果了。”（2002 年《厦门日报》）

例（15）里的三个“这种苹果”都是用来回指先行词“性感苹果”的。所不同的是，第一个和第三个“这种苹果”充当宾语，而第二个“这种苹果”充当主语。“这种苹果”属于“这种＋具体 NP”，表达具体回指，它与“性感苹果”构成部分同形回指关系。

（二）“这种＋抽象 NP”表示概述回指功能。王秀丽（2012）提出“概述回指”这一重要概念，这类回指是“对前文信息的抽象概括，大多数情况下，常常借助一个抽象名词来完成重提，而且这个抽象名词没有在前文中留下任何语言形式标记”。例如：

（16）以色列海军针对苏制反舰导弹采取了四项措施：一是在舰艇上安装电子干扰机，对导弹制导系统进行干扰；二是舰艇加装干扰弹发射器，干扰弹爆炸后在双方舰艇之间形成两道消极干扰屏障；三是用装有雷达回波增强器的直升飞机掩护舰艇，当敌导弹发射后，直升机可将导弹诱离目标，直升机在导弹接近时迅速跃升，而导弹飞行末期不能跃升坠入海中；四是用高射速机枪在反舰导弹飞行的适当距离进行射击，以色列曾用这种方法击毁三枚导弹。（1980年《解放军报》）

例（16）的回指语“这种方法”是对整个先行语的概括性回指。零形回指、代词回指以及具体名词回指的先行语多为单个的、具体的词或短语，而概述回指的先行语往往是小句、句群（多个小句）、段落等较大单位，其所照应的范围也往往更加宽泛。

“这种NP”还可以用在其他词语后，复指前面的事物，起到标记话题的作用。例如：

（17）a. 赌钱这种事，连神仙都未必有把握。（古龙《天涯明月刀》）

b. 赌钱这种事啊/呀/嘛，连神仙都未必有把握。

c. 赌钱这事，连神仙都未必有把握。

d. *赌钱这种事，我今天不去了。

例（17a）里，“这种事”是对“赌钱”的复指，构成同位关系。从范畴层次来看，“赌钱”属于下位范畴，而“事”是上位范畴，二者次序不能颠倒。从话语功能来看，可把“这种事”看作话题标记，其形式验证有二。第一，对其进行删除，基本不影响句意。第二，“这种事”后面有逗号之类的自然停顿。还可以很方便地在其后加上显性提顿词，如例（17b）里的“啊、呀、嘛”，从而构成显性的话题。

“这种事”也可以省略“种”，如（17c）。吉益民（2015）称“X＋这东西”为“一种评述性有标话题建构”。这种话题句的后续句一般是对话题的某种评述，而不能是具体的事件。试比较，(17a)是对赌博把握性的一种评价、阐释，而(17d)里的事件句就难以成立。“这种NP”还可以是宾语前置，充当话题，例如：

(18) 这种鱼，我喜欢吃。

(19) 缘分这种事谁说得清楚呢？

例(19)是“这种事”紧邻回指“缘分”，整个“缘分这种事”被用来充当话题。这种用法并不少见，其他用例如下：

(20) 感情这种事，真是旁观者清，当局者迷。

(21) 爱情这种事就应该是男人主动，要不还叫什么男人了？

(22) 婚姻这种事谁能料得准，当事人都同意离婚，我们旁人又何须多言。

(23) 大学这东西，没点资本，真的很难考上。

(24) 命运这种东西信就有，不信则没有。

(25) 安全感这种东西不是靠说的，而是靠做的。

第二节 双音介词与抽象名词的搭配分析

介词作为功能词，在汉语语法体系中具有特殊价值和重要地位。学界关于介词的研究成果已相当丰富，但关于双音介词与抽象名词搭配现象的研究则相对较少，更遑论系统论述。这种搭配在现代汉语书面语里颇为常见，例如：

(26) 针对上述错误思想，县侨办决定对华侨捐助款项的

使用加强监督。(《福建日报》1982-8-10)

(27) 经过10年左右的时间，北京大学将能够持续不断地在国际前沿科学领域创造出重大原创性成果。(《文汇报》2002-3-15)

例(26)—(27)里画线部分“针对上述错误思想”“经过10年左右的时间”就是我们关注的“双音介词＋抽象名词”搭配形式。接下来我们考察该搭配的规模与形式特征、语体分布、动因。

一、搭配的规模

据方清明(2017)考察，现代汉语单音节介词65个，双音节介词79个。以这79个双音介词为对象，利用“BCC语料库”考察双音介词与名词的跨距搭配(检索式为“双音介词 * n”)，我们发现共计28个双音介词可以与抽象名词搭配。我们按照所搭配的抽象名词频率的高低把检索结果呈现如下：

按着……规矩/想法/思路/意思

按照……规定/要求/规则/标准/原则/制度/程序/法律/法规/计划/规划/规律/政策/精神/思路/方式/方法/方案/模式/理论/说法/办法/情况/需求/协议/顺序

本着……原则/精神/态度/思想/宗旨/方针/目的/思路/信念/心态/理念/经验/愿望

朝着……方向/道路/目标/理想/梦想/共产主义/趋势/阶段

趁着……的时候/机会/时间/空隙/空档/时机

出于……考虑/原因/理由/需要/动机/目的/心态/态度/

习惯/本能/心理

待到……的时候

对于……问题/事实/事情/作用/影响/情况/行为/事件/方面/案件/现象/态度/历史/结果/理论

根据……情况/规定/特点/法律/结果/经验/需要/需求/要求/条件/原则/资料/标准/实际/理论/协议/政策/计划/精神/原理/规划

关于……问题/事情/意见/规定/决定/通知/情况/声明/报告/制度/政策/理论/故事/案件/技术/消息/草案/协议/指示/内容

基于……认识/原因/理由/技术/平台/方面/网络/系统/情况/原则/理论/事实/考虑/方法/原理/理念/关系/目的/情况

鉴于……原因/问题/形势/局势/状况/事实/关系/因素/教训/特点/现状

借着……力量/机会/东风/理由/名义

经过……同意/允许/适应/努力/奔波/批准/观察/学习/摸索

靠着……精神/技术/帮助/力量

冒着……风险/危险

面对……形式/问题/情况/现实/压力/环境/机遇/任务/局面/事情/状况/难题/困难/趋势/危机/现象

面临……问题/机遇/任务/压力/形势/危机/难题/情况/风险/局面

凭借……优势/发挥/实力/技术/经验/知识/权力/精神/

条件

顺着……思路/意思/口气/线索

随着……变化/发展/提高/增多/增加/增强/减弱/减少/减低/改进/改善/加剧/改变/普及/颁布/宣布/加入/发布/发表/扩大/扩充/延伸/产生/转移/转变

通过……方式/途径/技术/形式/手段/渠道/制度/机制/方法

为了……问题/目标/目的

围绕……中心/主题/目标/问题/大局/任务/重点/核心/需求

向着……方向/目标/道路/梦想/和平

沿着……道路/方向/路线/思路/理论

依据……法律/规定/标准/情况/原则/理论/法规/规划/方法/政策/条件/结果/特点/目标/原理/基础/程序/经验/规律/需求/技术/制度/事实

针对……问题/情况/特点/现象/市场/状况/思想/现状/环节/薄弱环节/需求/实际/形势/事件/目标/方案/行为/项目

Quirk 等(1985)探讨了英语复杂介词短语(如 in spite of 和 on the shelf by)组合形式的变化情况。基于此,可做如下分析:

第一,上述双音介词一般都能与较多的抽象名词搭配。反之,有些抽象名词也能够与多个双音介词高频搭配。意义与结构之间存在某种对应关系,一般来说,一个搭配相对应地表达一个具体意义,不同的搭配表达不同的意义。如使用“对于……问题”时,说话人主要考虑的是着手解决或处理某问题,而使用“关于……问题”

时，说话人注重的是了解、调查或反映某问题。

第二，不同的搭配在频率上有所差异。如在“基于”的所有搭配里，“基于……认识”最高频。而在“出于”的所有搭配里，“出于……考虑”最高频。这种搭配频率的不同有助于揭示二者的语义差别，“基”有基础之义，“基于”表示在某种基础上看问题。而“出于”原来表示出自、来自之义，多识解为从某个方面考虑问题。

第三，有些“双音介词＋抽象名词”搭配存在相应的“单音介词＋抽象名词”形式。其一，有的“单音介词＋抽象名词”形式具有程式化、习语化倾向，如“按规矩、按规定”等，而“按照规矩、按照规定”显得更正式些。其二，有些单音介词具有黏着性，属于文言传承，因此整个“单音介词＋抽象名词”形式反而更正式些，如“经……批准”。其三，介词单双音的不同，会带来不同的语义分工，例如“对……问题”表示对某问题的处理或为了引出某话题。而“针对……问题”强调“问题”的针对性和聚焦性。试比较，“他对很多问题有研究”不能说成“＊他针对很多问题有研究”。因为“针对”要求其对象不能宽泛，不能是很多问题，而是相对具体的某一问题。

第四，“NP 的 VP”经常充当双音介词的宾语，如“经过三年的努力、随着人口的变化”，它虽然不能完全等同于抽象名词，但是性质与抽象名词相似，这里一并考察。

第五，抽象名词的中心语可以带上指示成分，如“按照这个规定、对于那个问题”。还可以带上形容词修饰成分，如“基于……特殊原因”“针对……重要事实”“本着……美好愿望”。

上述分析说明“双音介词＋抽象名词”具有多方面的可替换性，固化程度较低，尚未固化为具有特定意义的搭配。

二、超高频搭配现象

经考察有28个双音介词可以与抽象名词搭配，而仅有少量单音介词有类似搭配，如“就……问题/局势”“对……问题/情况”等。“双音介词＋抽象名词”搭配里，不仅双音介词出现的绝对数量大，而且存在大量的超高频搭配。我们检索BCC语料库，搭配频率超过5000次的就有很多，如例(28)，这是单音介词无法比拟的。

(28) 按照……规定〈12246〉、按照……要求〈17067〉、按照……标准〈5903〉

对于……问题〈7330〉、对于……作用〈5316〉

根据……情况〈26020〉、根据……需要〈12558〉、根据……要求〈12189〉、根据……特点〈11806〉、根据……规定〈10294〉、根据……需求〈5252〉

关于……问题〈21785〉、关于……规定〈8338〉、关于……意见〈8030〉

通过……方式〈13520〉、通过……途径〈7180〉、通过……形式〈7064〉、通过……技术〈6611〉、通过……手段〈5464〉

针对……问题〈11684〉、针对……情况〈8816〉

这些超高频搭配在书面正式语体里已经司空见惯，已经是常见表达方式了。高频效应在于，首先使得“双音介词＋抽象名词”搭配在书面正式语体的地位更为稳固，更加脱离口语语体。其次使得有些搭配凝固化、紧缩化，如“根据情况、根据需要、按照标准、按标准”。“介词＋抽象名词”搭配中的介词以双音形式居多，原因在于单音介词由动词语法化而来，而双音介词则是由相应的单音形式再次语法化而来。因此一般来说，双音介词比单音介词更加抽象。双音介词与抽象名词属于无标记搭配模式。要说明的是，上述分析仅属于一种倾向性认识，而非绝对的规律。不符合倾向的情况确实存在，但数量有限[①]。

三、几种纠葛情况

有些"双音介词＋抽象名词"搭配存在与之对应的"双音介词＋具体名词"形式，例如

(29) a. 朝着……南边/北边/天空

b. 朝着……目标/理想/梦想/共产主义

(30) a. 靠着……身体/肩膀/枕头

b. 靠着……精神/技术/帮助/力量

(31) a. 沿着……河边/马路/街道

b. 沿着……思路/理论

(32) a. 面对……大街/学生/孩子

b. 面对……形式/问题/情况

(33) a. 针对……你/我/他

b. 针对……问题/情况/特点/现象

(34) a. 向着……南边/东边

b. 向着……目标/理想

① 据储泽祥(2004)，"他对着张三所在的方向招了招手"不能换成"＊他对张三所在的方向招了招手"。"对科学感兴趣"里的"对"不能替换为"对着"。这说明双音介词"对着"倾向与具体方向名词搭配。

例(29)—(34)显示,“朝着、靠着、沿着、面对、针对、向着”在 a 句里的搭配词是具体名词,此时为动词用法;在 b 句里搭配的名词为抽象名词,此时为介词用法。这种区别有形式上的验证,以(33)为例,“他针对你”可以单说,而“ * 他针对问题” 不能单说。后者给人的感觉是话没说完,完整的表达可以说成“他针对这一问题,积极采取了应对措施”。我们认为,部分双音动词向双音介词的演变,与搭配名词的泛化、抽象化有着密切关系。

“NP 的 VP”这类名词化结构具有泛时空特性(王永娜 2013),它与相应的动词结构有所差异,试比较“人口增长了、人口将要增长”具有时态特性,而“ * 人口的增长了、* 人口的将要增长”都不能说。因此,我们可以把“随着＋NP 的 VP”结构当作“P＋$NP_{抽}$”来处理,只不过“NP 的 VP”语法化等级可能更高而已。

还有一种看似例外的情况,搭配词是抽象名词,但整个结构仍为动宾搭配,例如:

(35) 大学生都要经过毕业实习的过程。(自拟)

(36) a. 你必须面对残酷的现实。(自拟)

b. 面对多变的社会现实,一些大学变得越来越相似,这令人担忧。(《人民日报》1998)

例(35)里“经过”为动词用法,“经过……过程”为动宾搭配。例(36)里,同样是“面对……现实”,a 句“面对”为动词用法,而 b 句则可以分析为介词用法。“从容易歧解的句子入手去捕捉语法化的信息,是十分正确有效的方法。”(江蓝生 2004)重新分析是语法化的重要机制,例(36)说明“面对……现实”语法化的真实发生。

除动介兼类现象,搭配的名词也存在这类歧解现象。最为突

出的就是,相当一部分处所名词虚化出抽象意义。例如:

(37) a. 朝着东南方向跑去。

b. 产业结构正朝着不断优化的方向过渡。

(38) a. 排水的渠道通了。

b. 通过法律渠道进行抗争。

(39) a. 道路不通,请绕行。

b. 沿着社会主义道路继续前行。

(40) a. 人民广场在市区中心。

b. 围绕为群众谋利这个中心,……

(以上用例 a 句自拟,b 句引自 BCC 语料库)

上述用例显示,"方向、渠道、道路、中心"在 a 句里表示相对具体的处所意义。而在 b 句里,这些词语前面经常出现抽象性修饰语,由于语义浸染作用,这些处所名词发生了语法化,产生了抽象意义。Schwenter & Traugott(1995:260)指出"英语复杂介词短语里的处所成分往往会发生处所意义削弱、漂白(bleached)现象,意义变得抽象"。b 句里的"方向、渠道、道路、中心"都已经去范畴化,不再具有典型的三维空间意义。

四、搭配的语体分布与动因

表 31:"双音介词+抽象名词"语体分布

搭配	口语语体	书面语体		
		小说语体	正式播报体	政论语体
	《家有儿女》104963 字	《骆驼祥子》136212 字	《新闻联播》188922 字	《邓小平文选》292544 字(节选)
按照+$NP_{抽}$	1	2	31	46

续表

搭配	口语语体	书面语体		
		小说语体	正式播报体	政论语体
	《家有儿女》104963 字	《骆驼祥子》136212 字	《新闻联播》188922 字	《邓小平文选》292544 字(节选)
本着＋$NP_{抽}$	2	0	7	0
出于＋$NP_{抽}$	0	3	1	6
对于＋$NP_{抽}$	0	2	22	94
根据＋$NP_{抽}$	4	1	24	65
关于＋$NP_{抽}$	0	4	51	71
基于＋$NP_{抽}$	0	0	3	1
随着＋$NP_{抽}$	0	4	28	16
围绕＋$NP_{抽}$	0	0	9	2
针对＋$NP_{抽}$	0	0	15	10
合　计	7	16	191	311

观察表 31 并结合实际语料，我们可以做如下分析：

第一，从口语和书面语宏观角度来看，“双音介词＋抽象名词”搭配很少用于口语语体，即使有零星用例，形式上也较为简单，如“家有儿女”中出现“按照您的意思、根据我的分析”等。

第二，同属书面语体，由于正式度的不同，“双音介词＋抽象名词”搭配的使用频率也有较大差异。小说语体的使用频率远远低于正式播报体和政论语体。像《骆驼祥子》这类小说属于正式度较低的书面语体。由此我们认为，“双音介词＋抽象名词”搭配更容易出现在正式度较高的书面语体里。相对于口语语体，书面语里的“双音介词＋抽象名词”搭配，在形式上可以复杂一些，例如：

（41）我们的中央，按照马克思列宁主义的原则，认真地总结经验，开展批评和自我批评，发扬成绩，修正错误。（《邓小平文选》）

（42）对于百姓关心的拉动消费的各项政策是否会延续，会议给出了明确回答。（《新闻联播》语料）

（43）中国海军护航编队针对亚丁湾海域日趋复杂的海上形势，举行了处置突发事件演练。（《新闻联播》语料）

“双音介词＋抽象名词”搭配的复杂修饰语具有“严谨、周密、精确”（杜厚文1988）的性质。如例（41）里，中心语“原则”受到了修饰语“马克思列宁主义”的限制，内涵得到限定。如果说成“按照原则”，人们则不清楚是按照什么原则。

第三，口语语体里，并非不能出现双音介词，如在《家有儿女》语料里，发现“根据……来讲”介词框架，它的主要功能在于组织话语，而不像“双音介词＋抽象名词”搭配那样主要用来表达抽象信息。

第四，在书面正式语体里，除了“双音介词＋抽象名词”搭配之外，还发现“P＋VP”搭配，如“根据国家统计局统计”“根据测算”“对于发展经济”等。我们认为这种形式是比“双音介词＋抽象名词”搭配更为虚化的形式。这里双音介词的作用，就是把VP做成一个抽象的行为或者事件。也就是说，双音介词具有把行为事件名词化的功能。这类“P＋VP”形式一般都可以变换为相应的“双音介词＋抽象名词”搭配，如“根据国家统计局统计的结果”“根据测算的结果”“对于发展经济的规划”等。

五、搭配的书面语体倾向

搭配的书面语体倾向大致有三点。首先，汉语表达复杂化的需要。对此连淑能（1993：129）有所阐释，“抽象表达尤其常用于社会科学论著、官方文章、报刊评论、法律文书、商业信件等文体。”

"其主要原因是抽象思维被认为是一种高级思维，是文明人的一种象征。随着科学技术的发达和社会的进步，原有的感性表达方式已经不足以表达复杂的理性概念，因而需要借助于抽象、概括的方法。""双音介词＋抽象名词"搭配属于抽象思维表达方式，与书面语体有很高的适配性。

其次，从信息组织需求来看，例(41)—(43)里的"双音介词＋抽象名词"搭配显示了信息量大、修饰语复杂化的特点，这恰好满足了书面语体高度抽象精练、信息集中、内容紧凑的需要。以(42)为例，"对于百姓关心的拉动消费的各项政策"长达16字，口语里一般不会出现，因为口语具有即时性，瞬间很难组织复杂的句子表达复杂的内容。只有在书面语里，说话人才有字斟句酌的时间，因此"双音介词＋抽象名词"搭配具有书面语特征。Biber(1999)也认为"抽象名词具有表达高度抽象信息的功能，在正式语体里，经常需要叙述抽象概念和行为过程"，"介词是把大量信息包装成名词性语篇的手段"。

最后，从语体语法视角来看，冯胜利(2010，2012)指出，表达正式语体语法的根本原则是，用语法手段把正式表达和与之相关的口语表达之间的距离拉开。"语法加工"后的结果是变形；而"拉距变形"的基本特征是"泛时空化"。"泛时空化即减弱或去掉具体事物、事件或动作中时间和空间的语法标记"。语体不同则语法亦异，反之亦然，不同的语法或结构表现不同的语体性质或功能。据此，我们认为"双音介词＋抽象名词"搭配是语体塑造语法的具体表现。特别的形式对应特别的功能，双音介词比单音介词更加"拉距变形、泛时空化"，加上"双音介词＋抽象名词"天然的"泛时空化"特点，该搭配就是顺应书面正式语体的需要而产生的。如例

(43)里的“针对”后不能加“着、了、过”助词，这说明“针对”已经泛时空化，介词宾语“亚丁湾海域日趋复杂的海上形势”是抽象名词成分，而不是具体的人或地点成分，因此它也是泛时空化的，整个搭配不是表达具体场合，而是表达抽象事件。

第三节　有无类动词与抽象名词的搭配分析

抽象名词的量性特征主要表现在“有＋抽象名词”“没有＋抽象名词”以及“很有＋抽象名词”等组合里。

一、“有＋抽象名词＋VP”与“有 VP 的＋抽象名词”的差异

学界对抽象名词量性特征的探讨，多关注“有＋抽象名词”与“很有＋抽象名词”的差异，如李宇明(2002：284—286)、刘文欣(2004)、朱淑君(2005)，等等。我们这里探讨抽象名词另外一种与“有”搭配的量性特征格式，即探讨“有＋抽象名词＋VP”与“有 VP 的＋抽象名词”的差异。

王亚新(2007)对“有 N＋VP(有人喜欢吃鱼)”和“有 VP 的 N(有喜欢吃鱼的人)”这两类句式进行分析，认为“有 N＋VP”来自“有”字句的扩展，多数已经演变成一个以 VP 为核心谓语的述谓句，而“有 VP 的 N”是一个只在定语部分有限扩展的“有”字句。二者具有不同的句式结构，必然会带来语义和功能上的差异。王亚新从离心和向心、个别与类别、动态与静态、继起与共时等几个角度对这两类句式进行了考察。

王亚新(2007)对这两类句式的考察非常细致，这与日本汉语

语法的研究传统不无关系，日本的现代汉语语法研究"更注重语言事实和语法现象的挖掘与解释"(陆俭明 2007a：序言)。不过王亚新的文章未对名词加以分类，未能专门探讨抽象名词的情况。鉴于此，我们将着重考察"有＋抽象名词＋VP"与"有 VP 的＋抽象名词"的差异。

朱德熙(1982：168—170)论述了由动词"有"组成的连谓结构，归纳了 6 种类型：

(A) 有可能下雨

(B) 有事情做

(C) 有个青年叫小晚

(D) 有话慢慢说

(E) 有病不能来

(F) 有三尺长

跟本节讨论相关的主要是 A 类和 B 类。朱先生敏锐地观察到 A 类的特点是能转换成"有 VP 的 N"，例如：

(44) 有可能来、有来的可能

有理由不去、有不去的理由

有办法解决、有解决的办法

有勇气承认、有承认的勇气

有必要参加、有参加的必要

有希望治好、有治好的希望

这类句子里的动词如果是及物的，都可以带宾语，带宾语的时候，上面的变换关系仍然成立，例如：

(45) 有可能下雨、有下雨的可能

有希望去非洲、有去非洲的希望

有必要通知他、有通知他的必要

有条件上大学、有上大学的条件

有机会说英语、有说英语的机会

有责任抚养孩子、有抚养孩子的责任

朱先生明确指出以上用例里,N 都是抽象名词。“有 N”表示的是说话人对实现 VP 的必要性或可能性所持的态度。这种意思通常是用“可以、能、能够、会、应该”之类助动词表达的。例如“有理由不去”与“可以不去”相当,“有条件上大学”与“能上大学”相当,“有责任抚养孩子”与“应该抚养孩子”相当。“有 N”跟助动词的区别在于助动词所表示的必要性、可能性是抽象的,“有 N”为这种必要性与可能性提出了具体的内容。

我们考察语料库前 200 个高频抽象名词,其中不太能与“有”直接搭配的有 91 个,例如:

(46) 本质、程度、道路、国际、化学、机关、集体、经济、军民、军事、科学、类型、领域、人物、社会、社会主义、生活、生物、实际、事物、文艺、形势、性质、原理、哲学、整体、主体、自然、宗教

这些词语都是高频的抽象名词,但是不具有“有无”量之分,因此也就不能与“有”直接搭配,而且“有”与它们组合为跨距搭配的可能性也不大。这类抽象名词内部个性差异很大,但总体来说,它们都属于不可计量的抽象名词。能够与“有”搭配的有 109 例,例如:

(47) 有办法、有标准、有材料、有成果、有道德、有地位、有范围、有方向、有感情、有高度、有工程、有关系、有观念、有规律、有行动、有会议、有活动、有机会、有基础、有计划、有技术、有家庭、有价值、有阶段、有结果、有经验、有精神、有困难、有力量、有利益、有矛盾、有内容、有能力、有情况、有情绪、有商品、有生命、有时候、有时间、有事、有事情、有手段、有水平、有思维、有思想、有特点、有体系、有条件、有位置、有温度、有问题、有项目、有效果、有新闻、有信息、有形象、有要求、有意见、有意识、有意思、有音乐、有影响、有原因、有原则、有责任、有政策、有质量、有重点、有资源、有自由、有组织、有作用

它们内部可以分为很多类别，如可量化“有＋抽象名词”与非量化“有＋抽象名词”。可量化“有＋抽象名词”之间可以加入数量短语进行量化，如：

(48) 有两个活动、有两个要求、有三个影响、有三个作用、有三种情况、有两种关系、有两种思想

而“有时候”是非量化的典型代表，因为“有时候”根本没有跟它相配的“没有时候”形式（朱德熙 1984）。根据能否前加程度副词，可分为程度量化“有＋抽象名词”和非程度量化“有＋抽象名词”，如：

(49) 很有水平、很有思想、很有意思、很有特点、很有能力、很有影响、很有计划、*很有情况、*很有标准、*很有项目、*很有信息、*很有行动、*很有新闻

要注意的是，我们前面论述的是，抽象名词与“有”能否直接搭配的问题，其实还有一类特殊情况，非常有趣，那就是“有”不能与这些

抽象名词直接搭配，但是可以长距离搭配，即当这些抽象名词带上一定的修饰语之后，就可以与“有”搭配了。例如：

(50) *有习惯、有晚睡的习惯、有晨练的习惯
*有现象、有异常现象、有旷课的现象
*有功能、有治疗的功能、有抗衰老的功能
*有比例、有一定的比例、有很大比例

这种现象非常有趣，相距很远的连接更常见，原因在于这类抽象名词具有修饰语依赖性质，它们必须依赖修饰语才能参与话语的组织与运用。我们认为，朱德熙先生所提到的抽象名词的句式之间的变换关系是脆弱的、需要条件的。例如：

(51) 有一定可能下雨　　*有下雨的一定可能
有很大希望去非洲　　*有去非洲的很大希望
有一定必要通知他　　*有通知他的一定必要
有优越条件上大学　　有上大学的优越条件
有一次机会说英语　　*有说英语的一次机会
有很大责任抚养孩子　　*有抚养孩子的很大责任

如果从“有界”与“无界”理论来看的话，“有＋抽象名词＋VP”里“有＋抽象名词”是无界的，所以一般可以加入修饰语进行有界化，而“有VP的N”本身已经是有界化了，因此不能重复有界化。王亚新(2007)指出“有＋抽象名词＋VP”的VP同一般主谓句一样可以自由扩展，而B类句的VP由于受定中结构的句法及语义制约，只能有限制地扩展。我们认为这一观察是非常正确的。“有＋抽象名词＋VP”与“有VP的＋抽象名词”对焦点结构“是……的”有不同的反应，前者可以焦点化，而后者则排斥焦点化，例如：

(52) 是有可能下雨的　　＊是有下雨的可能的
是有希望去非洲的　　＊是有去非洲的希望的
是有必要通知他的　　＊是有通知他的必要的
是有条件上大学的　　＊是有上大学的条件的
是有机会说英语的　　＊是有说英语的机会的
是有责任抚养孩子的　　＊是有抚养孩子的责任的

"有VP的＋抽象名词"排斥焦点化可能是与"的"字结构冲突导致的。"有VP的＋抽象名词"本身是一个"的"字结构，而"是……的"也是"的"字结构，二者不能相容。"有＋抽象名词＋VP"与"有VP的＋抽象名词"所回答的提问有一定的倾向性，前者倾向于回答"有可能下雨吗？"或者"有没有可能下雨？"问句，而后者倾向于回答"有下雨的可能吗？"问句。这就是有问必有答，有什么问必有什么答，这种问答认知动因有心理学上的依据，陆俭明(2007)称之为"应答协调一致性原则"。例如：

(53) 有可能下雨吗？　　有下雨的可能吗？
有希望去非洲吗？　　有去非洲的希望吗？
有必要通知他吗？　　有通知他的必要吗？
有条件上大学吗？　　有上大学的条件吗？
有机会说英语吗？　　有说英语的机会吗？
有责任抚养孩子吗？　　有抚养孩子的责任吗？
(54) 有没有可能下雨？　　有没有下雨的可能？
有没有希望去非洲？　　有没有去非洲的希望？
有没有必要通知他？　　有没有通知他的必要？
有没有条件上大学？　　有没有上大学的条件？

有没有机会说英语？　　有没有说英语的机会？

有没有责任抚养孩子？　有没有抚养孩子的责任？

“有＋抽象名词＋VP”与“有 VP 的＋抽象名词”对“是不是”问句有不同的反应，例如：

(55) 是不是有可能下雨？　?是不是有下雨的可能？

是不是有希望去非洲？　?是不是有去非洲的希望？

是不是有必要通知他？　?是不是有通知他的必要？

是不是有条件上大学？　?是不是有上大学的条件？

是不是有机会说英语？　?是不是有说英语的机会？

是不是有责任抚养孩子？　?是不是有抚养孩子的责任？

另外，我们还发现当抽象名词是特别的个案的时候，“有＋抽象名词＋VP”因充当的句法成分不同，而意思有微妙的不同，如：

(56) a. 有条件上大学　b. 有上大学的条件　c. 上大学是有条件的

(57) a. 有责任抚养孩子　b. 有抚养孩子的责任　c. 抚养孩子是有责任的

(56a)和(56b)句子意思基本相同，“有条件上大学”是指家庭条件较好、经济较为宽裕等，指“能上大学”。而(56c)则不尽相同，“上大学是有条件的”是指要具备一定的前提条件，比如“参加高考”等就可能是“上大学”的前提条件。(56c)可以扩展为“上大学是有条件的，不是人人都能上的”。我们从语料库里发现以下语料，更能说明(56c)里“有条件”是指有“前提条件”：

(58) 当然演员的创造是有条件的，必须在剧本规定的条件下；必须在导演构思的制约下；必须在舞美设计的环境中；必须在演员集体共同合作的前提下；必须在音乐旋律的配合中……进行创作。

(59) 这里相互转化是有条件的，主要取决于正邪双方斗争的情况。

例(58)里“演员的创造”其前提条件就是后续的五个“必须……”。例(59)的“相互转化”的前提条件是“正邪双方斗争的情况”。

王亚新(2007)提出，“有＋抽象名词＋VP”是一个松散的离心结构，而“有 VP 的＋抽象名词”是一个集约的向心结构。确实，“有＋抽象名词＋VP”是比较松散的，在“有＋抽象名词”与 VP 之间可以插入一些成分，例如：

(60) 有条件上大学

有条件可以上大学

有条件就上大学

因为有条件所以就上了大学

如果有条件，那就上大学

因为“有 VP 的＋抽象名词”是集约的向心结构，一般不能有上述扩展。王亚新认为，根据时间上的象似性特征，可以解答一部分“有＋抽象名词＋VP”不能成立的原因。

(61) 他有条件考上大学。　他有考上大学的条件。

这件事有可能成功。　这件事有成功的可能。

我没有资格当医生。　我没有当医生的资格。

(62) *他有经历留学。　他有留学的经历。

*我有教训多次失败。　我有多次失败的教训。

＊他有经验开这种车。　他有开这种车的经验。

王亚新（2007）认为（62）不成立，原因在于违反了时间象似性原则。“经历/教训/经验”通常要形成于“留学/失败/开车”之后，在认知方式上它与N之间处于“先VP后N”的继起关系，而不是相反。

二、“没＋抽象名词”的搭配和用法分析

（一）“没＋抽象名词”的下位类别。汉语常见的否定词有“不”和“没（有）”，抽象名词一般受“没（有）”的否定。杨尚文（2010）对“没＋NP”的量度特征进行了考察。杨尚文主要探讨“没＋NP”的量度特征，即程度量特征，认为“没＋NP”只表示少量，而不表示零量或不足量。但其并未仔细考虑“没＋NP”的内部差异与语用功能。由于“没＋NP”实例非常多，杨尚文没有提及以下用例：

没把握、没办法、没边儿、没底、没法儿、没根据、没关系、没规矩、没劲儿、没精神、没脸、没门儿、没命、没谱儿、没趣、没趣儿、没什么、没事儿、没事情、没头没脑、没头脑、没问题、没戏、没消息、没信心、没兴趣、没样儿、没意思、没影儿、没缘、没辙

我们认为“没＋抽象名词”这一结构的有些实例非常有个性，如“没问题、没关系、没办法、没法儿、没事儿、没门儿”等，这些个案在口语里使用频率较高，它们已经高度语法化，主要表达话语回应语功能。

言语行为范畴和交流是人类交际和社会关系所必需的，因为

这反映了人们交际的基本需求，因此存在于所有文化和语言中。以言行事的基本类型，如 Searle（1976）对语内表现行为的分类就是经典范例。而答应、允许等具体的应答言语行为属于有限的实现范畴。

任何语言的语内表现行为都可以通过不同的方式来实现——不同的结构形式，不同的词汇句法机制，或者是不同的习惯表达，不同的言语策略。使用不同语言的人们根据语境选择最合适的表达。跨语言对比研究显示，不同的语言使用这些语内行为标记的频率是不同的。应答言语行为的实现与变异不仅是跨语言的，在同一语言里也会有不同的变异。本节考察汉语里由“没＋抽象名词”构成的应答标记以及它们的异同。我们认为一些在口语中使用频率较高的个案，值得细致探讨。

（二）**“没关系”各种用法的比例分布**。我们对“北京大学 CCL 语料库”进行了检索发现，“没关系”共计 1709 例。我们抽取 100 例分析，如表 32 所示：

表 32：“没关系”用法的比例分布

序号	“没关系”的表现形式	“没关系”各项用法	各项所占比例
1	没关系＋解释性成分	由于对方道歉而安慰对方、降低对方顾虑等	45％
2	……也没关系	自我安慰、自愿承受型标记	25％
3	X 跟/和/与/同 Y 没关系	跟某人或者某事没有某种关联	15％
4	没关系	没有坏的影响、后果	6％
5	没关系	不要紧，对道歉等的简单回应	5％
6	没关系	没有特殊人物、门路	4％

从表 32 可以发现，“没关系”充当道歉回应语用法最为高频，占总比例的 50％（第一项和第五项之和）。钱乐奕、杨晖(2005)的调查支持我们的观察。他们通过考察七种道歉情景的回应语使用情况，发现道歉回应语“没关系、没事(的/了)、没什么、不要紧、算了、无所谓、没什么大不了的、不怪你、不关你的事”等共计 15 种，其中“没关系”的使用频率最高，在所给出的 7 种情景中，大部分被调查者以“没关系”来回应。因此，可以说“没关系”是典型的道歉回应语标记。

对话体里“没问题”倾向于充当应答标记，如《家有儿女》里 8 个用例全部用于应答。并且“没问题”口语性较强，不太出现在书面语体里。我们检索《毛泽东选集》(第一卷)(总计 16.8 万余字)，发现“问题”321 例，但是“没问题”的用例数却是 0 例。

总之，我们认为，在对话语体里，“没问题”主要充当恳切性请求言语行为的回应语，并且“没问题”与请求程度和权势都有密切关系。非应答用例的“没问题”多出现在句中，表示某事情确定无疑，不存在问题。

三、“有/(没)＋抽象名词”的语义韵考察

传统研究曾把词语区分为积极性词汇和消极性词汇。如有积极形容词和消极形容词之分，前者如“高、大、多、好、强、漂亮”，后者如“低、小、少、坏、弱、丑”。依此来看，“有”一般是好的，而“没有”则一般是消极的。确实，“有＋抽象名词”经常表现出积极语义韵倾向，如：

有办法、有地方、有地位、有东西、有方法、有方向、有个性、有规律、有机会、有计划、有技术、有价值、有结果、有经验、

有精神、有理论、有力量、有内涵、有能力、有情操、有时间、有事业、有水平、有思想、有素质、有特点、有文化、有意思、有意义、有原则、有知识、有质量、有自由、有作用

“没＋抽象名词”经常表现出消极语义韵倾向，如：

没办法、没地方、没地位、没东西、没方法、没方向、没个性、没规律、没机会、没计划、没技术、没价值、没结果、没经验、没精神、没困难、没理论、没力量、没矛盾、没目的、没内涵、没能力、没情操、没时间、没事业、没水平、没思想、没素质、没特点、没味道、没文化、没意思、没意义、没原则、没知识、没质量、没自由

上述描述只是反映了大致倾向，有时候情况却完全相反，“有＋抽象名词”表示消极语义韵，如“有问题、有偏见、有气味、有意见、有看法、有疾病、有缺点、有症状”。而“没＋抽象名词”却表示积极语义韵倾向，如“没矛盾、没意见、没困难、没看法、没疾病、没症状、没缺点、没偏见”等。

事实上，语义韵考察并非上述描述的那么简单，有些“有＋抽象名词”和“没＋抽象名词”的语义韵不能从搭配本身看出来，必须结合语篇以及说话人的主观态度来看。如“没目的”似乎是不好的，但是“有目的”却不见得一定好。例如：

(63) 戈瑞雷、前谷宪治连续两次擅自闯入中国军事禁区，非法窃取中国的军事情报，事实清楚，证据确凿，完全是有预谋、有目的的行动。

很显然,例(63)里“有目的”表示的是消极意义,因为这种意义已经被“有预谋”的大语境所浸染、所预见。因此,尽管“有目的”可能大多数情况下是积极用法,但是不排除其具有消极语义韵表现,关键看二者的概率如何。

第十三章 高频易混淆抽象名词的辨析

前面章节基本上都是基于语料库进行的抽象名词本体研究，目前学界从语料库视角探讨高频易混淆抽象名词辨析的成果并不多见。本章探讨抽象名词的教学处理，以期在抽象名词教学应用方面做出贡献。

第一节 抽象名词的教学处理

吕叔湘、朱德熙(1953)就谈到了抽象词语的使用问题。二位先生指出:“凡是代表具体事物、具体动作的词语，一般说来是不容易用错的。明明是一头梅花鹿，你要是管它叫‘马’，明明是推了一下，你要说是‘拉’了一把，人家绝不会承认，你也很快就会发现自己的错误。抽象意义的词语就不然了。什么叫‘条件’，什么叫‘过程’，什么叫‘掌握’，什么叫‘克服’，没有法子用形象表示。倘若不用心辨认它的意义，就很容易错误地使用，而且也很容易被人错误地接受，久而久之就成了一片模糊，混乱不堪。所以，如果辨别词义的要求适用于一般词语，就尤其适用于抽象词语。”二位先生在这篇文章中谈到了“条件、过程、掌握、克服”等抽象名词的使用问题。时至今日，这种基于用法的探讨，依然具有很高的参考价值。由此，汉语抽象词语的习得与使用确实需要注意。

一、对近义词的积极应对与消极处理

汉语存在较多的易混淆抽象名词，这些抽象名词往往使用频率较高，语义相近，用法微妙，对留学生来说往往也比较难以掌握。但抽象词语的掌握却是至关重要的，毫不夸张地说，抽象词语掌握的多少，标志着留学生汉语水平的高低。

在对外汉语教学中，针对近义词的教学自始至终都是重点与难点。对此我们要做到两点：第一点，积极应对；第二点，消极处理。这两点看似矛盾，但是实质上指出了问题的两个重要方面。第一点，积极应对是指教师对近义词不应该回避，特别是常见的近义词要做到心中有数，能够准确辨析，并且能够深入浅出地给留学生讲解。第二点，消极处理是指，上对外汉语的课程，特别是精读课、口语课不能以辨析近义词为主要项目，因为留学生学习汉语的根本目的是使用汉语来交际，即“与其培养会语法、会语言学术语而不会说话的教授，还不如培养不会语言学术语而可以正确交际的普通人”。近义词的消极处理有两个要点：第一，课文没有提及的近义词不主动辨析；第二，学生不问的近义词不主动辨析。近义词辨析的消极处理原则，是一种有所不为的表现，这样才能腾出更多时间多做互动练习等。

从积极应对角度来看，当学生要你区分两个词语时，我们首先回答的是它们肯定有所不同。因为世界上没有两片完全相同的树叶，所有同义词的说法仅仅是指词语的核心义相同，其语用义、语体意义等方面肯定有所不同。我们认为“近义词”的提法比“同义词”更为科学。这也符合认知语言学的“结构无同义”原则。本章从多角度来辨析常见的易混淆抽象名词。

杨寄洲(2004)指出,帮助留学生恰当得体地把一些同义词或近义词运用到句子中去,是对外汉语教学研究的一个重要课题,也是每个任课教师经常要面临的问题,如果准备不充分,课堂上面对学生的提问,往往会被搞得措手不及。因此,怎么在课堂上进行词语用法对比,就是课堂教学特别是中高级阶段汉语教学不能不研究的问题。

汉语是公认的语义细腻的语言,表现之一就是近义词语相当丰富。近义词的正确辨析与使用是留学生深入学习的重点、难点之一。面对一组近义词,留学生往往会混淆它们的意义,不会辨析,导致误用。有些留学生甚至抱怨汉语近义词太多,难以区别,从而产生畏难情绪。但是掌握近义词的多少又往往标志着学习一门语言程度的高低,因此,学界普遍重视近义词的教学与研究。

张博(2007)提出更适合于对外汉语教学界的"易混淆词"概念。张博认为,在汉语作为第二语言教学需求的驱动下,对外汉语教学界超越对同义词意义关系的传统关注,将词语辨析的范围扩大到广义的近义词,并在近义词的框架下进行易混淆词的辨析。张博认为,这种做法难免冲破近义词的界限,并使大量易混淆词受"近义"的规约而被搁置。因此,对外汉语教学中的词语辨析不宜固守"同义""近义"这类汉语本体研究提供的标尺,应当转换视角,基于中介语词语偏误的现实,更有针对性地进行易混淆词辨析。易混淆词存在于第二语言学习者目的语理解和使用两个层面,既表现为口头表达和写作中的词语混用,也表现为阅读和听辨中的词语误解。

二、重视抽象实词的教学

词汇学习在阅读课上处于中心地位(刘颂浩 2005:25),而目前的阅读教学对抽象实词的重视似乎还远远不够。刘颂浩(2005:28)援引 Nattinger 的观点指出:“就理解和记忆而言,词汇项目中最有效的区别不是实词和虚词,而是实词中的不同类别。虚词很容易记住,因为虚词数量少,复现率高。实词中的具体词汇问题不大,这些词都有固定的形象。问题大部分处在表示抽象概念的、不能形象化的名词、动词、形容词和副词上。这些词非常抽象,出现频率不高,它们表达的内容丰富,对理解无疑是很重要的。”

我们对 11 份试卷中短文阅读的 300 道选择题进行详细统计,发现抽象词语出现 176 次(包括复现词语),平均每 10 题出现近 6 个抽象词语,这大大超乎统计之前的预期,这些统计还不包括短文阅读中出现的抽象词语。如其中一道选择题出现了 5 个抽象词语:

(1) 作者的语气是:

A. 欣赏 B. 忧虑 C. 愤怒 D. 嘲讽[HSK 模拟试卷(五)第 118 题]

虽然例(1)的题干和选项都很短,但是“语气、欣赏、忧虑、愤怒、嘲讽”都是抽象词语,这道题对于学生来说,难度是很高的。

既然抽象名词是影响学生阅读能力的重要因素之一,那么我们的阅读教学有何对策呢?我们如何教授抽象词语呢?限于篇幅，我们对此不展开论述，但有一条总原则，那就是化抽象为具体、化复杂为简单、化虚为实，我们极力反对从概念到概念“空对空”式的讲解。这里不妨借鉴彭小川、许琨(2010)对抽象名词“方式”的讲解。对于抽象名词“方式”，如果仅仅满足词典式的解释“方法和形式”，学生必然一头雾水，这种解释比没有解释还糟糕。其实“方式”一词可以放到“以……相同方式……”或者“以……不同方式……”这些搭配中讲解，并在相关语境中举大量例句使学生理解、掌握。例如：

(2) 老师：你是以什么方式跟你爸爸妈妈联系的？(引导学生说出下列句子)

学生1：我通过打电话的方式跟爸爸妈妈联系。

学生2：我通过邮件的方式跟爸爸妈妈联系。

学生3：我通过网络聊天的方式跟爸爸妈妈联系。

学生4：我通过写信的方式跟爸爸妈妈联系。

学生5：我通过微信的方式跟爸爸妈妈联系。

根据学生的回答，老师总结出“……以不同的方式……”这一搭配，从实际反馈来看，学生基本上能理解这个结构，并理解抽象名词“方式”。要说明的是，我们在化抽象为具体时要对该抽象名词的主要用法、结构特点做到心中有数，而不是进行随意性的阐释。再如抽象名词“刊物”，我们可以给出实物，以下义词带出上义词，如“《学汉语》《读者》《知音》”等就是刊物的下义词。这比把“刊物”直接解释为“出版物”要更为切实可行。

第二节　高频易混淆抽象名词的提取与辨析

一、易混淆抽象名词研究概况

学界对易混淆词有了广泛的基础性研究，如张博(2007)厘清同义词、近义词、易混淆词等重要概念，强调应该从中介语视角，更有针对性地进行易混淆词辨析。张博(2008a,2008b,2013)对易混淆词研究的学理、测查方法、易混淆点、辨析要领、词典编排原则与体例等方面进行了系统论述。萧频(2008)对印度尼西亚学习者中介语易混淆词进行了尝试性研究，筛选出346组易混淆词。付娜、申旼京(2010)提出辨析易混淆词时构组的原则和方案。苏英霞(2010)从语义、语法、语用三个层面归纳出虚词本身的语法意义、与之共现成分的语义语法特征等8个辨析的基本视角。张博(2017)指出“词语混淆是具有普遍性、严重性和持久性的第二语言词汇错误”，并提出了预防词语混淆的多种策略。上述研究成果为学界继续深入探讨易混淆词打下了坚实的基础。但客观而言，学界对易混淆抽象名词的具体研究关注不够，多为举例式探讨。目力所及，仅徐小旋(2012)有所考察，但该文主要关注抽象名词配价能力对学习者的影响。

同/近义词词典收录抽象名词数量存在较大出入。我们进行了相关统计：马燕华、庄莹(2002)编著《汉语近义词词典》，收录32组；刘乃叔、敖桂华(2003)编著《近义词使用区别》，收录20组；张志毅、张庆云(2005)主编《新华同义词词典》，收录94组；杨寄洲、贾永芬(2005)编著《1700对近义词语用法对比》，收录103组；王还(2005)主编《汉语近义词典》,收录26组;赵新、李英(2012)主编《学汉语近义词词典》,收录95组。诸家因为编撰理念和方法有所不同,收录数量不尽相同,最多收录103组,最少仅收录20组,这说明学界对易混淆抽象名词的总体数量尚无准确认识。

现有成果较少从学习者角度考虑辨析。张妍(2006)指出:"对易混淆词进行考察和辨析时,应该从留学生的角度出发而不是以本族人的语感确定辨析词目。"就易混淆抽象名词而言,我们尚不清楚哪些是高频易混淆,哪些是低频易混淆。举例来说,我们检索"HSK动态作文语料库",发现"办法-方法"属于高频易混淆抽象名词(详后),上述同/近义词词典里,仅马燕华、庄莹(2002:10)收录。但该词典并未单独让"办法-方法"成组,而是在"办法、措施、法子、方法、方式"这组复杂词中呈现。这说明学习者利用同/近义词词典查看易混淆抽象名词将可能"存在着信息冗余与信息匮乏的双重缺欠"(张博2013)。

我们认为需要引入新的辨析方法和视角。传统同/近义词辨析已经有了较多具体方法,大致可概括为:(1)基本意义(理性意义)、词义着重点、词义轻重、词义范围大小、词义的具体与抽象;(2)感情色彩;(3)语体色彩;(4)词性对比;(5)搭配方面。上述方法无疑是辨析的重要参照项,但坦率而言,传统辨析方法的使用并无较强的规则程序,因此有必要引入新的辨析方法以丰富和补充传统辨析方法的不足。

鉴于此,我们认为需要从学习者角度筛选出高频易混淆抽象名词并进行重点辨析。我们力图跳脱传统易混淆词辨析方法,从语料库语言学角度探讨易混淆抽象名词辨析的新路径和相关策略。

二、高频易混淆抽象名词的提取分析

抽象名词词典释义里，主词条和被释词往往都要出现抽象名词，一般不能用具体名词来解释抽象名词。关于语义弹性，如例(3)—(4)显示，“观点-想法-看法-思想”“意义-程度”“方面-角度”这三组抽象名词可能具有某种关联性和替代性。根据以上特点，结合相关词典，我们构建出 377 组可能会混淆的抽象名词(见附录 4)。

(3) 那种认为只要吃药就可以控制高血压的观点[想法/看法/思想]是错误的。

(4) a. 从某种意义[程度]上来说

b. 从某个方面[角度]来看

张博(2008b)认为“基于语料库调查统计是测查易混淆词语的重要方法”。对此，我们深以为然。我们使用“HSK 动态作文语料库”，对 377 组可能会混淆的抽象名词进行穷尽性考察。

(一) 高频易混淆抽象名词的提取标准。语料库未出现的现象，我们不敢贸然断定该语言就没有这类现象，因为规模再大的语料库也不能覆盖人们使用语言的全部真实情况。相比较而言，如果能从语料库里检索到相关用例，那么这种语言就应该存在这类现象。这可概括为“无不一定无，有就应当有”，与学界传统名言“说有易，说无难”的道理相一致。我们考察“HSK 动态作文语料库”，把出现 10 例及以上的定义为高频易混淆抽象名词，一共有 33 组。罗列如下：

办法-方法|差别-差距|东西-事情|方法-问题|方式-方

法|感情-情绪|关系-影响|观念-观点|好处-优点|好处-长处|技能-功能|教训-经验|结果-后果|经历-经验|看法-想法|理想-希望|目标-目的|情况-状况|权力-权利|时候-时间|时间-时期|思考-思想|现实-事实|现状-状况|效果-成果|心理-心情|行动-行为|意思-意义|原因-理由|原因-因素|知识-认识|状态-状况|作用-影响

把用例数在 4—9 之间的定义为较高频易混淆抽象名词，一共 20 组，如“爱-爱情”“好处-利益”“危害-危险”“问题-现象”等。较高频易混淆抽象名词多为单向误用，例如“用爱[* 爱情]来解决代沟问题”“对整个社会有很大的好处[* 利益]”。

把用例数在 1—3 之间的定义为低频易混淆抽象名词，一共出现 57 组。在语法、语义、搭配或语用上的规律性不太强，很多时候它们是一种生造词现象，如当用“兴趣”，学习者生造出“趣向、兴味、感兴、兴兴”。

把未出现用例的定义为零频易混淆抽象名词，共计 267 组。这与学习者水平、中介语语料库规模、所涉及的题材等密切相关。有些词语难度较大，因而在语料库里尚未出现，如“弊病-弊端、秉性-禀性”等。

频率是一种连续统现象，根据频率可以排出辨析的先后顺序：高频>较高频>低频>零频。(>表示优先于)

（二）**高频易混淆抽象名词的数据表现及分析**。上文的 33 组都是高频易混淆抽象名词。限于篇幅，这里列举五组进行说明。如表 33：

表 33:五组高频易混淆抽象名词的数据表现

	总误例数	互为误用例数	混淆率	误用方向	国　别
权利	14	14	100%	双向误用	日、韩、美、德、俄、泰、缅、瑞士、孟加拉
权力	67	63	94.03%		
原因	10	7	70%	双向误用	日、韩、英、新加坡
理由	14	12	85.71%		
行动	45	35	77.78%	双向误用	日、韩、美、越
行为	20	6	30%		
目标	3	1	33.33%	双向误用	日、韩
目的	14	8	57.14%		
办法	16	8	50%	双向误用	日、韩
方法	30	10	33.33%		

表 33 的数据均来自“HSK 动态作文语料库”。观察表 33 可知,尽管具体数据有所差异,但是上述五组都属于高频易混淆抽象名词。以“权利-权力”为例,可分析如下:第一,“权利-权力”互相混淆,其中当用“权力”而误用“权利”的有 14 例,混淆率 100%。当用“权利”而误用“权力”的有 63 例,混淆率 94.03%,这说明二者的混淆情况非常严重。第二,从误用方向来看,“权利-权力”为双向误用,这比单向误用的混淆程度要高。第三,从国别来看,混淆用例覆盖日、韩、美、德等 9 个国家,分布较为广泛。上述三点说明,“权利-权力”是一组非常典型的高频易混淆抽象名词。

再如“办法-方法”,杨寄洲、贾永芬(2005:37)举例说明了这组易混淆词的差异,如例(5),并认为“办法”和“方法”的意思差不多,在句子中的作用也一样,只是在与其他词语搭配上有所不同。

(5) 办法:想办法、* 科学办法、* 学习办法、* 工作办法、* 看问题的办法

方法:想方法、* 有方法、* 没有方法、科学方法、学习方

法、看问题的方法

上述论述似乎比较符合大众语感，但并不准确。杨寄洲、贾永芬(2005:37)认为“想办法”与“想方法”都能说，但如果考虑到频率因素，它们之间存在较大的差异。我们检索“北京语言大学 BCC 语料库”发现“想办法”11884 例，“想方设法”有 6451 例，“想方法”为 84 例。可见，“想办法”这一搭配更为自然常见，而“想方法”不太自然。通过搭配和频率差异，我们能感到“办法-方法”语义上有细微的差异，而不是杨寄洲、贾永芬(2005:37)所说的二者意思差不多。“办法”多指处理事情或解决问题，如“有办法打开这把锁”；“方法”多侧重解决思想、说话、行动等更为抽象的问题，如“语言学研究方法”。

又如“目的-目标”，马燕华、庄莹(2002:277—278)进行了辨析，其中认为“目标”一般是褒义的，这并不准确。因为基于语料库语言学来看，“目标”本身不是褒义词，而是通过搭配，语义浸染后可能呈现出积极语义韵倾向。另外，二者的语义侧重不一样，“目标”是工作或学习等的努力方向，可以分层次，如“近期目标、中期目标、最高目标”等，“目的”是行动的意图和要得到的结果，指为什么去做。相关搭配也不尽相同，如“奋斗目标、初期目标、长期目标，* 奋斗目的、* 初期目的、* 长期目的”“ * 目标地、* 不可告人的目标，目的地、不可告人的目的”等。“目的”可以说成“目的性、功利目的、目的论”，而“目标”却可以说成“目标管理、目标体系、经济目标、总目标”等。

上述分析说明，高频易混淆抽象名词具有混淆率较高、多为双向误用、国别多元等特点。当前词典的相关辨析还有补充和提高的空间。

三、基于多词单位辨析高频易混淆抽象名词

“简明扼要的准确辨析”与“提供相关词语意义及用法异同的知识清单”并非对立关系，后者是前者的有效补充，没有意义和用法的知识清单，便无从谈及简明扼要的准确辨析。实际上，一些易混淆词语之所以导致学习者混用，最根本的原因就是学习者没有掌握这些词语的基本意义和用法。教师方面亦是如此，有些教师“以其昏昏，使人昭昭”，由于对需要辨析词语的用法清单掌握有限甚至不准确，导致辨析不到位，效果欠佳。鉴于此，我们尝试从语料库语言学视角，以高频易混淆抽象名词为对象探查辨析的一种新路径。

（一）高频易混淆抽象名词的多词单位描写。若要对易混淆词进行辨析，必须先描写清楚相关抽象名词的多词单位。我们以“原因-理由”为例进行说明。现有描写手段大致如下：

第一类，权威词典的释义。如《现汉》(第7版)：

原因：名造成某种结果或引起另一件事情发生的条件。(2016:1611)

理由：名事情为什么这样做或那样做的道理。(2016:800)

第二类，同/近义词典的知识描述。如杨寄洲、贾永芬(2005:800)认为“原因-理由”有搭配差异，“原因”可以说成“事故原因、发病原因”，而“理由”可以说成“理由充足”，这些搭配不能互换。从语义上来看，“理由”多来自人的主观意念，“原因”有主观的也有客观的，“理由”是可知的，“原因”有可知的也有不可知的。

第三类，学者的相关研究，如张博（2011）指出"根据中介语实词偏误分布特征发现，意义抽象度高则易发生母语词义误推"，并认为英语学习者将义域较宽的 reason 向汉语推移，从而导致"原因-理由"混淆较为严重。

上述三类从不同角度对"原因-理由"进行了描写，各有侧重。第一类着重释义和例证；第二类着重近义辨析；第三类着重探讨致误原因。毋庸置疑，上述方法对人们掌握"原因-理由"的语义和异同有着重要的作用。但是这并不意味着"原因-理由"的语义知识和辨析途径仅限于此，我们还可以基于多词单位理念来考虑辨析的问题。

冯志伟（2010）指出："语言学知识固然在词典里、在语法书里，但是，这些语言学知识毕竟是通过语言学家对局部的语言现象归纳出来的，难免会有片面或错误的地方；更多的语言学知识还隐藏在语料库里，语料库是语言学知识最可靠的来源。"基于此，我们通过语料库观察易混淆抽象名词的多词单位，并使其语义知识得到较为充分的描写。多词单位提取的过程大致如下：（1）在相关语料库（如 BCC 语料库）中搜索关键词，观察索引行；（2）利用语料库自带的统计功能，提取多词单位，与此同时，也参考 Antcon 3.2.4w 软件的结果和研究者的语感；（3）综合运用结构语法学、语料库语言学等理论，人工甄别并归纳，进而获得关键词的多词单位。"原因-理由"的多词单位分别描述如下：

【原因】

1）MQ＋原因：一个原因、几个原因、一些原因、多种原因、一部分原因、一个特别的原因、一种真正的原因、另一个原因、第二个原因

2）有无 VP＋原因：有原因、无原因、毫无原因、没有原因

3）查找 VP＋原因：找原因、查找原因、查明原因、寻找原因、问原因

4）解释说明 VP＋原因：解释原因、说明原因、发现原因、分析原因、知道原因、告诉原因

5）致使 VP＋原因：造成……原因、导致……原因、产生……原因、引起……原因、形成……原因、促使……原因、促成……原因、致使……原因、带来……原因、酿成……原因

6）X原因＋致使 VP：X原因……造成、X原因……导致、X原因……产生、X原因……引起、X原因……形成、X原因……促使、X原因……促成、X原因……致使、X原因……带来、X原因……酿成

7）原因＋VP：原因是、原因在于、原因就是、原因不明、原因可能是

8）量化成分＋原因：种种原因、诸多原因、部分原因、许多原因

9）区别成分＋原因：主要原因、重要原因、根本原因、直接原因、真正原因、客观原因、深层（次）原因、特殊原因、常见原因、具体原因、内在原因、主观原因、基本原因、首要原因、真实原因、关键原因、人为原因、现实原因、外在原因、确切原因、复杂原因

10）NP＋原因：A）身体原因、健康原因、年龄原因、家庭原因、作风原因、技术原因、天气原因、政治原因、心理原因、体制原因、制度原因、生理原因、气候原因、经济原因；B）事故原因、故障原因、死亡原因、疾病原因、病情原因、问题原因、火灾

原因

11) P＋原因：由于……的原因、因为……的原因、为了……的原因、对……原因

12) R＋原因：这个原因、这种原因、这些原因、这是我的原因、那种原因

【理由】

1) MQ＋理由：一个理由、一条理由、某种理由、一种理由、一堆理由、一个充分的理由、一条充足的理由

2) 有无VP＋理由：有理由、没理由、没有理由、毫无理由、无理由、不无理由、还有理由

3) 说明VP＋理由：说理由、说明理由、说出理由、陈述理由、讲讲理由、编理由、列举理由、举出理由、阐明理由、提出理由、提供理由、找出理由

4) 成为VP＋理由：成理由、成为理由、充当理由、作为理由、做理由、是理由

5) (有)理由＋VP：理由是、有理由相信、有理由认为、有理由要、有理由说、有理由拒绝

6) AP＋理由：充分理由、正当理由、充足的理由、好理由、特殊理由、特别理由、重要理由、最好理由、新理由、根本理由、坏理由、怪理由、合理的理由

7) 量化成分＋理由：所有理由、种种理由、很多理由、许多理由、各种各样的理由、一些理由

8) 理由＋AP：理由充足、理由充分、理由合理、理由不够充分、理由不足、理由不妥

9）P＋理由：因为……理由、为了……理由、以……为理由、用……作理由、基于……理由

10）NP＋理由：表层理由、政治理由

11）R＋理由：我的理由、你的理由、他的理由、任何理由、这些理由、那些理由

需要说明的是，上述具体实例是根据频率高低进行排列的。描写时，使用了一些符号，如 MQ 代表数量短语、VP 代表动词成分、AP 代表形容词成分、NP 代表名词成分、X 代表未说明成分、P 代表介词成分、R 代表指称成分。上述符号属于操作性安排。关于多词单位的划分标准，我们是根据关键词的分布或搭配功能进行分类的。抽象名词作为名词的一个大类具有名词的基本属性，其组合的逻辑可能性无外乎以下几种：数量＋名、动＋名、名＋动、形＋名、名＋形、区别成分＋名、名＋名、介＋名、指量＋名。

语料库方面的研究者有时也把多词单位专门称为“型式”。所谓“型式”（Pattern），就是指特定词汇和语法结构共现的有意义的多词序列，包括实义词、语法词、短语或小句等，是对语料库中观察到的词语复现行为规律性的描写。型式是语法和词汇的交汇点，是一种短语学的形式意义复合体，同时也是意义呈现的一种方式。（Hunston & Francis 2000；Hunston 2001，2012；王勇 2008；陈功、梁茂成 2017）。为照顾体例，我们统一称之为多词单位。各大类多词单位基本稳定，大类下面的次类多词单位依据研究的需要会有一定的主观性。

（二）高频易混淆抽象名词的多词单位辨析。上述关于“原因-理由”的多词单位描写，相当于给出了“原因-理由”的用法清单。针对该清单，可以对“原因-理由”进行以下辨析：

第一,原因无好坏之分、无真假之分,“真实原因、真正原因”只是原因真实性的强调说法,因为人们不说“＊真原因、＊假原因”。原因可分为主要与次要、直接与间接、客观与主观、特殊与常见、内在与外在等。而“理由”一般不说“? 次要理由、? 直接理由、? 内在理由”等。

第二,“原因”经常与致使类动词共现,而“理由”无此类搭配。

第三,“N原因”搭配实例较多且多为消极语义,如“身体原因”就是指“身体不好的原因”,“天气原因”就是指“天气不好的原因”,“事故原因”里的“事故”本身就是消极词,而“理由”很少有此类搭配。

第四,有些用法二者都有,但是含义却有所不同,如“这是我的原因”可用于承认错误,而“这是我的理由”则可用于强调立场。

第五,“理由”可以与成为类动词搭配,如“成理由、作为理由”等,而“原因”很少有此类用法。

第六,“有理由”后往往还可以再出现动词,如“有理由相信、有理由认为”等,而“原因”无此用法。

第七,“理由”经常与形容词“充分、充足、正当、新、好、坏、怪”搭配,而“原因”无此用法。

第八,介词词组搭配方面,“理由”可以说成“以……为理由、用……作理由”,而“原因”很少有此类用法。

上述多词单位的描写辨析内容非常丰富,这并不是说教师在实际教学时,需要把所有多词单位的辨析内容一股脑儿都教给学生。教师应该将消极原则和积极原则相结合。消极原则是指,教师并不需要主动对学习者大讲特讲易混淆词的多词单位,不能喧宾夺主式地挤占学习者的操练机会。积极原则是指,教师在必须辨析时，能够“针对误点”积极地准确地综合利用语义、用法、多词单位等进行诊疗性辨析。

四、基于多词单位辨析的特点与价值

多词单位描写的特点在于：

首先，基于多词单位的辨析程序和操作性都相对稳定，配例更加客观、丰富。既见树木，也见森林，减少辨析点选择的主观性。

其次，多词单位分析与传统的语义差异分析不是矛盾关系，而是互补关系。众所周知，抽象名词的意义难以把握，空谈意义有时并无多大用处。基于实证数据的抽象名词多词单位研究，可以探究其具体使用环境、搭配限制，从而细化抽象名词意义和用法研究的颗粒度。多词单位分析类似用法词典，非常重视关键词的搭配和多词单位的提取，通过搭配和多词单位来描写关键词的语义和用法。要着重说明的是，多词单位并不只是重视搭配而不顾语义或用法。多词单位分析的本质是发现语义或用法上的差异。如苏英霞(2010)曾指出“原因”和“理由”的语义差异是：“理由”重在“理”，即行为的合理依据或事由；“原因”重在“因”，即事情的成因。多词单位分析并不排斥上述语义差异分析，而是对语义差异分析进行补充，我们希望从多词单位方面丰富易混淆词的辨析。

最后，从服务对象来看，汉语用法词典有服务教师和服务学生两种类型。多词单位理念下的易混淆词语辨析主要是服务汉语教师的，若要真正服务汉语学习者，还需要考虑简化语言学术语、控制词语和例句难度、针对误点和国别等复杂因素。

高频易混淆抽象名词多词单位描写的价值在于：

首先，能够方便、快捷地提供大量丰富的语言证据。其中，高频易混淆抽象名词的多词单位相对丰富，这更能凸显语料库语言学的用武之地。理论上，多词单位理念可用来分析各个词类，但鉴于抽象名词语义抽象、捉摸不定，利用多词单位来分析抽象名词问题，能化抽象为具体，提高分析和研究的可操作性，这是我们采用多词单位分析易混淆抽象名词的优势所在。

其次，有助于学习者相关语言产出的准确性、流利性。多词单位与传统的语块、预制短语、词汇化句干等概念有相通之处，多词单位指向实际运用，反映的是语言中的惯常性搭配，具有一定的语义语用特征。学习者倾向于将高频多词单位作为独立单位整体储存和提取，因此掌握大量的抽象名词多词单位对学习者有着至关重要的作用。有意识地帮助学习者归纳、记忆成块出现的各种高频抽象名词多词单位，对学习者的词汇学习和产出都有着积极作用。如在教学中，直接教给学习者“没办法、想办法”这些具体搭配，简单易行、高效实用。我们教学中的一个小规模统计说明，学习者在学习“办法-方法”这组词时，混淆率直接从原来的 85％下降到 19％。

再次，有利于加强学习者的习语意识。如关于“意思”的多词单位，我们可以对“有意思、没意思、好意思、不好意思”等进行说明。这类实例往往不是字面义的直接相加，而是习语化的，经常具有特殊的语用功能，对特殊多词单位的归纳有利于学习者掌握这些习语。

再者，给出频率依据，各个具体实例按照频率高低次序排列。“语料库研究着眼的是高频语言现象，适合揭示概率上具有规律性的常见特征。”（许家金 2017）如“VP＋意见”里，“征求意见、交换意见、提意见”是频率靠前的三个具体多词单位，在实际教学过程中，教师举例就有了频率依据。

最后，有利于解决易混淆词如何成组问题。很多同/近义词词典选用多个词语构成一组近义词，有的甚至多达七个词语，这种做法人为地加大了辨析难度。而多词单位视角下的词语辨析，重点不在于如何配对成组，而在于每个词语自身的多词单位与用法。若需要辨析，我们只需要把相关词语的多词单位拿出来，就可以进行针对性比较。

鉴于以上分析，可以看出基于多词单位的易混淆抽象名词语义知识描写和辨析，在颗粒度、具体性、丰富性上比之前的描写手段有了较大提升，同时也考虑到了频率因素、语义韵等维度。传统词典呈现词语意义，现有词表收录词条、词频等信息，而多词单位研究则是对传统词典、词表的重要补充，促使相关研究真正转向实际应用。

五、多词单位辨析需要注意的问题

多词单位不仅适合用来辨析高频易混淆抽象名词，也适合其他易混淆词的辨析。对于多词单位，我们还应该注意以下几个问题：

多词单位具有层级性，如“N＋N、V＋N、A＋N、MQ＋N、P＋N”等属于高层多词单位。高层多词单位又有下位类别，如 MQ＋N 多词单位，依据 Q 的不同，可分出不同下位多词单位，如“一个工作、一种工作、一些工作”等。多词单位层级性的划分是将来研究的一个重要课题。

多词单位与意义密切相关，不同意义倾向于使用不同多词单位区分；特定多词单位倾向于与具有特定含义的词项关联。如

"对……有意见"与"对……的意见"，多词单位不尽相同，意义也不尽相同。

语料库语言学既是手段、方法，也是理念、科学。我们对多词单位的优点和不足要有清楚的认识，因为一种语言理论不可能包打天下，多词单位亦如此。多词单位在描写词语的意义和用法时具有一定的优势：重视词汇的组合搭配，强调短语学理念；但也有自身的局限，比如在结合句法，语用，语篇等方面有待加强。

余　论

本书对抽象名词进行了专题研究，有综合也有个案，这种交错研究使抽象名词研究在深度和广度两个方面都有所改观，也获得了一些新的结论。由于汉语抽象名词量大面广，因此依然有很多问题尚待进一步研究。大致归纳如下：

第一，针对汉语抽象名词用法的研究依然薄弱。综观汉语研究，对某类词性的词进行用法解释的词典已经出版了多部，如：孟琮、郑怀德、孟庆海、蔡文兰编纂的《汉语动词用法词典》（商务印书馆，1999）；郑怀德、孟庆海编纂的《汉语形容词用法词典》（商务印书馆，2003）；齐沪扬主编的《现代汉语语气成分用法词典》（商务印书馆，2011）；郭先珍主编的《现代汉语量词用法词典》（语文出版社，2002）；方清明编著的《现代汉语介词用法词典》（商务印书馆，2017）；袁毓林主编的《汉语形容词造句词典》（商务印书馆，2018）。

它们极大地推动了动词、形容词、量词、语气词、介词的研究。但是到目前为止，尚未见到对汉语名词进行系统收录和用法解释的词典，学界需要出版一部《现代汉语名词用法词典》。这类词典的编撰需要名词下位类别的充分研究。只有诸如汉语抽象名词、汉语时间名词、汉语地点名词等下位类别得到充分研究以后，这类词典的编撰才能有扎实的学术基础，才能真正有学术含量。今后我们将继续考察各类名词的用法，为名词用法词典的编撰做准备。

第二，需要开展抽象名词的语际对比研究。我们曾经对汉语-印尼语的抽象名词进行了初步考察，发现两种语言的抽象名词之间存在“汉语有-印尼语无”“汉语无-印尼语有”“汉语多-印尼语少”三种情况。词形兼类方面，部分汉语抽象名词可兼类为动词或形容词，而印尼语通过词形变化对相关兼类进行形式区分。印尼语构成抽象名词的词缀可分为四种：前缀、中缀、后缀和夹缀，其中夹缀式派生具有相当的特殊性。从句法功能来看，印尼语抽象名词经常充当主宾语。另外，印尼语抽象名词与量词搭配及其重叠形式都具有特点。再如，由汉字构成的日语抽象名词与汉语抽象名词就不尽相同，或者说很多都不同。例如日语里“元气”是精神的意思，而“大丈夫”则可以表达“没事儿”的意思。汉语“味道”有引申义，可以表达趣味、兴趣的意思，如“这部小说越看越有味道”。而日语里“味道”只有滋味的意思，没有“兴趣”的意思。坦率而言，我们对抽象名词的跨语言对比、类型学规律或倾向的研究依然较少，这是今后研究的一个重要方向。

第三，由于抽象名词的重要性与特殊性，除本书指出的几种研究路径之外，依然存在颇有启发的方法值得参考，如我们可以参考语言哲学（尤其是日常语言学派）对某些抽象名词（关键概念）的独到分析。这些方法都有待于进一步尝试并逐步运用到抽象名词研究中。例如，在哲学文献里，“后果”一词当“结果”使用的现象很常见，而如果运用语料库语言学，从搭配角度就能很好地说明它们之间的差异。另外，基于语料库发现“部分原因”“结果的链条性”等，这些都有利于语言哲学相关问题的深入探讨。可以这样说，当哲学家冥思苦想语言使用的哲学规律时，如果能参考一下大数据背景下语料库里语词的真实用法，或许能更快更好地帮助这些哲学家获得有用的东西。语言研究的哲学路径和哲学研究的语言路径相辅相成,不可偏废。

第四,本书仅仅是抽象名词研究的一个开端,权当抛砖引玉。本书虽然涉及很多抽象名词个案,但是依然不全面,基于语义类别的探讨依然不充分,如情感类、情状类、新闻消息类、形势、方法、性质等类别的抽象名词都有待详细探讨。

参考文献

奥托·叶斯柏森　2010　《语法哲学》(何勇等译)，商务印书馆。

蔡基刚　2003　《英语写作与抽象名词表达》，复旦大学出版社。

曹先擢　晁继周　2004　《〈现代汉语词典〉的历史地位(代序)》，《〈现代汉语词典〉编撰学术论文集》(韩敬体编)，商务印书馆。

陈　功　梁茂成　2017　《型式语法的产生、特点及其应用价值》，《外语学刊》第1期。

陈嘉映　2014　《说理》，华夏出版社。

陈　平　1987　《汉语零形回指的话语分析》，《中国语文》第5期。

陈　原　1987　《变异和规范化》，《语文建设》第4期。

陈振宇　叶婧婷　2014　《从"领属"到"立场"——汉语中以人称代词为所有者的直接组合结构》，《语言科学》第1期。

储泽祥　2004　《"对着"的虚化过程及其语法地位》，《语言学论丛》(第29辑)，商务印书馆。

催　蕊　2008　《"其实"的主观性和主观化》，《语言科学》第5期。

刁文瑛　2012　《基于语料库的现代汉语度量类抽象名词搭配研究》，暨南大学硕士学位论文。

董春利　2007　《对外汉语词典中抽象名词的释义研究》，河北大学硕士学位论文。

董秀芳　2004　《"是"的进一步语法化：由虚词到词内成分》，《当代语言学》第1期。

董秀芳　2007　《词汇化与话语标记的形成》，《世界汉语教学》第1期。

董秀芳　2004　《汉语的词库与词法》，北京大学出版社。

董秀芳　2009　《句法构式与词汇化》，《科学发展：文化软实力与民族复兴》(北京师范大学编)，北京师范大学出版社。

杜厚文　1988　《科技汉语中的长定语》，《语言教学与研究》第3期。

渡边丽玲　1998　《助动词“能”和“会”的句法语义分析》，《面临新世纪挑战的现代汉语语法研究》（陆俭明主编），山东教育出版社。
段业辉　1987　《“这样”的语义指向和已知信息的代词化》，《汉语学习》第6期。
范庆华　董淑华　1996　《“东”“西”趣谈》，《东疆学刊》第4期。
方　梅　2000　《自然口语中弱化连词的话语标记功能》，《中国语文》第5期。
方　梅　2002　《指示词“这”和“那”在北京话中的语法化》，《中国语文》第4期。
方　梅　2005　《篇章语法与汉语篇章语法研究》，《中国社会科学》第6期。
方　梅　2007　《语体动因对句法的塑造》，《修辞学习》第6期。
方清明　2012　《论现代汉语“XP的是，Y”有标格式》，《语言教学与研究》第1期。
方清明　2013　《基于语料库的抽象名词教学策略探析》，《景德镇高专学报》第5期。
方清明　2013　《论汉语叙实性语用标记“实际上”——兼与“事实上、其实”比较》，《语言教学与研究》第4期。
方清明　2014　《汉语抽象名词的语料库研究》，《世界汉语教学》第4期。
方清明　2015　《〈现代汉语词典〉抽象名词语义韵的定量、定性研究——基于语料库和Antcon3.2.4w技术》，《辞书研究》第4期。
方清明　2015　《基于语料库和软件技术的抽象名词搭配研究》，《汉语学习》第3期。
方清明　2015　《万德勒的词类次范畴学说及其影响》，《浙江外国语学院学报》第3期。
方清明　2016　《论抽象名词词串的语篇照应功能》，《汉语学习》第4期。
方清明　2016　《重论抽象词“影响”的语义韵性质——基于大规模语料库和Antcon 3.2.4w技术》，《海外华文教育》第5期。
方清明　2017　《现代汉语介词用法词典》，商务印书馆。
方清明　彭小川　2011　《论“问题”的搭配能力与临时概念化功能》，《语言科学》第4期。
冯胜利　2009　《汉语的韵律词法与句法》，北京大学出版社。
冯胜利　2010　《论语体的机制及其语法属性》，《中国语文》第5期。
冯胜利　2012　《语体语法：“形式-功能对应律”的语言探索》，《当代修辞学》第6期。

冯志伟 2006 《〈应用语言学中的语料库〉导读》,Corpora in Applied Linguistics(Susan Hunsto),世界图书出版公司。

冯志伟 2010 《从语料库中挖掘知识和抽取信息》,《外语与外语教学》第4期。

符淮青 1996 《词义的分析和描写》,语文出版社。

付 娜 申旼京 2010 《易混淆词辨析中的构组原则及其实施方案——以韩语背景学习者汉语易混淆词为例》,《华文教学与研究》第4期。

高 航 2007 《现代汉语名动互转的认知语法考察》,中国人民解放军外国语学院博士学位论文。

顾曰国 2000 《语料库语言学入门》导读,An Introduction to Corpus Linguistics (Graeme Kennedy),外语教学与研究出版社。

桂诗春 2010 《语料库应用教程》序言,《语料库应用教程》(梁茂成、李文中、许家金著),外语教学与研究出版社。

郭 放 李文中 2011 基于语料库的affect的对比研究(摘要),《中国语料库语言学大会论文摘要》,北京外国语大学。

郭慧志 谢学敏 张 普 2005 《抽象名词和组织类名词的限定作用》,《全国第八届计算语言学联合学术会议(JSCL-2005)论文集》,南京。

郭 锐 2004 《现代汉语词类研究》,商务印书馆。

郭 智 2013 《篇章中基于不同抽象程度的名词聚类及其在产品设计领域中的应用》,西安电子科技大学硕士学位论文。

哈杜默德·布斯曼 2003 《语言学词典》,商务印书馆。

哈特曼·斯托克 1980 《语言与语言学词典》,上海辞书出版社。

韩 蕾 2013 《现代汉语指人名词研究》,中国书籍出版社。

何安平 2004 《语料库在外语教育中的应用:理论与实践》,广东高等教育出版社。

何自然 2005 《语言中的模因》,《语言科学》第6期。

贺 阳 2008 《现代汉语欧化语法现象研究》,商务印书馆。

胡明扬 1997 《词类问题考察续集》,北京语言文化大学出版社。

胡文彬 2014 《"抽象名词+上"的附缀化现象研究》,华中师范大学硕士学位论文。

胡英彬 2012 《"意见"的语义偏移研究》,黑龙江大学硕士学位论文。

黄伯荣 廖序东 2002 《现代汉语》(增订三版),高等教育出版社。

黄理兵 2015 《从"是"看联系项的作用》,《汉语学报》第1期。

吉益民 2015 《"X+这东西":一种评述性有标话题建构》,《汉语学习》第

5 期。
江蓝生 2004 《跨层非短语结构“的话”的词汇化》,《中国语文》第 5 期。
江蓝生 2013 《〈现代汉语词典〉第 6 版概述》,《辞书研究》第 2 期。
姜 红 2009 《具体名词和抽象名词的不对称现象》,《安徽大学学报》第 3 期。
匡鹏飞 2010 《“地位”和“地步”的词义演变及相互影响》,《语文研究》第 1 期。
拉波夫 2001 《拉波夫语言学自选集》,北京语言文化大学出版社。
黎锦熙 1992 《新著国语文法》,商务印书馆。
李大强 2013 《事实与真——“事实”的哲学用法分析》,《社会科学研究》第 3 期。
李行健主编 2004 《现代汉语规范词典》,外语教学与研究出版社和语文出版社。
李晋霞 2008 《现代汉语动词直接做定语研究》,商务印书馆。
李如龙 2005 《百年中国语言学的两度转型》,《学术研究》第 1 期。
李先银 2012 《容器隐喻与“有+抽象名词”的量性特征》,《语言教学与研究》第 5 期。
李向农 2003 《现代汉语时点时段研究》,华中师范大学出版社。
李新良 2010 《现代汉语叙实词语研究》,浙江大学硕士学位论文。
李英哲 1990 《实用汉语参考语法》,北京语言学院出版社。
李宇明 2002 《语法研究录》,商务印书馆。
李子云 1995 《词语搭配的制约因素》,《安徽教育学院学报(哲学社会科学版)》第 3 期。
李宗江 2008 《表达负面评价的语用标记“问题是”》,《中国语文》第 5 期。
连淑能 1993 《英汉对比研究》,高等教育出版社 。
梁茂成 李文中 许家金 2010 《语料库应用教程》,外语教学与研究出版社。
廖秋忠 1986 《现代汉语篇章中指同的表达》,《中国语文》第 2 期。
廖秋忠 1987 《篇章中的管界问题》,《中国语文》第 4 期。
凌子惠 刘正光 2008 《概念合成限制理论对汉语“抽象 N1+N2”结构的解释力》,《外语学刊》第 5 期。
刘丹青 1987 《当代汉语词典的词与非词问题》,《辞书研究》第 5 期。
刘丹青 2003 《语序类型学与介词理论》,商务印书馆。
刘丹青 2008 《汉语名词性短语的句法类型特征》,《中国语文》第 1 期。

刘丹青　2010　《汉语是一种动词型语言——试说动词型语言和名词型语言的类型差异》,《世界汉语教学》第1期。

刘　磊　2009　《现代汉语抽象名词及其搭配分析》,河北师范大学硕士学位论文。

刘乃叔　敖桂华　2003　《近义词使用区别》,北京语言大学出版社。

刘颂浩　2005　《怎样训练阅读理解中的概括能力》,《对外汉语教学研究》,教育科学出版社。

刘　婷　2014　《对外汉语抽象名词的教学研究》,陕西师范大学硕士学位论文。

刘文欣　2004　《“程度词＋名词”结构中名词语义特征初探》,《北方论丛》第3期。

刘子瑜　2006　《试论粤方言“V到C”述补结构的语法化及其与“V得C”述补结构的互补分布》,《语言研究》第3期。

龙　涛　2011　《抽象名词的隐喻性“有界”空间范畴义》,《武汉大学学报》第4期。

陆俭明　1994　《关于词的兼类问题》,《中国语文》第1期。

陆俭明　2007　《从量词“位”的用法变异谈起》,《语言科学》第6期。

陆俭明　2007　《日本现代汉语语法研究论文选》序言,北京语言大学出版社。

陆镜光　2004　《说“延伸句”》,《庆祝〈中国语文〉创刊50周年学术论文集》(中国社会科学院语言研究所编),商务印书馆。

罗陈霞　朱　彤　2004　《经贸汉语高级教程》,外语教学与研究出版社。

吕　禾　2002　《现代汉语词语褒贬义研究》,黑龙江大学硕士学位论文。

吕叔湘　朱德熙　1953　《抽象词语》,《语文学习》第11期。

吕叔湘　1979　《汉语语法分析问题》,商务印书馆。

吕叔湘　1983　《中性词与褒贬义》,《中国语文》第5期。

吕叔湘主编　1999　《现代汉语八百词》(增订本),商务印书馆。

马海兰　2012　《“东西”的语用功能分析》,《太原师范学院学报(社会科学版)》第5期。

马燕华　庄　莹　2002　《汉语近义词词典》,北京大学出版社。

马英新　2009　《〈现代汉语词典〉(第5版)双音节名转形兼类词及研究》,河北师范大学硕士学位论文。

马　真　陆俭明　1996　《“名词＋动词”词语串浅析》,《中国语文》第3期。

梅家驹　竺一鸣　高蕴琦　殷鸿翔　1996　《同义词词林》(第二版),上海辞书出版社。
孟 琮 郑怀德 孟庆海 蔡文兰 2005 《汉语动词用法词典》，商务印书馆。
潘 璠 2012 《基于语料库的语言研究与教学应用》，中国社会科学出版社。
潘雪莲 2011 《词典中名词释义模式的选择》，《辞书研究》第3期。
彭 睿 1996 《名词和名词的再分类》，《词类问题考察》（胡明扬主编），北京语言文化大学出版社。
彭小川 1999 《副词“并”“又”用于否定形式的语义、语用差异》，《华中师范大学学报》第2期。
彭小川 许 琨 2010 《汉语二语教学中教学手段运用的针对性问题》，《华语教学与研究》第1期。
彭小川 严丽明 2007 《“全部”“所有”和“一切”的语义考察》，《世界汉语教学》第4期。
彭漪涟 1991 《论事实——关于事实的一般涵义和特性的探讨》，《学术月刊》第11期。
祁 峰 2011 《“X的是”：从话语标记到焦点标记》，《汉语学习》第4期。
齐沪扬等 2004 《与名词动词相关的短语研究》，北京语言大学出版社。
钱乐奕 杨 晖 2005 《论汉语道歉言语行为的回应》，《合肥工业大学学报（社会科学版）》第1期。
钱 颖 2014 《“以X名义”格式之“名”“实”考辨》，华中师范大学硕士学位论文。
杉村博文 2006 《“VN”形式里的“现象”和“事例”》，《汉语学报》第1期。
邵敬敏 1993 《量词的语义分析及其与名词的双向选择》，《中国语文》第3期。
沈家煊 1999 《不对称和标记论》，江西教育出版社。
沈家煊 1999 《转喻和转指》，《当代语言学》第1期。
沈家煊 2006 《“糅合”和“截搭”》，《世界汉语教学》第4期。
沈家煊 2006 《概念整合与浮现意义》，《修辞学习》第5期。
盛玉麒 2011 《语料库方法：语言学研究的范式转型》，《中国社会科学报》8月23日第015版。
施春宏 2001 《名词的描述性语义特征与副名组合的可能性》，《中国语文》第3期。
施春宏 2002 《试析名词的语义结构》，《世界汉语教学》第4期。

石毓智　2001　《肯定和否定的对称与不对称》，北京语言文化大学出版社。
宋潇潇　周昌乐　2009　《“东西”本义辩及换喻思维》，《湖南大学学报（社会科学版）》第2期。
苏宁宁　2014　《现代汉语抽象名词及其与名词的搭配》，山东师范大学硕士学位论文。
苏新春　2005　《汉语释义元语言研究》，上海教育出版社。
苏英霞　2010　《汉语学习者易混淆虚词的辨析视角》，《汉语学习》第2期。
孙慧妍　2006　《“问题是”的篇章连接作用》，《井冈山学院学报》第5期。
孙茂松　黄昌宁　方　捷　1997　《汉语搭配定量分析初探》，《中国语文》第1期。
孙燚兵　2011　《现代汉语抽象名词和量词的搭配研究》，大连理工大学硕士学位论文。
孙永梅　2008　《对外汉语抽象名词释义模式研究与“HSK抽象名词多维释义数据库”的建立》，北京语言大学硕士学位论文。
谭景春　1998　《名形词类转变的语义基础及相关问题》，《中国语文》第5期。
谭景春　2015　《谈谈词典释义的三条基本原则——以〈现代汉语词典〉第6版释义修订为例》，《辞书研究》第2期。
唐正大　2006　《汉语关系从句的限制性与非限制性解释的规则》，《语法研究和探索》（十三），商务印书馆。
陶红印　1999　《试论语体分类学的语法学意义》，《当代语言学》第3期。
全国斌　2009　《现代汉语粘合式结构范畴化研究》，安徽大学出版社。
王碧辉　2009　《中性词语语义偏移研究》，黑龙江大学硕士学位论文。
王国璋主编　2001　《汉语褒贬义词语用法词典》，华语教学出版社。
王　还主编　2005　《汉语近义词典》，北京语言大学出版社。
王洪君　富　丽　2005　《试论现代汉语的类词缀》，《语言科学》第5期。
王洪君　2011　《汉语的特点与语言的普遍性》，《基于单字的现代汉语词法研究》，商务印书馆。
王　惠　2004　《现代汉语名词词义组合分析》，北京大学出版社。
王　惠　朱学锋　1998　《现代汉语名词的子类划分及定量研究》，《面临新世纪挑战的现代汉语语法研究》（陆俭明主编），山东教育出版社。
王　江　2005　《篇章关联副词“其实”的语义和语用特征》，《汉语学习》第1期。
王佳毅　2005　《由“结果”连接的复句研究》，湖南师范大学硕士学位论文。

王建芳　2010　《事实·命题·符合——情境语义学视野下的“真”》,《湘潭大学学报(哲学社会科学版)》,第4期。
王锦凤　2010　《抽象名词及其兼类问题研究》,上海师范大学硕士学位论文。
王　珏　2001　《现代汉语名词研究》,华东师范大学出版社。
王　力　1985　《中国现代语法》,《王力文集》(第2卷),山东教育出版社。
王　宁　2002　《单语词典释义的性质与训诂释义方式的继承》,《中国语文》第4期。
王小莘　张　舸　1998　《“时间”与“时候”》,《语言教学与研究》第3期。
王秀丽　2012　《篇章分析中的概述回指》,《当代语言学》第3期。
王亚新　2007　《“有N+VP”和“有VP的N”之间的语义和功能差异》,《日本现代汉语语法研究论文集》,北京语言大学出版社。
王永娜　2012　《非计量“一+量词”语法功能与语体构成机制》,《汉语学习》第6期。
王永娜　2013　《谈书面语中“动词性成分名词化”的语法机制》,《华文教学与研究》第3期。
王　勇　2008　《行走在语法和词汇之间——型式语法述评》,《当代语言学》第3期。
王泽鹏　张燕春　2005　《语义韵律理论》,《同济大学学报(社科版)》第4期。
王长存　2005　《论事实》,《光明日报》10月11日第8版。
王志武　1986　《说“事儿”》,《语文教学通讯》第9期。
维特根斯坦　1996　《哲学研究》(李步楼译),商务印书馆。
卫乃兴　2002　《语义韵研究的一般方法》,《外语教学与研究》第4期。
卫乃兴　2011　《词语学要义》,上海外语教育出版社。
卫乃兴　李文中　濮建中　2005　《语料库应用研究》,上海外语教育出版社。
邬明燕　2006　《对名词“结果”的形容词定语的考察》,《语文学刊》第6期。
吴为善　邱　薇　2010　《粘合定中结构“N双+N双”的整合度高低及其层级分布》,《世界汉语教学》第1期。
吴亚欣　于国栋　2003　《话语标记语的元语用分析》,《外语教学》第4期。
肖忠华　戴光荣　2010　《汉语译文中习语与词簇的使用特征:基于语料库的研究》,《外语研究》第3期。
肖忠华　许家金　2008　《语料库与语言教育》,《中国外语教育》第1期。

萧　频　2008　《印度尼西亚学生汉语中介语易混淆词研究》，北京语言大学博士学位论文。

辛　平　2013　《基于语料库的动宾搭配中定语受限问题研究》，《汉语学习》第4期。

邢福义　2002　《"由于"句的语义偏向辨》，《中国语文》第4期。

修丹丹　2010　《"影响"的语义偏移研究》，黑龙江大学硕士学位论文。

徐赳赳　2003　《现代汉语篇章回指研究》，中国社会科学出版社。

徐赳赳　2007　《现代汉语篇章中启后性分析》，《和谐社会：社会建设与改革创新——2007学术前沿论丛》（下卷）（北京市社会科学界联合会、北京师范大学编），北京师范大学出版社。

徐时仪　2010　《"东西"成词及词义演变考》，《汉语学报》第2期。

徐通锵　1997　《核心字和汉语的语义构辞法》，《语文研究》第3期。

徐小旋　2012　《留学生抽象名词习得过程研究》，《汉语作为第二语言的词汇研究与词典编写》（邢红兵主编），中国书籍出版社。

许家金　2011　《语料库语言学研究——计算机时代的"田野调查"》，《中国社会科学报》7月5日14版。

许家金　2017　《语料库研究学术源流考》，《外语教学与研究》第1期。

许晓华　2012　《二价名词的词典释义和配例》，《辞书研究》第4期。

薛宏武　2012　《"有着"语义语法功能的形成及其"着"的问题》，《汉语学习》第5期。

荀恩东　饶高琦　肖晓悦　臧娇娇　2016　《大数据背景下BCC语料库的研制》，《语料库语言学》第1期。

杨惠元　2003　《强化词语教学，淡化句法教学——也谈对外汉语教学中的语法教学》，《语言教学与研究》第1期。

杨寄洲　2004　《课堂教学中怎么进行近义词语用法对比》，《世界汉语教学》第3期。

杨寄洲　贾永芬　2005　《1700对近义词语用法对比》，北京语言大学出版社。

杨　琳　2012　《物品称"东西"探源》，《长江学术》第1期。

杨尚文　2010　《量度否定的认知语用阐释》，《语言暨语言学》第11卷第4期。

杨尚文　2010　《没＋NP结构的量度特征分析》，《汉语学报》第1期。

杨永华　2008　《现代汉语叙实性话语标记语研究》，扬州大学硕士学位论文。

姚双云 2007 《连词“结果”与“所以”使用差异的计量分析》,《宁夏大学学报(人文社会科学版)》第6期。
姚双云 2010 《连词“结果”的语法化及其语义类型》,《古汉语研究》第2期。
尹 慧 2005 《汉语“[(一)(量)]名”结构及其英语对应形式的研究》,延边大学硕士学位论文。
俞士汶 朱学锋 王 惠 张芸芸 2003 《现代汉语语法信息词典详解》(第二版),清华大学出版社。
袁毓林 1995 《词类范畴的家族相似性》,《中国社会科学》第1期。
袁毓林 1995 《现代汉语二价名词研究》,《现代汉语配价语法研究》,北京大学出版社。
袁毓林 2014 《汉语词义识解的乐观主义取向——一种平衡义程广泛性和义面突出性的策略》,《当代语言学》第4期。
泽诺·万德勒 2008 《语言学中的哲学》(陈嘉映译),华夏出版社。
曾 蕾 梁红艳 2012 《“事实”定位及其投射系统》,《现代外语》第1期。
张伯江 1994 《词类活用的功能解释》,《中国语文》第5期。
张伯江 2007 《语体差异和语法规律》,《修辞学习》第2期。
张伯江、方 梅 1996 《汉语功能语法研究》,江西教育出版社。
张 博 2007 《同义词、近义词、易混淆词:从汉语到中介语的视角转移》,《世界汉语教学》第3期。
张 博 2008 《第二语言学习者汉语中介语易混淆词及其研究方法》,《语言教学与研究》第6期。
张 博 2008 《外向型易混淆词辨析词典的编纂原则与体例设想》,《汉语学习》第1期。
张 博 2011 《二语学习中母语词义误推的类型与特点》,《语言教学与研究》第3期。
张 博 2013 《针对性:易混淆词辨析词典的研编要则》,《世界汉语教学》第1期。
张 博 2017 《汉语二语教学中词语混淆的预防与辨析策略》,《华文教学与研究》第1期。
张高远 杨晓军 2004 《英语抽象名词研究新视角——〈作为概念外壳的英语抽象名词:从语料库到认知系统〉评述》,《外语教学与研究》第6期。
张国宪 2006 《现代汉语形容词功能与认知研究》,商务印书馆。
张 今 刘光耀 1996 《英语抽象名词研究》,河南大学出版社。

张立飞　严辰松　2013　《汉语复杂名词短语的独“的”偏好——整合语料库和认知语言学的证据》,《外语教学》第 1 期。
张维友　2000　《语篇构架中的特殊词汇——准实义词》,《外语与外语教学》第 6 期。
张新华　2015　《感知类叙实动词研究》,《语言教学与研究》第 1 期。
张新华　2017　《短时副词“顿时”的叙实特征研究》,《语文研究》第 2 期。
张　璇　2008　《汉语量词“种、类、样”探析》,暨南大学硕士学位论文。
张　妍　2006　《欧美学生汉语中介语易混行为动词、心理动词及其辨析方法研究》,北京语言大学硕士学位论文。
张谊生　2007　《附缀式新词“X 门”试析》,《语言文字应用》第 4 期。
张永言　汪维辉　1995　《关于汉语词汇史研究的一点思考》,《中国语文》第 6 期。
张志毅　张庆云　2005　《新华同义词词典》,商务印书馆。
赵大明　2005　《释义是检验辞书编纂质量的关键》,《辞书研究》第 3 期。
赵　新　李　英　2012　《学汉语近义词词典》,商务印书馆。
赵艳芳　2001　《认知语言学概论》,上海外语教育出版社。
赵元任　1979　《汉语口语语法》(吕叔湘译),商务印书馆。
赵元任　1980　《中国话的文法》(丁邦新译),香港中文大学出版社。
中国社会科学院语言研究所词典编辑室编　2014　《现代汉语词典》(第 6 版),商务印书馆。
钟　俊　张文宇　张　丽　2015　《词典释义的三个悖论》,《辞书研究》第 4 期。
周毕吉　2008　《“结果”的语法化历程及语用特点》,《汉语学习》第 6 期。
周国光　1990　《关系集合名词及其判断句》,《语言教学与研究》第 2 期。
周绍珩　1980　《马丁内的语言功能观和语言经济原则》,《国外语言学》第 4 期。
周小涛　王　军　2014　《认知语用视域下的概述回指分析》,《外语研究》第 4 期。
周一民　2006　《名词化标记“一个”构句考察》,《汉语学习》第 2 期。
朱德熙　1980　《现代汉语语法研究》,商务印书馆。
朱德熙　1982　《语法讲义》,商务印书馆。
朱德熙　1984　《变换分析中的平行性原则》,《中国语文》第 6 期。
朱德熙　1985　《语法答问》,商务印书馆。
朱淑君　2005　《能受程度副词修饰的“有＋名”结构》,《江南大学学报(人文社会科学版)》第 6 期。
邹韶华 1986 《名词在特定语境中的语义偏移现象》,《中国语文》第 4 期。
邹韶华 1988 《中性词语义偏移的原因及其对语言结构的影响》,《语法研究和探索》(四),商务印书馆。
邹韶华 2001 《语用频率效应研究》,商务印书馆。
邹韶华 2004 《求真集:对汉语语法问题的一些思索》,生活·读书·新知三联书店。
邹韶华 2007 《中性词语义偏移的类型与成因》,《外语学刊》第 6 期。
Biber, Douglas, Stig Johansson, Geoffrey Leech, Susan Conrad, and Edward Finegan 1999 *Longman Grammar of Spoken and Written English*. Beijing: Foreign Language Teaching and Research Press.
Biber, Douglas, Susan Conrad, and Randi Reppen 1998 *Corpus Linguistics: Investigating Language Structure and Use*. Cambridge: Cambridge University Press.
Biq, Yung-O (毕永峨) 2004 People, things and stuff: General nouns in spoken mandarin. *Studies in Linguistics* 30(1): 41-64.
Britt, Erman, and Beatrice Warren 2000 The idiom principle and the open choice principle. *Text* 20(1): 29-62.
Firth, John Rupert 1957 *A synopsis of linguistic theory*, in J. R. Firth *et al*. (eds.). *Studies in Linguistic Analysis*. Oxford: Blackwell.
Flowerdew, John 2002 A pedagogic grammar of signaling nouns in discourse. *Revistacanaria de studios Ingleses*.
Flowerdew, John 2003 Signaling nouns in discourse. *English for Specific Purposes* 23(1): 1.
Flowerdew, John, and Richard W. Forest 2015 *Signaling Nouns in English: A Corpus-Based Discourse Approach*. Cambridge: Cambridge University Press.
Goldberg, Adele Eva 1995 *Construction: A Construction Grammar Approach to Argument Structure*. Chicago: The University of Chicago Press.
Goldberg, Adele Eva 1996 Making one's way through the data, in M. Shibatani and S. A. Thompson (eds.), *Grammatical Constructions*. Oxford: Oxford University Press.
Halliday, Michael A. K. 2004 *The Language of Science*. London:

Continuum.

Halliday, Michael A. K. ,and Hasan Ruqaiya 1976 *Cohesion in English*. Harlow: Longman Pub Group.

Hamawand, Zeki 2008 *Morpho-Lexical Alternation in Noun Formation*. *New York*: Palgrave Macmillan.

Hsu, Yen-ching (许砚晴) *General noun, dongxi, in spoken Mandarin*. http://2013. web. nhcue. edu. tw/ezcatfiles/2013/img/img/754/P209. pdf.

Hunston, Suan 2001 Colligation, lexis pattern and text, in Michael Hoey (ed.) *Pattern of Text in Honour of Michael Hoey*. Production Engineering.

Hunston, Suan 2012 *Pattern Grammar. The Encyclopedia of Applied Linguistics*. Oxford: Blackwell Publishing Limited Company.

Hunston, Suan, and Francis Gill 2000 *Pattern Grammar: A Corpus-Driven Approach to the Lexical Grammar of English*. Amsterdam: John Benjamins.

Lakoff, George 1982 模糊限制词和语义标准,廖东平(廖旭东)译,《国外语言学》第2期.

Langacker, Ronald W. 1987 *Foundations of Cognitive Grammar: Volume* I. Palo Alto: Stanford University Press.

Leech, Geoffrey N. 1987 *Semantics*(李瑞华等译),上海外语教育出版社.

Lenk, Uta 2000 Stabilized expressions in spoken discourse, in C. Mair and M. Hundt (eds), *Corpus Linguistics and Linguistic Theory*. Amsterdam: Rodopi.

Liu, Feng-his (刘凤樨) 2012 The count-mass distinction of abstract nouns in mandarin Chinese. *UCLA: Working Papers in Linguistics, Theories of Everything* (Volume 17), Article 26: 215-221

Lyons, John 1977 *Semantics* I. Cambridge: Cambridge University Press.

Lyons, John 1977. *Semantics* Ⅱ. Cambridge: Cambridge University Press.

Mahlberg, Michaela 2005 *English General Nouns: A corpus Theoretical Approach*. Amsterdam: John Benjamins.

Quirk, Randolph, Greenbaum Sidney, Leech Geoffrey, and Svartvik Jan

1985 *A Comprehensive Grammar of the English Language*. London: Longman.

Radden, Günter, and Dirven René 2007 *Cognitive English Grammar*. Amsterdam: John Benjamins.

Sag, Ivan A., Timothy Baldwin, Francis Bond, Ann Cope Stake, and Dan Flickinger 2002 Multiword expressions: A pain in the neck for NLP. *In Proc. of CICLing'02*, 1-15.

Schmid, Hans-Jörg 2000 *English Abstract Nouns as Conceptual Shells: From Corpus to Cognition*. Berlin & New York: Mouton de Gruyter.

Schmid, Hans-Jörg 2007 Non-compositionality and of lexico-grammatical chunks: A corpus study of noun phrases with sentential complements as constructions. *Zeitschrift für Anglistik und Amerikanistik*. Texas Press. 51: 313-340.

Schwenter, Scott A., and Traugott. Elizabeth C. 1995 The semantic and pragmatic development of substitutive complex prepositions in English, in Andreas H. Jucker (ed.), *Historical Pragmatics*. Amsterdam: John Benjamins.

Searle, John R. 1976 A classification of illocutionary acts. *Language in Society* 5(1): 1-23.

Sinclair, John McH 1991 *Corpus, Concordance, Collocation*. London: Oxford University Press.

Sinclair, John McH 1998 The lexical item, in E. Weigand (ed.), *Contrastive Lexical Semantics*. Amsterdam: John Benjamins.

Sinclair, John McH 2005 The phrase, the whole phrase and nothing but the phrase. *Plenary Lecture Presented at Phraseology*, Louvain-la-Neuve, October.

Sperber, Dan, and Deirdre Wilson 2001 *Relevance Communication and Cognition*. Beijing: Foreign Language Teaching and Research Press.

Stubbs, Michael 2007 Quantitative data on multi-word sequences in English: The case of the word 'world', in M. Hoey, M. Mahlberg, M. Stubbs, and W. Teubert (eds.), *Text, Discourse and Corpora*. Continuum.

Svartvik, Jan 1992 Directions in corpus linguistics. Proceedings of nobel symposium 82, 4-8 August. *Trends in Linguistics Studies and*

Monographs. Berlin: Mouton de Gruyter.

Thompson, Sandra 2007 Three frequency effects in syntax, in Joan Bybee (ed.), *Frequency of Use and the Organization of Language*. Oxford: Oxford University Press.

Ungerer, Friedrich, and Schmid Hans-Jörg 2009 *An Introduction to Cognitive Linguistics*.（中译本，彭利贞等译，复旦大学出版社）

Vendler, Zeno 1967 *Linguistics in Philosophy*. Ithaca: Cornell University Press.

Wray, Alison 2002 *Formulaic Language and the Lexicon*. Cambridge: Cambridge University Press.

Xiao, Richard（肖忠华）, and Mcenery Tony 2006 Collocation, semantic prosody, and near synonymy: A cross-linguistic perspective. *Applied Linguistics* 27(1): 103-129.

附录1：国外抽象名词研究概况

国外学者对抽象名词进行了深入研究，下面这些著作对本书的写作有着直接或间接的启发作用。

一、Zeno Vendler(1967)的“抽象名词三分观”

(一) 物体、事件与事实的三分对立。 传统研究对抽象名词无能为力，仅仅局限于具体与抽象二分，除此之外并无太多建树。Zeno Vendler(泽诺·万德勒)在《哲学中的语言学》(1967：122—146)一书里对“事实、事件”有精辟的论述，首次突破抽象与具体二分传统，明确地提出物体、事件、事实三分观。

Vendler指出第一世界为物体，“物体”有体积和形态，我们可以触摸它们、观看它们、从不同的角度和距离看见它们，还可以推拉它们，把它们切开撕碎。物体处于某个位置，它们位于某处。通过移动、滚动或走动，通过升或降，它们可以改换位置。它们能够包容或者被其他物体包容，就像盒子可以盛放雪茄一样。总而言之，物体处于空间之中。物体能处于时间之中吗？物体不会出现、开始或结束。它们处在一个位置上，但它们并不在某一时刻发生。物体反映在语言上即为物体名词，如桌子、椅子、房屋等。事件与空间不具有直接关系。

第二世界为事件，事件主要是时间性的存在，它不直接处于空间之中。事件能够被看见、被听到、被经历、被遵守,可以被观察或被观看,可以是突然的、逐渐的、激烈的、长期的。事件和行为可以出现、发生、开始、持续、结束,如火与暴风雪可以发生、开始、结束。事件不位于某处,也不能在某个地方找到。事件反映在语言上即为事件名词,如地震、冲击波、暴雨等。必须指出的是,Vendler论述事件及事件名词,具有新意。Vendler是最早明确提出事件名词概念的学者之一,这直接推动了事件名词的深入研究。Vendler认为"暴雨、早饭、战争、疾病、灾难、典礼"等一批名词,语义上既有一般名词的事物性、指称性和空间性,同时还有动作性、陈述性和时间性,这类名词可称为事件名词。

第三世界为事实,事实根本就不处于时空之中。它们没有处所,不能移动、分割或扩展,它们也不会在任何意义上出现、发生或持续。事实可以被提及、被否定或被想起,反映在语言上即为抽象名词。

Vendler进一步区分了"结果、作用、原因、后果"等抽象词语。认为"结果"本身是事实,但却由事件产生,而"作用"总是与事件相关。"原因"本身是事实,但它却可以导致过程或事件。"后果"总是不期而遇的,"后果"与"结果"的差异在于"幸运的得到结果,倒霉的得到后果",通俗地说,"后果"具有贬义性。

(二)Vendler抽象名词三分观的影响。Vendler抽象名词三分观所带来的影响似乎并不亚于其提出的动词四分观。Lyons《语义学》(1977)、Langacker《认知语法基础:理论前提》(1987)、Schmid《作为概念外壳的英语抽象名词:从语料库到认知系统》(2000)、Mahlberg《英语概括名词:语料库理论的方法》(2005)等著作无不承继Vendler的思想精髓。

Lyons(1977:438—451)进一步阐释了 Vendler 的思想,认为物理性的物体被称为第一性实体(First-order entities)。人、动物、事物都是第一性实体,其中人具有突出地位,比动物具有更多的独特个性。

第一性实体在时间的任何节点上都存在于某个位置,具有三面体空间,可以观察,可以被指称、被定义,其性质可以描写。它们占有空间并且可被感知。这些名词比较容易被指称,同时这也致使其很难实现临时概念化功能。

第二性实体是指事件、过程等,它们存在于时间之中,具有时间延续性,可以出现或发生,但不能存在。它们处于时间流之中,它们的典型特征是"发生"而不是"存在"(Lyons 1977:443)。第二实体需要更多的认识参与和概念的建构。第三性实体是作为命题的抽象实体,在时间与空间之外。

第三性实体不可观察,不能位于空间之中,也不能占有时间,具有非时空性特征。它们可以被肯定、否定、记住或忘记,可以表达命题性态度。Lyons 认为第一实体最为具体,第二实体较为抽象,只能在时间维度展现。第三实体最为抽象,但是它们具有被证实、否定、记住或忘记的特征,第三实体与可能世界有关,这类与命题有关,话语是思维的语言表达。第一实体可以直接物理感知,第二实体是非直接心理感知。进一步而言,Lyons 认为动作是动态、施事事件,过程是动态、非施事事件,而状态则是非动态、非施事事件。

Langacker 在《认知语法基础:理论前提》(1987:183—274)里对 Things、Atemporal relations、Processes 等基本概念所做的阐释与 Vendler 的思想契合。Schmid 的《作为概念外壳的英语抽象

名词:从语料库到认知系统》(2000)专著则是英语抽象名词研究的集大成者。Schmid 认为"抽象性"与"笼统性"只是决定空壳名词(也就是抽象名词)身份的语义前提,不应作为区别性的标准,"具体—抽象"对立的传统二分法失之简单(张高远、杨晓军 2004)。Schmid 指出空壳名词值得研究的两大理由:第一,很多空壳名词使用非常频繁,如:case、fact、idea、news、point、problem、report、thing 等都是高频词语。它们是语言和概念表现的强有力的工具。第二,抽象名词是一种普遍性的存在。Schmid 考察了 670 个空壳名词,并认为有三条功能标准可以定义空壳名词:(1)空壳名词的语义功能特征是联系复杂从句或延伸更长的篇章中的信息功能块;(2)空壳名词的认知功能是临时概念化功能:把复杂的信息块打包成临时的名词概念,提供清晰的概念边界;(3)空壳名词的篇章功能:名词化的概念往往指示其后的内容从句,而内容从句则对空壳名词起到填充、充实作用,空壳名词为听话人在整个篇章中解释不同语句、段落提供向导。

综而观之,针对抽象名词的次范畴化研究,后继学者无不承继 Vendler 抽象名词三分观的理论精髓,以取代笼统的"抽象"说,这无疑有利于加深抽象名词研究。

二、Hans-Jörg Schmid(2000)的空壳名词研究

Schmid 的研究成果对本书的研究具有直接推动作用(Hans-Jörg Schmid 曾向笔者慷慨赠阅其抽象名词专著)。本节对 Schmid 的《作为概念外壳的英语抽象名词:从语料库到认知系统》(2000)一书做一个大致的介绍。

该书关注抽象名词及其语言表现,认为最典型、最常见的实例

是“case、chance、 fact、idea、news、point、problem、position、reason、report、situation、thing”等，这些名词的典型特征是能放入两个语法槽中：

1. 限定词＋修饰语＋名词＋后置名词性 that 从句或者 wh 从句或者 to 不定式

2. 限定词＋修饰语＋名词＋是＋补语性 that 从句或者 wh 从句或者 to 不定式

The (big) problem was that I had no money.（最大的问题是我没有钱。）

其他普通名词不太能进入上述结构，因为不是所有普通名词都是抽象名词。Schmid 将能用于上述结构的名词称为空壳名词。为了加深大家对空壳名词的印象，Schmid 列举了典型的常见的实例。基于意义，空壳名词可以分为 6 类：

事实类：fact、thing、point、problem、reason、difference、upshot

语言类：news、message、rumour、report、order、proposal、question

心理类：idea、notion、belief、assumption、aim、plan、decision

道德类：possibility、truth、permission、obligation、need、ability

事件行为类：move、measure、reaction、attempt、tradition、trick

环境情况类：context、place、area、time、way、approach

空壳名词由开放功能类组成。有的完全符合定义，有的部分符合，有的完全不符合，空壳名词遵循原型范畴效应。Schmid 认为，空壳名词研究在语言学界未能得到应有的重视。早期有语言学家注意到这类词语的特殊性，如 Jespersen（1927：24—26）指出 fact 可以帮助连接从句，这些抽象名词可以成为组织篇章的方式，并认为是在篇章中起到连接作用的连接词。Menzel(1975)认为在句法深层层面这些抽象名词为从句核心名词。Hallida & Hasan(1976)称为"概括名词"(General noun)。这些名词都体现语义一般性和非具体性。Francis(1993)认为有400多个宽泛意义名词。

Schmid认为空壳名词可以组织、概括复杂的、详细的信息块。空壳名词值得研究,理由如下:在英语中,很多空壳名词使用非常频繁。它们是语言和概念表现的强有力的工具。例如:

> The Government's aim is to make GP's more financially accountable, in charge of their own budgets, as well as to extend the choice of the patient. Under this new scheme, family doctors are required to produce annual reports for their patients...

这个实例中的空壳名词有三种作用:第一,与后续部分产生联系,它们是同位性关系;第二,标注这些信息是一种目标;第三,把这些复杂信息纳入到简单的空壳名词短语之中。画线的is表达前后是一种解注关系。说话人用空壳名词帮助接受者理解这些信息的要旨。说话人在展开具体信息之前已经比较容易地知道它属于某一种目标。

抽象名词值得研究的另外一个重要原因在于,抽象名词的普遍性,如"the thing is that these children for instance are badly behaved ones usually"中的the thing有话语触发器(Utterance launchers)的功能。从命题角度来看,它们在形式上可能或多或少有点羡余,这恰恰暗示它们在语用、修辞和信息分布方面却会起到重要作用。作者从多方面考察空壳名词：第一，理论和方法视角：如何定义空壳名词和空壳内容，如何系统考察它们。第二，描写视角：对于哪一种复杂内容说话者使用哪一个空壳名词。第三，功能视角：从语义、语用、修辞、篇章、认知动因方面考察空壳名词的用法，为什么它们使用得如此频繁。

在第二章里，Schmid 指出，虽然抽象名词在学界不怎么受关注，但是还是有学者对其进行过探讨，如 Halliday & Hasan (1976)探讨了名词的衔接功能。Winter(1992)提出了"非具体名词"概念。Halliday 和 Hasan 着重关注这些词语在篇章中的关联作用。Francis(1986)称其为照应名词，认为这些名词起到照应形式的作用。Winter(1977:2)和 Hoey(1979)认为这是一种词汇标记。照应名词是读者从上下文中找到具体信息的标记。Ivanič (1991)称为携带性名词(Carrier nouns)，比起字典意义，它们在上下文中经常携带特殊的意义。Francis(1994)认为是延伸话语的标记。如可以把抽象名词隐喻为"Encapsulate"，起到一种胶囊功能，有一种包装作用。Schmid 认为用空壳名词可以涵盖容器、标记、包装等意象，因此采用"空壳名词"来称说。

Schmid 认为从功能方面定义空壳名词及空壳内容具有复杂性。从功能角度定义，存在一些问题，即不能穷尽所有空壳名词，Schmid 考察了 670 个空壳名词。空壳名词的判断标准上，其中间地带是模糊(fuzzy)的。试比较：

实际内容名词：teacher、cat、journey

空壳名词：fact、problem、idea、aim

具有照应功能的指代词：she、it、this、that

实际内容名词有很多具体内容是说话者想表达的,实际内容名词或多或少具有静态指示作用。实际内容名词主要描写“人、事物、动物、职务、行为、事件、性质、环境”等。代词具有照应功能,没有潜在的特征,如人称代词 I、you、he、she、it、we、they 等,它们具有少量的语义维度,说话者与听话者、人与非人、单数与复数、男性与女性,等等。this、that 也只是指示空间。空壳名词则具有中间性,具有一定的内容,人们可以用来表征一系列特征,如“经验、事实、问题、想法、目标”等。空壳名词具有一定的指示作用,和当前经验具有一定的稳定关系。cat 代表现实世界中某种具体动物,而抽象名词具有抽象和非具体的意义,因此说话者只能在一般意义上刻画其经验。具体内容需要通过上下文来显示。在这一点上,倒是与代词相类似,代词具有照应功能。实际内容名词很难具有连接功能,实际内容名词比较适合篇章外的外指功能。而空壳名词在连接功能方面类似于代词的照应功能。

总的来说,空壳名词是一种独特的语言现象,原因在于:第一,空壳名词具有三种功能,刻画、形成概念和连接功能;第二,它在概念稳定性和信息适应性方面取得很好的平衡。

在概念形成方面,当一个词经常重复性表达某类具体的经验时,语言形式与意义之间或多或少具有了稳定的映射关联。这也就是 Leech 所说的“词形成概念的能力”。如“旅行”概念化了一个事件,这个事件看似简单,其实非常复杂。再如抽象名词“爱情、通货膨胀、民主”等,这些词存在于人们的意识之中。要准确无误地给“爱情”一个定义的话,却非常难,因为人们有不同的经验。总之,概念的形成给人两种假象:第一,词代表简单实体,具有清晰的边界;第二,具有清晰边界的实体具有自身的性质。词形成概念的能力在抽象名词方面的体现尤为突出。

在第三章里，Schmid探讨了空壳名词与内容之间的联系。运用词汇语法模式来链接空壳名词和内容。主要有四种类型：(1)空壳名词＋that从句；(2)空壳名词＋是＋that从句；(3)参考项目＋前置修饰语＋空壳名词；(4)参考项目做主语＋是＋空壳名词。如“But it is a good idea to stop and think about it”和“To stop and think about it is a good idea”等。

在第四章里，Schmid对空壳名词系统进行了考察。指出了语料库的作用，认为大规模语料库搜集的语料应该是真实的，而不是人造的。计算机能够处理大量的数据，而人的能力是有限的。检索数据具有客观性，这种研究能够被其他研究者在相同或不同的语料库里重复验证。Schmid此处阐述了一个很重要的原则：篇章实例的高频将丰富人们的认知体系。即篇章中使用的频率能够进一步说明认知体系上的倾向性或规律性。

在第五章里，Schmid对空壳名词的语义条件进行了探讨。认为抽象性有两点至关重要：第一，从意义上来说，基于传统方法，不能看见或触摸到的为抽象名词的典型语义特征；第二，在给定的篇章中所具有的抽象性风格。

书中还提及外延抽象性与抽象实体的分类。从外延视角来看，抽象名词是其指称的事物，而不是物理世界里具体的某种事物，不能看见，也不能摸着。严格来说，抽象性不是名词本身，而是其指称的抽象性。如fact、feeling、idea、intention、hope、view这些词都是指不可触摸的概念或思想。有些名词是极具争议的，如“面积、地区、场所”这些词都指处所，毫无疑问，处所是具体物理世界中的一部分。更有争议的是，抽象名词指称行为时的抽象性，如

“战役、错误、拒绝、反应”等。以“战役”为例,它概括了真实物理世界中的大量行为。这说明从外延视角定义抽象性显得太过粗糙,我们需要更为具体的、有效的定义。Lyons(1977:442—445;1979:93—95;1989:168—170)与传统的两分不同,采用三分观,认为事件、状态、过程和行为在意义上比人和事物要抽象,在时间维度上也不是稳定的存在。但是又没有观念和命题抽象,因为它们在物理世界发生,第二世界实体在时间轴上发生。第三世界实体能够被肯定或否定,能被记住或忘记。也有人称为直接物理感知的事件与间接心理感知的事件。

Schmid 对第二实体和第三实体做出了进一步详细的分类,如在第二实体的事件下分为行为、过程、状态三个子类事件。三者所区分的标准在于:行为是动态的、有施事的;过程强调动态,但不凸显施事;状态则不是动态的,也不强调施事。第三实体(抽象关系)分为事实类、命题类、话语类三个子类抽象关系。这三个子类的区分标准在于,事实是事情的状态,命题是思维的客观化,话语是命题的语言表达。

书中讨论了风格抽象性与语法隐喻的关系。事件、状态、行为和过程在外延上的抽象性不强,但是在风格上用抽象的方式来说明具体事件,认知语法学称为识解的概念化。Halliday 称之为语法隐喻(Grammatical metaphor)。该概念认为,真实世界事件状态可以有两条表达途径,一个是逐字表达,一个是隐喻表达。如“Mary saw something wonderful”是逐字表达。从句则是具体思想的投射。如 event、action、act、process and state 表征第二实体,一般来说,概括名词、语义非具体性、一般图式往往容易与抽象性混淆。

形容词性的“abstract”意思是,一般思想的或原则的,而不是具体事例或真实事件的。非具体性不是从外延而是从内涵来理解的。如果名词具有非具体性则往往是指具有较少的语义维度。抽象名词并非一般意义上声称的语义非具体性,如“opportunity”就涉及很多语义特征维度。以“reason”为例,它本身所提供的信息非常有限,但它传达一个事件致使了另外一个事件,这样“reason”就有两个语义空隙需要填充。所以空壳名词可以有具体语义空缺,这些语义空缺需要填充,这些空缺使得空壳名词是非具体的。

Schmid 探讨了空壳名词的典型性程度。他认为不是所有名词都是抽象名词,不是所有抽象名词都是高频、具有原型意义的抽象名词。第一类,最为核心的典型抽象名词是第三实体,第三实体往往是概括一个经验和表征,如“概念、事实、争论、原则、问题、事情”。英语里有 concept、fact、issue、principle、problem、thing、reason、idea、notion、message、rumour、legend,这些词在形态上都是不可分析的,不是从动词或形容词等词类派生而来的。第二类,较好的空壳名词。该类与基本空壳名词的区别是,前者一般不能被后者取代,大量较好的空壳名词与动词和形容词的形态有关,如 order、proposal、guess、belief、assumption、plan、likelihood、certainty、permission、attempt、effort、habit。第三类,不太好的抽象名词或者边缘抽象名词。边缘抽象名词表达的不是抽象关系而是事件,不太好的空壳名词内容可能非常复杂,不太符合前面所罗列的标准。如 move、measure、reaction、situation、way、procedure、place、area、time、stage。

Schmid 对抽象名词的分类也有探讨,例如:

事情类:事情、事实、现象

原因类:原因(原因、背景)

结果(结果、作用)

联系、关联

奖励、补偿

证据类:证据、证明、标记、符号

比较类:异同、差异、相似性

部分类:方面(方面、特征、因素)

部分(部分、基础、基本)

用例(例子、例外)

态度类:问题(问题、困难、障碍、麻烦)

优点(优点、益处、好处)

讽刺(讽刺、重要性、创新性)

悲剧(悲剧、害羞)

奇迹(奇迹、感觉)

命题类用法:新闻、观点、论点、消息

格言、标语

谣言、蜚语、耳语

秘密、传说、神话、教条

言语性用法:宣言、报告、预测、声明、公告、法令、争论、报告、故事、预测

需要说明的是,从英汉对比角度来看,英语中的 similarity 是一个词,而汉语里的“相似性”则是由动词词根“相似”加上类后缀“性”构成。在词化程度上,前者比后者要高。另外,英语的 shame 可以是抽象名词,而汉语的“害羞”是形容词。

三、Michaela Mahlberg(2005)的《英语的概括名词》

Mahlberg指出语料库就是收集了大量机读文本用于调查语言的仓库。语料库提供了一个基础的频率信息，而这些频率现象有的是人类难以注意到的。

传统研究如词典、语法、参考书或者教材都未能很好地利用语料库。即使是错误的事实，传统研究也认为是小事。如传统往往把any与some对比，认为any用于否定句和条件句中，其实语料库里发现，有大致50%的any用于肯定句式。

实际上，在英语里，概括名词也未引起广泛关注。在人类直觉和语言事实使用方面，概括名词往往存在不匹配现象。频率假设要求语料库研究关注高频名词。词频表显示，一般来说靠前的都是功能词，如Kennedy(1998:97)认为英语里频率前五十的词语都是功能词，只有said像是个例外。而基于专门语域形成的词表，则可以体现出实词的高频性质。Michaela Mahlberg以Halliday & Hasan(1976)的概括名词为理论起点，如Mahlberg(2005:1)引用了如下一段话：

> On the borderline between grammatical and lexical cohesion is the cohesive function of the class of GENERAL NOUN. We can speak about a borderline here because a general noun is itself a borderline case between a lexical item (member of an open set) and a grammatical item (member of a closed system). The class of general noun is a small set of nouns having generalized reference within the major noun

classes, those such as 'human noun', 'place noun', 'fact noun' and the like. Examples are:

people, person, man, woman, child, boy, girl [human]
creature [non-human animate]
thing, object [inanimate concrete count]
stuff [inanimate concrete mass]
business, affair, matter [inanimate abstract]
move [action]
place [place]
question, idea [fact]

(Halliday & Hasan 1976: 274)

Mahlberg 指出,Partington(1998:90)认为研究概括名词的文献还很少,毫无疑问,它没有得到应有的重视,"可能的原因是概括名词的意义太过一般了"(Halliday & Hasan 1976:276),先前的研究大多未基于电子语料库形式来研究。语料库语言学家还将研究词汇的篇章依赖性,认为意义的描写必须基于篇章模式。Mahlberg(2005:3)以 20 个概括名词为例进行详细的分析,它们是"time、year、people、years、world、way、day、life、man、part、end、women、place、things、men、business、family、thing、times、woman"。这些概括名词可以大致分为时间类、指人类、世界类三种。Mahlberg 从定量、定性角度分析了它们的特征,她重点指出了概括名词所具有的篇章特征和词汇项目的联系特征。概括名词的指称特征在实义名词和代词之间,下面是被广泛提到的例子:

I turned to the ascent of the peak.	The ascent The climb The task The thing It	is

perfectly easy.

(Halliday & Hasan 1976:279)

上述用例显示，thing 是一个概括名词，最后是代词 it。方框中的词语从上到下，表达变得越来越概括，概括名词 thing 之前为代词 it。再如 Francis(1994:85)认为以下用例里的 this problem 已经词汇化并且起到评价和打包一个话语的功能：

> The second generation antibody now under development is an attempt to get around this problem by 'humanising' the mouse antibodies, using a technique developed by.

Mahlberg 还指出评价的三种定义：第一，表达说话人或作家的意见，以反映该人与其他人的交际；第二，建立和维持说话人和听话者之间的关系；第三，组织话语。意义观察的方式也多种多样，一种意义之所以能够被观察到，是因为它经常反复与某个具体的词语搭配，如 take place。重复出现的词语不一定显示很强的意义关系，但仔细检查，可能会揭示该词在功能上的诠释。一个例子是词语序列 years of，它被解释为一种带 of 的手段。以近义方式呈现，devoting his time、spending the day 两个本不相同，但是在投入时间上却是近似的。

四、Flowerdew & Forest(2015)的英语标记名词研究

《英语里的标记名词:基于语料库和语篇的方法》(*Signalling Nouns in English: A Corpus-Based Discourse Approach*)是John Flowerdew和Richard W. Forest两位学者合写的新著,2015年由英国剑桥大学出版社出版,是"英语语言研究"系列丛书之一。

该书前半部分(第1—5章)重在探讨与标记名词相关的理论问题,尤其关注一些悬而未决的争议性难题。所谓标记名词是指类似于"T. Cartels encounter two characteristic problems. The first is..."用例中的抽象名词problems。

首先,标记名词大多属于抽象名词,这是其基本特征,像problem、fact、chance、idea等标记名词的词汇意义往往都比较空泛、模糊,只有在上下文里其意义才能被锚定(anchored)和具体化(specification)。

作者特别强调标记名词研究的语篇视角,标记名词是一个功能范畴而非形式范畴,它不仅是词汇和结构现象,更是语义语篇现象。标记名词的另一个显著特征是,尽管其可以在众多学科语篇里出现,但是在学术语篇里尤其高频。在语篇中,标记名词所表达的复杂概念通常与整个句子甚至段落相关。标记名词通过概念化复杂的语义内容以体现和维持语篇的连贯性。第一种情况是,一些维持话语连接性的成分被压制到标记名词里,所以标记名词容易在语篇里携带复杂意义。另一种情况是,标记名词只是一个标记,它对即将到来的语篇内容起到预示作用。使用标记名词,其突出的优点在于,能够帮助说话者标记和追踪(labelling and tracking)语篇里的复杂概念,从而不需要经常重复这些复杂的细节内容。

从宽泛意义来说,标记名词具有元语言用法。它是语篇组织的有效机制,有助于语篇推进和延伸,有助于解释语篇层次之间的关系。用照应理论来说,标记名词具有包装和压实意义的作用,并且能通过(复杂)从句、句子甚至段落等来延伸语篇。正因为标记名词突出的语篇属性,作者采用标记名词替代了“空壳名词”(Shell noun)或“容器名词”(Container)等称谓。

虽然标记名词的范畴大小,属于封闭类还是开放类,在学界尚未有定论,但标记名词核心成员是相对稳定的,数量也是相对有限的。

接下来,作者探讨了标记名词的语法特征。作者探讨了已有文献里标记名词的一系列句法和语篇模式特征,如在学术语篇里“this/these+SN”是一个非常高效的句法模式特征。此外作者还探讨了一些前人尚未关注到的模式:如介词模式,如 in addition to;标记名词后带标点符号模式,如“processes:或者 problem,”等带有冒号或者逗号的情形。

作者分析了标记名词的语义特征。标记名词的语义特征主要表现在三个方面:经常充当上位范畴词,大多源自抽象名词,具有不变意义(词典意义)和可变意义(语境意义)。它们都是判断标记名词的重要标准。该章另外一大突出之处在于,作者在 Winter(1977)的“第三类词”和 Schmid(2000)“空壳名词”分类的基础上,把标记名词分为 6 个下位类别,分别是:(1)行为(Act)类,这类标记名词表示行为、事件和世界变化的概念,多伴随心理加工过程,如 reaction、experiment、change、application、conversion 等。(2)意念(Idea)类,这类标记名词被识解为内心状态、意义、思维、感觉等过程,一般都有人的参与,相关从句往往表达某种感觉、思维、想法。

其典型成员如 assumption、prediction、belief、theory、idea、concept 等。(3)言语(Locution)类,这类如 question、discussion、argument 等,另外语篇名词 section、paper、chapter 等也属于此类。(4)事实(Fact)类,这类与客观世界的信息有关,如 thing、result、example、effect 等。(5)情态事实(Modal fact)类,这类词在学术语篇里具有重要意义,如 probability、possibility、likelihood、responsibility 等。(6)情况事实(Circumstantial fact)类,这类词可以用 where、when、how、why 来提问,典型成员如 way、approach、condition、time、place、manner、cause 等。要注意的是,作者声称这六个下位分类并非一对一的关系,在不同的语境下,某一标记名词可能归于不同的类别,如 point 可划归为情况事实类,也可以归入言语类。

标记名词具有语篇特征。标记名词具有元语言名词(Metalanguage noun)特征,所谓"元语言名词"是指能够组织和解释语篇的名词。在系统功能语言学理论体系下,逻辑语义关系是最基本的语篇衔接关系,如"一般-特别关系、例证、包装、对比、逻辑-结果关系、时空关系、因果关系、评估-依据关系、方式-目的关系、条件-结果关系"等。基本的语篇结构有"情况-评价、假设-验证、问题-解决"等类别。无论是逻辑语义关系,还是基本的语篇结构,标记名词都能够很好地标记这些关系。这验证了标记名词语篇属性的重要性。标记名词与投射、解释之间的关系错综复杂。例如 reason 经常标示增强的逻辑语义关系,thing 可以标记解释和增强关系、example 表示例证详述关系、solution 却又可以标示延伸关系。

在判断标准方面,作者认为不存在一个简单框架能够做到对外排他性和对内一致性的完全统一。因此作者采用多框架、多因素的广义标准来界定标记名词。其中最主要的一条就是只要某抽象名词可以回指或者下指，那么该抽象名词就属于标记名词用法。另外，双价标记名词、带前置或后置修饰语的标记名词、标记名词的重提、含标记名词的预制语块、语篇名词、带量化成分的标记名词等也都是影响标记名词的界定和定量的具体因素。

作者自建语料库的规模为 613514 词，由 52 篇自然学科和 49 篇社会学科文献组成，包括化学、物理、工程、法律、社会学等。该语料库规模虽然不大，但是其专用性较强，其赋码和标注都有针对性地覆盖了标记名词的诸多细节信息。作者展示了标注标记名词的各种语篇、句法模式的详细用例。如紧邻从句回指（Anaphoric，across-clause，proximal）在语料库里，每百万词次出现 6090 例。紧邻从句下指（Cataphoric，across-clause，proximal）在语料库里，每百万词次出现 5363 例。

基于语料库统计，作者考察了标记名词在语料库的分布情况。其中的一个发现是，社会学科和自然学科在使用标记名词时的频率之比居然为 7∶3。作者认为，这是由自然科学大量使用专业术语所致，专业术语的使用量与标记名词的频率大致成反比例关系。作者罗列了语料库中最高频的 50 个标记名词，前十位的是 case、way、problem、result、thing、theory、model、idea、example、effect。

作者利用定量数据分析了标记名词与语体的关系。期刊、教材和讲座语体使用标记名词的频率之比大致是 40∶30∶30。自然学科与社会学科在标记名词的使用方面大不相同，如自然领域高频标记名词有 equation（87.6%）、solution（87.0%）、method（73.8%）、problem（52.8%）、model（52.2%）、result（51.9%）、thing（50.3%）等。而社科领域的高频标记名词有 right（100.0%）、policy（99.4%）、 issue(96.6%)、theory(94.9%)、argument(93.1%)等。具体到更为细致的学科专业,标记名词的频率表现也不尽相同。如 equation 在工程领域使用达 59.8%,在物理领域达到 19.6%;right 在法律领域达到 64.7%,在政治领域为 22.4%;strategy 在商务领域达到 67.5%;procedure 在政治领域达到 70.2%,等等。

从语篇风格来看,标记名词也有着自身的使用特点,期刊语体里高频标记名词如 model(86.3%)、policy(57.6%)、method(56.9%)、result(54.2%)、argument(52.7%)、effect(51.9%)、approach(51.6%)、difference(51.2%)等。教材语体里高频标记名词如 solution(78.0%)、strategy(60.5%)、equation(50.6%)、theory(50.4%)等。演讲语体里高频标记名词如 thing(91.4%)、idea(78.9%)、procedure(65.2%)、point(55.7%)、way(52.2%)。

作者提供了整个语义类别的相对频率排列表,认为相对频率在不同语体和风格语篇里具有高度一致性,但是有个明显的例外,如自然学科里意念类标记名词的使用频率偏低。具体表现为,在所有语篇里,意念类标记名词位列第二,占比为 21.7%,而在自然科学里位列第四,占比为 13.6%。上述数据说明意念类标记名词更多用于社会学科语篇,而较少用于自然科学语篇。

作者认为标记名词的跨从句分布远比从句内部指称要高频。这直接说明,对于标记名词,与其看作句法现象还不如看作语篇现象。在篇内照应方面,回指比下指要高频,紧邻照应比跨距照应高频。在从句内部照应方面,to 形式要比 that 高频。另外,作者还考察了标记名词的跨学科变异性。一方面,标记名词的一些模式在多个学科都有所运用,如 CNAdj、ANAcp、CNwhR、CNvth、CNAcp 等。而另一方面,标记名词的有些模式在不同学科里却出现了偏离，如 ANacd 和 CNacd 在工程和物理语篇里异常偏高。

该书作者之一香港城市大学 John Flowerdew 教授多年潜心研究英语标记名词，2002 年以来发表标记名词的论文近 10 篇。他是该书另一作者 Richard W. Forest 的导师。因此该书是他们十多年来研究英语标记名词的集大成之作。

附录 2:《同义词词林》收录的抽象名词

《同义词词林》收录词语近七万，全部按意义进行编排，是一部类义词典。《同义词词林》坚持以词义为主，兼顾词类的分类原则。该词典第四大类收录“抽象事物”，这一部分词语多属于抽象名词，数量可观。正如该书所称“本书是提供读者一个同义词词语仓库”，因此对“抽象事物”只是一个量上的收集，并无深入细致的探究。

我们这里仅摘录较为高频的抽象名词，摘录标准略为宽泛。基本按照义类来安排。所摘录词语在义类归属方面可能存在交叉重合，正如该书自序里所说“由于语义的分类关系错综复杂，有些类别相互渗透、交织在一起，难于绝对划分，因此，部分词的类别只能是相对的”。我们摘录抽象名词，是为了说明汉语抽象名词的绝对量很大，语义复杂，同时也希望为后续研究做一个铺垫。抽象名词共计 935 个。

事情、事件、事故、事项

情况、变故、波折、意外

比方、例如、譬如、实例

问题、疑问、疑难、嫌疑、难题、难点、难关

过程、进程、经过、历程

理由、借口、事由

开端、开始、开头、苗头

最后、最终、结果、结尾、结局、下场、终局

往事、历史、前途、前程、经历、阅历、前景、出息

磨难、风霜、风浪

环境、条件、顺境、逆境、家境

福气、福、眼福、耳福、口福、手气、功德

灾难、灾祸、灾、灾荒

痛苦、苦、困苦、苦难

人情、好处、恩惠、甜头

苦头、甜头、想头、吃头、做头、搞头、想头、看头

分歧、矛盾、隔阂、过节、芥蒂

荣誉、荣耀、光荣、光彩

耻辱、污点、污秽

成就、成果、硕果、结晶、果实、业绩、功绩、功劳

过失、毛病、是非、好坏、差错、过错

经验、心得、教训、印象

生命、寿命、性命

生活、日子、小日子

消息、音信、新闻、情报、通讯、风声、传闻、传说、传言、信息

行为、形势、趋势、态势、阵势、局势、局面、事态、气候、风云、风声、全局、败局、时势、时局

样子

高潮、低潮、潮流、浪潮、思潮

情况、情形、情状、状况、事态、状态、动静、真情、实情、境况

实际、事实、真相、底细、内幕、根底、背景、来头、来路、概况、

概貌

地方、境地、地步、境界

现象、迹象、征象、征候、症状、苗头

下落(否定)、着落、踪迹、行踪

气候、气象、天气

效用、功能、功用、作用、效率、效能、效益、功效、效力、力量、功力

用处、用途、实效

名声、名气、名头、名誉、声誉、信誉、名望、威望、威风、气势

情面、人情、面子、脸面、脸皮、体面

势力、权势、权力

事物、东西、物质、对象、目标、目的、把子

原因、缘故、原故[①]、原委、缘由、来由、来头、起因、缘起、成因、内因、外因、诱因

结果、后果、结局、究竟、到底、下文、产物、名堂、报应

根源、本源、渊源、源头、来源

证据、佐证、凭证、凭据、信物

根据、依据、论证、论据

借口、托词、理由

把柄、小辫子

典故、出处

目的、宗旨、要旨、宏旨

规律、法则、规则、规章、法律

① 字形依《同义词词林》,余同。

道理、事理、真理、真谛、情理、哲理

意义、意思、含义、涵义、定义、界说、本义

头绪、条理、脉络、体系、系统、思路

立场、立脚点、立足点、立论

角度、视角、观点、出发点

方法、法子、办法、点子、主意、设法儿

窍门、诀窍、技巧、技术、门道、路径、渠道、手段

关系、关联

友谊、交情、情分、缘分

形状、样子、形态、形象、造型、模样、地形、地势、体形、体态

状态、式样、样式、形式、花样、款式

风景、景色、景致、风光、景物、景象、光景、情景、面貌、现象、气象

容貌、相貌、面貌、外貌、体貌、姿势、姿态、架势、手势

神情、神色、神气、表情、态度、姿态、情态、仪态

风度、风采、派头、气质、气派

性质、习性、特性、属性、性能

优点、缺点、长处、缺陷、短处、瑕疵、毛病、通病

益处、好处、利益、害处、坏处、利弊

特征、特点、特色、特性、风味

差别、差异、区别

范围、范畴、规模、局面、地盘

方面、领域、领土、环节

系统、体系

种类、类别、品种、品类、批次、类型、门类、部类、项目、花色、物

种、项目

结构、构造、布局、组织、体制、建制、制度

次序、次第、程序、顺序、层次、层级、排行、等次、行列

表面、外表、外貌、实质、精神、本质、本色、原形、面目

根本、基础、基本

关键、要点、关节、焦点

核心、中心、本位、重点、基点

因素、要素、元素、成分

标准、基准、原则、规格、准则、榜样、样板、样子

质量、品质、质地、身份、成色、水平、水准、程度

基础、根基、根底、功底、基本功

界限、界线、分界、限度、顶点、极端

分寸、尺寸

力气、气力、劲头、劲道

体力、力量、生命力、活力、势力、实力、财力、资力

能量、热量

名称、名目、名号、称号、称呼、称谓、名义、名目、名堂、商标、品牌、标记、招牌

职称、字号、统称、通称

籍贯、户籍、户口

辈分

体格、身体

性格、性情、性子、脾气、天性、个性、本性

品行、品性、品格、品德、操行、风骨

道德、德行、美德、公德

胆量、魄力、气魄、气量、器量、气概

智慧、智力、天资、天赋、天才、天分、才智、才能、才干、才华、才气

本领、本事、能耐、身手

技术、技能、绝招、特长、专长、能力、力量、功夫、工夫

思想、思维、心理、观念、精神、心思、情思、脑子

思路、思绪

感想、观感、感受

感觉、直觉、知觉、情感

味道、滋味

心意、情意、意思、心情、情绪、心境、民情、爱情、情爱、风情

欲望、情欲、情趣、需要、需求、要求

指望、希望、盼头、想法、奢望、厚望、心愿、意愿、志愿、意图、旨意

计划、计策、策略、谋略、方针、手段、规划、方略、打算、对策、手腕儿、手法

理想、志向、抱负、梦想、梦幻、意气、干劲

兴趣、趣味、志趣、兴致、气味、乐趣

嗜好、爱好、癖好、喜好

情致、韵味、意味、风味

想法、想头、念头、思想、意念、动机

主意、主见、意见、见解、见识、看法、见地

精华、精髓、财富、宝藏

阻力、障碍、阻碍、屏障

诱饵、圈套

途径、路径、门道、渠道、道路

世界、世上、天下、天底下、史上、全世界、社会、人间、人世、人世间

国家、国、国度、全国、中国、华夏、中华、外国、祖国、中央、首都

人种、种族

阶级、政党

政治、政局、政体

政策、策略、制度

团体、组织、集体、军队、派别、工会、社团

战争、战役、战事、宗教、礼仪、仪式、典礼

军队、部队

地位、位置、身价、职位

等级、等次、品级、头衔

事业、行业、商业、工程、职业、工作、兼职、家务、手工、动作

行为、作为、表现

权力、政权、主权

责任、重任、职责、负担

会议、集会、大会

规则、守则、准则、章程、规划、规章、条例、规定、规程、常规、规定、简则、条约、公约、合同、合、条款

法律、法规、法制、法纪、法令、纪律

经济、价值、产值、价格、价钱

产业、财产、财物、资本、资产、资金、本金、基金、本钱

利润、利息

货币、工资、薪水、账目、公积金、费用

文化、文明、卫生、学说、主义、思想、理论

学问、知识、科学、学科、科目、课程、教程

号码、页码、记号、符号、标记、标志、商标、代号

题材、题目、主题、议题、体裁、样式、布局、格局

情调、色彩

格调、风格、音律

目录、节目、剧目

内容、情节、意思

口气、语气、口风

言辞、说话、讲话、语句、话头、真话、说法、讲法、提法、言论、议论

建议、提议、动议、提案、结论、定论、总结、决定、决议

命令、军令、指令、要点

通知、布告、文告、公告、广告、报告

便条、处方、配方

信函、作品、材料、资料、文件、文章、论文、社论、散文、读本、结语、经典、

疾病、病症、病魔、病痛、毛病

机构、政府、政权、机关、朝廷

附录3:现代汉语抽象名词表(910个)

说明:在“国家语委现代汉语通用平衡语料库词汇频率表”的基础上,我们提取出汉语抽象名词的频率表,频次在50次以上的抽象名词共计910个。我们前期的数据是1137个(2013年8月)。当时的收词范围较为宽泛,一些概括词(如“人物”等)也收录了,这次修改时,删掉了这一部分,最后总计得到910个抽象名词或短语。此表里的一些抽象名词搭配也予以收录,如“一部分、小时候”等。我们的目的是利于学界进行抽象名词的深入研究。

序号	抽象名词	总排名	次数	频率(%)	累积频率(%)
1	社会	78	11461	0.1199	31.5074
2	问题	81	10899	0.1141	31.8569
3	生活	94	9525	0.0997	33.2321
4	经济	102	8730	0.0914	33.9957
5	关系	113	7954	0.0832	34.9512
6	作用	114	7924	0.0829	35.0341
7	中国	116	7791	0.0815	35.1978
8	情况	134	6923	0.0724	36.5947
9	时候	141	6721	0.0703	37.0936
10	活动	149	6569	0.0687	37.6493
11	方面	151	6523	0.0683	37.7863
12	科学	155	6505	0.0681	38.0587
13	条件	158	6427	0.0673	38.2611

续表

序号	抽象名词	总排名	次数	频率(%)	累积频率(%)
14	思想	162	6370	0.0667	38.5285
15	过程	167	6231	0.0652	38.8567
16	影响	171	6103	0.0639	39.1149
17	方法	172	6098	0.0638	39.1787
18	要求	173	6097	0.0638	39.2425
19	技术	175	5978	0.0626	39.3681
20	事	184	5775	0.0604	39.9214
21	时间	185	5761	0.0603	39.9817
22	世界	190	5697	0.0596	40.2805
23	教育	193	5648	0.0591	40.458
24	社会主义	201	5480	0.0573	40.9234
25	文化	292	3910	0.0409	45.2801
26	历史	239	4620	0.0483	42.9396
27	地区	240	4594	0.0481	42.9877
28	物质	242	4549	0.0476	43.0834
29	形式	248	4433	0.0464	43.3642
30	政治	254	4375	0.0458	43.6399
31	自然	264	4243	0.0444	44.0892
32	东西	269	4174	0.0437	44.309
33	结构	277	4079	0.0427	44.6548
34	现象	279	4068	0.0426	44.74
35	理论	281	4033	0.0422	44.8245
36	人类	295	3842	0.0402	45.4014
37	精神	301	3777	0.0395	45.641
38	结果	304	3746	0.0392	45.7589
39	时期	309	3672	0.0384	45.9523
40	意义	311	3628	0.038	46.0286
41	语言	326	3498	0.0366	46.5852
42	内容	328	3476	0.0364	46.6581
43	计划	330	3460	0.0362	46.7306

续表

序号	抽象名词	总排名	次数	频率(%)	累积频率(%)
44	水平	339	3355	0.0351	47.0508
45	产品	355	3244	0.0339	47.6018
46	基础	359	3216	0.0337	47.737
47	环境	364	3181	0.0333	47.9038
48	特点	365	3177	0.0332	47.937
49	能力	376	3108	0.0325	48.2979
50	知识	384	3067	0.0321	48.5563
51	经验	399	2909	0.0304	49.0243
52	实际	400	2900	0.0303	49.0546
53	性质	420	2818	0.0295	49.6536
54	政府	422	2802	0.0293	49.7124
55	作品	425	2778	0.0291	49.7999
56	目的	427	2772	0.029	49.8579
57	规律	429	2759	0.0289	49.9158
58	力量	434	2739	0.0287	50.0596
59	办法	443	2698	0.0282	50.3156
60	心理	449	2654	0.0278	50.4829
61	原则	451	2654	0.0278	50.5385
62	商品	457	2627	0.0275	50.7045
63	实践	460	2615	0.0274	50.7868
64	行为	464	2600	0.0272	50.8959
65	矛盾	469	2592	0.0271	51.0318
66	原因	478	2564	0.0268	51.2745
67	因素	481	2544	0.0266	51.3545
68	地位	484	2524	0.0264	51.4603
69	方向	485	2524	0.0264	51.4339
70	资本主义	487	2513	0.0263	51.513
71	程度	489	2509	0.0263	51.5656
72	政策	498	2472	0.0259	51.8002
73	范围	503	2447	0.0256	51.9285

续表

序号	抽象名词	总排名	次数	频率(%)	累积频率(%)
74	法律	508	2437	0.0255	52.0562
75	质量	511	2429	0.0254	52.1326
76	阶段	513	2408	0.0252	52.1831
77	方式	517	2387	0.025	52.2835
78	速度	540	2270	0.0238	52.8423
79	自由	541	2270	0.0238	52.8661
80	价值	558	2216	0.0232	53.2648
81	困难	559	2211	0.0231	53.2879
82	事情	572	2163	0.0226	53.5838
83	事物	577	2139	0.0224	53.696
84	事业	622	1993	0.0209	54.6678
85	利益	623	1993	0.0209	54.6887
86	国际	659	1903	0.0199	55.4209
87	温度	660	1901	0.0199	55.4408
88	观点	665	1886	0.0197	55.5399
89	战争	668	1883	0.0197	55.599
90	阶级	669	1880	0.0197	55.6187
91	希望	675	1867	0.0195	55.7361
92	空气	680	1861	0.0195	55.8336
93	本身	693	1837	0.0192	56.0849
94	感情	695	1836	0.0192	56.1233
95	生命	706	1799	0.0188	56.3316
96	效果	718	1769	0.0185	56.5556
97	思维	744	1708	0.0179	57.0272
98	一部分	745	1700	0.0178	57.045
99	意见	756	1676	0.0175	57.2391
100	标准	757	1672	0.0175	57.2566
101	无产阶级	767	1643	0.0172	57.4301
102	信息	771	1637	0.0171	57.4986
103	功能	778	1625	0.017	57.6181

续表

序号	抽象名词	总排名	次数	频率(%)	累积频率(%)
104	态度	791	1600	0.0167	57.8377
105	概念	792	1598	0.0167	57.8544
106	高度	793	1592	0.0167	57.8711
107	手段	804	1573	0.0165	58.0533
108	基础上	817	1541	0.0161	58.2648
109	理想	821	1535	0.0161	58.3292
110	说话	823	1534	0.0161	58.3614
111	化学	826	1527	0.016	58.4094
112	措施	833	1517	0.0159	58.5208
113	目标	834	1516	0.0159	58.5367
114	帝国主义	854	1478	0.0155	58.8492
115	新闻	862	1462	0.0153	58.9725
116	行动	863	1462	0.0153	58.9878
117	民主	865	1460	0.0153	59.0184
118	资源	872	1450	0.0152	59.1249
119	意识	886	1431	0.015	59.336
120	观念	887	1429	0.015	59.381
121	道德	888	1429	0.015	59.366
122	实际上	895	1419	0.0148	59.4703
123	道路	940	1335	0.014	60.1209
124	本质	946	1330	0.0139	60.2045
125	军事	953	1321	0.0138	60.3015
126	体系	989	1280	0.0134	60.7912
127	意思	994	1274	0.0133	60.8581
128	机会	1020	1230	0.0129	61.1984
129	习惯	1032	1211	0.0127	61.3515
130	宗教	1042	1199	0.0125	61.4776
131	领域	1045	1197	0.0125	61.5026
132	国民经济	1063	1182	0.0124	61.7389
133	形态	1074	1170	0.0122	61.8743

续表

序号	抽象名词	总排名	次数	频率(%)	累积频率(%)
134	哲学	1079	1165	0.0122	61.9353
135	比例	1083	1159	0.0121	61.9838
136	马克思主义	1088	1155	0.0121	62.0322
137	成果	1100	1137	0.0119	62.1879
138	情绪	1119	1107	0.0116	62.4101
139	能量	1130	1097	0.0115	62.537
140	成分	1141	1079	0.0113	62.6621
141	健康	1149	1073	0.0112	62.7522
142	文艺	1165	1060	0.0111	62.9304
143	主义	1191	1042	0.0109	63.2167
144	主体	1203	1032	0.0108	63.3471
145	规模	1214	1024	0.0107	63.4657
146	形势	1215	1023	0.0107	63.4764
147	方针	1230	1007	0.0105	63.6356
148	意志	1234	1005	0.0105	63.6776
149	责任	1250	994	0.0104	63.8443
150	队伍	1260	982	0.0103	63.9478
151	原理	1266	981	0.0103	64.0096
152	颜色	1271	975	0.0102	64.0708
153	情感	1290	958	0.01	64.2531
154	重点	1296	954	0.01	64.3131
155	整体	1297	954	0.01	64.3231
156	工程	1314	942	0.0099	64.4918
157	战略	1328	928	0.0097	64.6285
158	消息	1350	906	0.0095	64.84
159	事件	1353	904	0.0095	64.8685
160	情形	1368	891	0.0093	65.0091
161	科技	1389	874	0.0091	65.2031
162	营养	1411	859	0.009	65.4116
163	成本	1413	859	0.009	65.4026

续表

序号	抽象名词	总排名	次数	频率(%)	累积频率(%)
164	专业	1422	856	0.009	65.5016
165	路线	1451	842	0.0088	65.7596
166	权力	1466	835	0.0087	65.8913
167	利润	1481	825	0.0086	66.0215
168	大部分	1497	818	0.0086	66.1591
169	元素	1500	816	0.0085	66.1932
170	道理	1517	811	0.0085	66.3292
171	角度	1526	804	0.0084	66.4052
172	共产主义	1532	800	0.0084	66.4556
173	历史上	1534	799	0.0084	66.4724
174	物理	1535	798	0.0084	66.4808
175	生理	1546	795	0.0083	66.5724
176	自然界	1549	793	0.0083	66.5973
177	差异	1560	788	0.0082	66.6885
178	风格	1563	785	0.0082	66.7131
179	差别	1572	781	0.0082	66.7951
180	种类	1575	780	0.0082	66.8033
181	体制	1577	779	0.0082	66.8279
182	心情	1587	773	0.0081	66.909
183	心理学	1596	768	0.008	66.9814
184	结论	1609	762	0.008	67.0854
185	学科	1630	754	0.0079	67.2363
186	成就	1658	739	0.0077	67.4703
187	要素	1663	736	0.0077	67.5088
188	途径	1666	735	0.0077	67.5319
189	趋势	1668	731	0.0076	67.5471
190	劳动力	1675	729	0.0076	67.5927
191	逻辑	1676	727	0.0076	67.6155
192	业务	1677	727	0.0076	67.6079
193	专家	1678	725	0.0076	67.6231

续表

序号	抽象名词	总排名	次数	频率(%)	累积频率(%)
194	积极性	1700	716	0.0075	67.8112
195	学说	1703	716	0.0075	67.7887
196	个性	1741	701	0.0073	68.0925
197	义务	1745	699	0.0073	68.1217
198	说法	1748	698	0.0073	68.1436
199	看法	1754	695	0.0073	68.1874
200	标志	1764	689	0.0072	68.2597
201	疾病	1776	684	0.0072	68.3461
202	环节	1784	681	0.0071	68.4032
203	和平	1787	680	0.0071	68.4174
204	动力	1789	680	0.0071	68.4387
205	层次	1793	675	0.0071	68.4671
206	神经	1794	675	0.0071	68.4742
207	建议	1798	674	0.0071	68.5026
208	能源	1812	669	0.007	68.6007
209	佛教	1815	667	0.007	68.6217
210	强度	1833	662	0.0069	68.7469
211	基本上	1844	659	0.0069	68.8159
212	机制	1846	659	0.0069	68.809
213	爱情	1847	658	0.0069	68.8435
214	效率	1849	657	0.0069	68.8573
215	素质	1893	640	0.0067	69.1556
216	产物	1901	637	0.0067	69.2092
217	经济效益	1911	634	0.0066	69.269
218	理由	1918	632	0.0066	69.302
219	局面	1919	631	0.0066	69.3284
220	言语	1924	629	0.0066	69.3614
221	主题	1931	628	0.0066	69.4142
222	优势	1941	624	0.0065	69.4798
223	指标	1960	619	0.0065	69.6033

续表

序号	抽象名词	总排名	次数	频率(%)	累积频率(%)
224	规则	1963	619	0.0065	69.5903
225	文明	1964	618	0.0065	69.6228
226	轨道	1970	615	0.0064	69.668
227	含量	1992	608	0.0064	69.8024
228	需求	2005	601	0.0063	69.8845
229	特性	2024	593	0.0062	70.003
230	职业	2033	590	0.0062	70.0588
231	这时候	2034	589	0.0062	70.065
232	生产关系	2043	585	0.0061	70.1203
233	方案	2044	585	0.0061	70.1264
234	事实上	2056	580	0.0061	70.224
235	秘密	2058	580	0.0061	70.2362
236	路上	2066	579	0.0061	70.2606
237	资本	2081	575	0.006	70.3446
238	目光	2094	569	0.006	70.4286
239	体育	2142	556	0.0058	70.7101
240	智力	2165	550	0.0058	70.8435
241	头脑	2176	547	0.0057	70.9065
242	模式	2187	544	0.0057	70.9692
243	动机	2198	541	0.0057	71.0319
244	定律	2212	535	0.0056	71.1272
245	纪律	2222	534	0.0056	71.1384
246	商品经济	2234	532	0.0056	71.2224
247	情节	2249	527	0.0055	71.3169
248	程序	2299	516	0.0054	71.5903
249	形状	2311	514	0.0054	71.6551
250	角色	2316	512	0.0054	71.6929
251	规划	2348	504	0.0053	71.8574
252	缺点	2372	496	0.0052	71.9777
253	品质	2373	496	0.0052	71.9829

续表

序号	抽象名词	总排名	次数	频率(%)	累积频率(%)
254	传说	2429	485	0.0051	72.2699
255	节奏	2430	485	0.0051	72.275
256	局部	2432	484	0.0051	72.2903
257	自然科学	2441	482	0.005	72.3307
258	作风	2443	481	0.005	72.3407
259	精神文明	2464	476	0.005	72.4457
260	语法	2472	473	0.0049	72.5101
261	眼光	2478	473	0.0049	72.4905
262	信仰	2485	471	0.0049	72.5444
263	财富	2497	468	0.0049	72.6081
264	心灵	2499	467	0.0049	72.6179
265	学术	2505	466	0.0049	72.6424
266	愿望	2515	464	0.0049	72.7012
267	职能	2555	457	0.0048	72.9124
268	汉语	2560	457	0.0048	72.874
269	地理	2562	456	0.0048	72.9364
270	定义	2571	455	0.0048	72.9604
271	题材	2572	454	0.0048	72.9892
272	表情	2603	448	0.0047	73.1115
273	灵魂	2619	444	0.0046	73.205
274	特色	2635	442	0.0046	73.2556
275	智慧	2636	442	0.0046	73.2464
276	症状	2647	439	0.0046	73.32
277	好处	2654	437	0.0046	73.3522
278	情景	2663	435	0.0046	73.4028
279	组成部分	2680	431	0.0045	73.4706
280	立场	2687	429	0.0045	73.5246
281	浓度	2688	429	0.0045	73.4841
282	公有制	2690	429	0.0045	73.5291
283	创造性	2698	427	0.0045	73.5561

续表

序号	抽象名词	总排名	次数	频率(%)	累积频率(%)
284	技巧	2699	427	0.0045	73.5606
285	那时候	2713	424	0.0044	73.6227
286	医学	2716	423	0.0044	73.6359
287	危机	2746	417	0.0044	73.7679
288	封建社会	2759	414	0.0043	73.8201
289	范畴	2771	412	0.0043	73.8932
290	反革命	2791	409	0.0043	73.9534
291	可能性	2796	408	0.0043	73.9792
292	社会主义社会	2807	406	0.0042	74.06
293	效应	2819	405	0.0042	74.0894
294	幻想	2820	405	0.0042	74.0852
295	社会主义制度	2826	404	0.0042	74.1314
296	实质	2852	400	0.0042	74.2574
297	劳动生产率	2857	400	0.0042	74.2112
298	美术	2886	396	0.0041	74.3411
299	性能	2890	394	0.0041	74.3739
300	理性	2891	394	0.0041	74.378
301	所有制	2898	393	0.0041	74.4108
302	基因	2915	390	0.0041	74.4559
303	全世界	2949	384	0.004	74.618
304	世界观	2959	382	0.004	74.662
305	做法	2968	381	0.004	74.69
306	交际	2970	381	0.004	74.698
307	优点	2972	380	0.004	74.722
308	脸色	2976	380	0.004	74.726
309	资本主义社会	3020	373	0.0039	74.8672
310	主意	3032	371	0.0039	74.9257
311	想法	3035	371	0.0039	74.9218
312	本领	3074	366	0.0038	75.0688
313	基层	3091	363	0.0038	75.1714

续表

序号	抽象名词	总排名	次数	频率(%)	累积频率(%)
314	限度	3092	363	0.0038	75.1828
315	背景	3094	363	0.0038	75.1638
316	意外	3105	361	0.0038	75.217
317	长度	3130	357	0.0037	75.3148
318	力学	3153	354	0.0037	75.4184
319	技能	3165	353	0.0037	75.4332
320	起源	3207	348	0.0036	75.5845
321	词汇	3210	347	0.0036	75.6421
322	手法	3211	347	0.0036	75.6457
323	场面	3212	347	0.0036	75.6385
324	仪式	3223	346	0.0036	75.6853
325	决议	3224	346	0.0036	75.6817
326	后果	3233	346	0.0036	75.6889
327	合作社	3242	344	0.0036	75.7465
328	人格	3244	344	0.0036	75.7393
329	经济体制	3246	344	0.0036	75.7357
330	属性	3263	342	0.0036	75.8041
331	命题	3266	342	0.0036	75.8005
332	课程	3270	341	0.0036	75.8653
333	政党	3317	333	0.0035	76.0023
334	统治者	3322	332	0.0035	76.0303
335	资格	3346	330	0.0035	76.0758
336	条约	3360	328	0.0034	76.1345
337	编制	3367	327	0.0034	76.1719
338	深度	3382	326	0.0034	76.1923
339	理论上	3396	324	0.0034	76.2569
340	物理学	3397	324	0.0034	76.2535
341	经济基础	3404	323	0.0034	76.2773
342	生产者	3416	321	0.0034	76.3249
343	悲剧	3435	319	0.0033	76.4176

续表

序号	抽象名词	总排名	次数	频率(%)	累积频率(%)
344	姿态	3436	319	0.0033	76.3681
345	效益	3451	318	0.0033	76.4374
346	节日	3452	318	0.0033	76.4341
347	现实主义	3453	318	0.0033	76.4308
348	汉族	3457	317	0.0033	76.4902
349	手工业	3480	315	0.0033	76.5529
350	事故	3496	313	0.0033	76.5958
351	尺度	3514	311	0.0033	76.675
352	社会主义革命	3521	311	0.0033	76.6585
353	唯心主义	3526	310	0.0032	76.7075
354	机能	3535	309	0.0032	76.7299
355	口气	3541	308	0.0032	76.7651
356	剥削阶级	3550	308	0.0032	76.7491
357	结晶	3563	306	0.0032	76.8099
358	无产阶级专政	3576	303	0.0032	76.8771
359	假说	3590	302	0.0032	76.9155
360	友谊	3601	301	0.0031	76.9314
361	重力	3622	299	0.0031	76.981
362	约束	3623	299	0.0031	76.9779
363	修养	3641	297	0.0031	77.0957
364	唯物主义	3651	297	0.0031	77.0709
365	旧社会	3676	294	0.0031	77.1639
366	反动派	3697	291	0.003	77.2587
367	法规	3703	291	0.003	77.2377
368	症	3709	291	0.003	77.2467
369	渠道	3724	289	0.003	77.3037
370	公理	3733	288	0.003	77.3247
371	气味	3737	287	0.003	77.3577
372	美学	3750	286	0.003	77.4087
373	含义	3757	286	0.003	77.3787

续表

序号	抽象名词	总排名	次数	频率(%)	累积频率(%)
374	法则	3763	285	0.003	77.4297
375	社会制度	3775	284	0.003	77.4507
376	协议	3791	282	0.003	77.4957
377	场合	3799	281	0.0029	77.5255
378	神情	3830	278	0.0029	77.6067
379	语义	3831	278	0.0029	77.6212
380	欲望	3860	276	0.0029	77.714
381	全民所有制	3876	275	0.0029	77.7343
382	英语	3878	275	0.0029	77.7372
383	学派	3879	275	0.0029	77.7198
384	布局	3880	274	0.0029	77.801
385	景象	3881	274	0.0029	77.8242
386	思想上	3899	274	0.0029	77.7981
387	外交	3909	272	0.0028	77.8811
388	事务	3935	271	0.0028	77.9007
389	社会生产力	3966	268	0.0028	78.0519
390	现场	3981	268	0.0028	78.0295
391	特权	3994	266	0.0028	78.1079
392	上层建筑	3996	266	0.0028	78.0911
393	风俗	4002	265	0.0028	78.1191
394	根本上	4015	264	0.0028	78.1695
395	模范	4025	264	0.0028	78.1611
396	毛泽东思想	4031	263	0.0028	78.2311
397	力气	4034	263	0.0028	78.2227
398	生态	4057	262	0.0027	78.2421
399	有机物	4067	261	0.0027	78.2853
400	模样	4082	260	0.0027	78.3258
401	社会关系	4099	258	0.0027	78.4068
402	舆论	4112	257	0.0027	78.4392
403	语言学	4118	257	0.0027	78.4284

续表

序号	抽象名词	总排名	次数	频率(%)	累积频率(%)
404	天文	4121	257	0.0027	78.4203
405	知觉	4136	255	0.0027	78.5067
406	私有制	4137	255	0.0027	78.504
407	动态	4168	253	0.0026	78.5605
408	浪漫主义	4176	253	0.0026	78.5631
409	兵力	4177	252	0.0026	78.6281
410	气质	4188	252	0.0026	78.6021
411	上层	4189	252	0.0026	78.5995
412	战术	4219	250	0.0026	78.7269
413	用途	4252	248	0.0026	78.7659
414	证据	4253	247	0.0026	78.8075
415	阶层	4255	247	0.0026	78.8023
416	阶级性	4268	246	0.0026	78.8335
417	大自然	4269	246	0.0026	78.8309
418	劳力	4277	245	0.0026	78.8595
419	地主阶级	4318	242	0.0025	78.9862
420	民主革命	4322	242	0.0025	78.9687
421	考验	4334	241	0.0025	79.0112
422	所有权	4341	241	0.0025	78.9987
423	中华民族	4345	240	0.0025	79.0437
424	国情	4365	239	0.0025	79.0662
425	辩证法	4370	239	0.0025	79.0587
426	集体所有制	4380	238	0.0025	79.1312
427	手续	4381	238	0.0025	79.1337
428	品德	4382	238	0.0025	79.0912
429	直觉	4383	238	0.0025	79.0937
430	局限	4421	236	0.0025	79.2012
431	摩擦	4422	235	0.0025	79.2187
432	游戏	4427	234	0.0024	79.2451
433	根源	4438	234	0.0024	79.2235

续表

序号	抽象名词	总排名	次数	频率(%)	累积频率(%)
434	注意力	4455	232	0.0024	79.3195
435	大体	4456	232	0.0024	79.3171
436	司法	4462	232	0.0024	79.3075
437	座谈会	4479	231	0.0024	79.3387
438	罪恶	4489	230	0.0024	79.4059
439	奇迹	4505	229	0.0024	79.4299
440	人性	4510	229	0.0024	79.4227
441	经典	4515	228	0.0024	79.4587
442	时机	4548	226	0.0024	79.5211
443	马克思列宁主义	4584	224	0.0023	79.5785
444	习俗	4601	223	0.0023	79.636
445	视觉	4608	222	0.0023	79.6866
446	阴谋	4612	222	0.0023	79.6912
447	学问	4631	221	0.0023	79.7372
448	性状	4635	221	0.0023	79.7004
449	步伐	4647	220	0.0023	79.7671
450	信念	4648	220	0.0023	79.7809
451	媒介	4654	220	0.0023	79.7901
452	万物	4669	219	0.0023	79.8361
453	形式上	4676	219	0.0023	79.8384
454	封建主义	4687	219	0.0023	79.8131
455	规格	4695	218	0.0023	79.8752
456	光学	4701	218	0.0023	79.866
457	奴隶制	4717	217	0.0023	79.9028
458	价值规律	4726	216	0.0023	79.9672
459	实质上	4735	216	0.0023	79.9764
460	效力	4741	216	0.0023	79.935
461	事迹	4742	216	0.0023	79.9373
462	风险	4779	214	0.0022	80.0779
463	伦理	4795	214	0.0022	80.0581

续表

序号	抽象名词	总排名	次数	频率(%)	累积频率(%)
464	规律性	4805	213	0.0022	80.1219
465	好事	4808	213	0.0022	80.1021
466	社会科学	4828	212	0.0022	80.1307
467	意象	4834	211	0.0022	80.2143
468	阻力	4835	211	0.0022	80.2077
469	细节	4856	211	0.0022	80.1879
470	思潮	4881	210	0.0022	80.2297
471	生产方式	4883	210	0.0022	80.2429
472	出路	4918	208	0.0022	80.3331
473	灵感	4946	206	0.0022	80.4409
474	优越性	4977	205	0.0021	80.4859
475	职责	4978	205	0.0021	80.4775
476	词义	4986	205	0.0021	80.4628
477	意识形态	5000	204	0.0021	80.5237
478	味道	5010	203	0.0021	80.5825
479	代价	5018	203	0.0021	80.5972
480	名义	5057	202	0.0021	80.6203
481	幅度	5069	201	0.0021	80.6644
482	经济学	5093	200	0.0021	80.698
483	热力学	5102	199	0.0021	80.7799
484	必然性	5115	199	0.0021	80.7421
485	神态	5134	198	0.0021	80.7925
486	阶级社会	5166	196	0.0021	80.9143
487	修正主义	5186	196	0.0021	80.8912
488	综合性	5188	196	0.0021	80.9017
489	准则	5209	195	0.002	80.9472
490	正义	5214	194	0.002	81.0112
491	稳定性	5225	194	0.002	81.0072
492	纲领	5239	194	0.002	80.9952
493	滋味	5246	193	0.002	81.0792

续表

序号	抽象名词	总排名	次数	频率(%)	累积频率(%)
494	辩证唯物主义	5249	193	0.002	81.0732
495	财力	5255	193	0.002	81.0352
496	旋律	5257	193	0.002	81.0412
497	绝大部分	5262	193	0.002	81.0532
498	生产能力	5274	192	0.002	81.1232
499	成效	5288	191	0.002	81.1492
500	决定性	5294	191	0.002	81.1532
501	剩余价值	5304	190	0.002	81.1772
502	神气	5316	190	0.002	81.1612
503	化学反应	5323	189	0.002	81.2332
504	线索	5337	189	0.002	81.2212
505	本质上	5342	189	0.002	81.2052
506	现状	5360	188	0.002	81.2832
507	物品	5364	188	0.002	81.2632
508	不好意思	5368	188	0.002	81.2692
509	马列主义	5378	187	0.002	81.3432
510	生命力	5379	187	0.002	81.3332
511	姿势	5381	187	0.002	81.3372
512	习性	5405	186	0.0019	81.3831
513	资本主义制度	5432	185	0.0019	81.3945
514	激情	5453	184	0.0019	81.4325
515	意图	5457	184	0.0019	81.4306
516	人事	5492	182	0.0019	81.5484
517	话语	5529	181	0.0019	81.5731
518	厚度	5546	180	0.0019	81.6548
519	历史唯物主义	5550	180	0.0019	81.6605
520	意境	5555	180	0.0019	81.6358
521	杂质	5557	180	0.0019	81.6225
522	词语	5559	180	0.0019	81.6263
523	处境	5564	180	0.0019	81.6396

续表

序号	抽象名词	总排名	次数	频率(%)	累积频率(%)
524	念头	5576	179	0.0019	81.7042
525	风气	5597	178	0.0019	81.7536
526	物质文明	5610	178	0.0019	81.7137
527	天文学	5632	177	0.0019	81.7669
528	内涵	5633	177	0.0019	81.7688
529	苦难	5644	176	0.0018	81.8408
530	心思	5664	176	0.0018	81.8282
531	差距	5678	175	0.0018	81.9056
532	法子	5689	175	0.0018	81.866
533	认识论	5698	175	0.0018	81.8804
534	物力	5714	174	0.0018	81.92
535	方法论	5728	173	0.0018	81.992
536	成分	5739	173	0.0018	81.983
537	惯性	5745	173	0.0018	81.956
538	本性	5783	171	0.0018	82.0946
539	年度	5805	171	0.0018	82.073
540	民族资产阶级	5850	169	0.0018	82.1846
541	普遍性	5854	169	0.0018	82.1666
542	规矩	5859	169	0.0018	82.1756
543	养分	5876	168	0.0018	82.2332
544	情境	5885	168	0.0018	82.2242
545	集体经济	5896	167	0.0017	82.2955
546	职权	5905	167	0.0017	82.2581
547	气息	5906	167	0.0017	82.2836
548	周期性	5921	166	0.0017	82.3414
549	趣味	5933	166	0.0017	82.3329
550	湿度	5934	166	0.0017	82.3278
551	利害	5935	166	0.0017	82.3108
552	本事	5965	165	0.0017	82.3618
553	代表性	5992	164	0.0017	82.3975

续表

序号	抽象名词	总排名	次数	频率(%)	累积频率(%)
554	马克思主义哲学	5996	164	0.0017	82.3941
555	形象思维	6007	163	0.0017	82.5012
556	表象	6009	163	0.0017	82.4774
557	生活资料	6024	163	0.0017	82.4587
558	病情	6054	162	0.0017	82.5029
559	分量	6065	161	0.0017	82.576
560	事变	6073	161	0.0017	82.5437
561	语气	6085	160	0.0017	82.6287
562	教育事业	6126	159	0.0017	82.6525
563	言论	6176	157	0.0016	82.7642
564	社会性	6180	157	0.0016	82.7706
565	心事	6198	156	0.0016	82.8058
566	爱国主义	6207	156	0.0016	82.7866
567	病理	6269	154	0.0016	82.8682
568	伊斯兰教	6304	153	0.0016	82.9114
569	桥梁	6324	152	0.0016	82.9594
570	经济规律	6350	151	0.0016	83.0042
571	神经系统	6376	150	0.0016	83.0298
572	话题	6378	150	0.0016	83.0234
573	原始社会	6381	150	0.0016	83.0378
574	农村经济	6383	150	0.0016	83.041
575	地步	6414	149	0.0016	83.0906
576	小事	6425	149	0.0016	83.1098
577	田地	6428	148	0.0015	83.1868
578	术语	6530	146	0.0015	83.2588
579	计划经济	6536	146	0.0015	83.2708
580	有意思	6567	145	0.0015	83.3218
581	思路	6572	145	0.0015	83.3143
582	自主权	6581	145	0.0015	83.3368
583	教育学	6599	144	0.0015	83.4073

续表

序号	抽象名词	总排名	次数	频率(%)	累积频率(%)
584	化学性质	6622	144	0.0015	83.3983
585	信用	6628	143	0.0015	83.4643
586	身心	6643	143	0.0015	83.4448
587	责任感	6673	142	0.0015	83.4868
588	结局	6674	142	0.0015	83.4883
589	大体上	6682	142	0.0015	83.4823
590	局限性	6699	141	0.0015	83.5768
591	作用力	6701	141	0.0015	83.5558
592	宗旨	6722	140	0.0015	83.6038
593	心血	6728	140	0.0015	83.6173
594	时空	6733	140	0.0015	83.6263
595	相对论	6761	139	0.0015	83.6773
596	购买力	6778	139	0.0015	83.6338
597	想象力	6788	139	0.0015	83.6533
598	四项基本原则	6794	139	0.0015	83.6458
599	体裁	6823	138	0.0014	83.7092
600	动力学	6824	138	0.0014	83.7176
601	思想政治教育	6826	138	0.0014	83.7162
602	有价值	6853	137	0.0014	83.7526
603	小时候	6865	136	0.0014	83.8226
604	中性	6880	136	0.0014	83.838
605	常规	6890	136	0.0014	83.789
606	情操	6905	135	0.0014	83.88
607	罪行	6939	135	0.0014	83.866
608	线路	6952	134	0.0014	83.9388
609	奴隶社会	6987	133	0.0014	83.9892
610	国际法	6991	133	0.0014	83.9738
611	幻觉	7004	133	0.0014	83.9626
612	责任制	7011	132	0.0014	84.0312
613	论点	7024	132	0.0014	84.048

续表

序号	抽象名词	总排名	次数	频率(%)	累积频率(%)
614	统一性	7041	132	0.0014	84.0074
615	权益	7061	131	0.0014	84.1012
616	长处	7081	131	0.0014	84.062
617	复杂性	7093	131	0.0014	84.0788
618	教义	7096	131	0.0014	84.083
619	吸引力	7107	130	0.0014	84.1726
620	有影响	7181	129	0.0013	84.2123
621	偏见	7190	129	0.0013	84.211
622	科学性	7192	129	0.0013	84.2162
623	章程	7197	129	0.0013	84.2292
624	威信	7229	128	0.0013	84.2682
625	味儿	7245	128	0.0013	84.2838
626	外力	7246	127	0.0013	84.3449
627	顾虑	7247	127	0.0013	84.3514
628	国际上	7299	126	0.0013	84.406
629	事例	7304	126	0.0013	84.393
630	生态系统	7354	125	0.0013	84.4827
631	灵活性	7446	123	0.0013	84.6049
632	文艺复兴	7447	123	0.0013	84.6062
633	客观性	7458	123	0.0013	84.5646
634	焦点	7475	122	0.0013	84.6387
635	民主主义	7492	122	0.0013	84.6569
636	高等教育	7505	122	0.0013	84.614
637	特殊性	7511	122	0.0013	84.6309
638	封建制度	7523	121	0.0013	84.7167
639	智能	7531	121	0.0013	84.7271
640	精度	7537	121	0.0013	84.7063
641	多样化	7549	121	0.0013	84.6855
642	生理学	7570	121	0.0013	84.6998
643	原则上	7582	120	0.0013	84.7921

续表

序号	抽象名词	总排名	次数	频率(%)	累积频率(%)
644	真实性	7615	120	0.0013	84.7518
645	经济制度	7662	119	0.0012	84.8266
646	量子力学	7725	118	0.0012	84.8974
647	适应性	7758	117	0.0012	84.991
648	用处	7765	117	0.0012	84.943
649	进化论	7770	117	0.0012	84.949
650	境地	7827	116	0.0012	85.0246
651	语境	7838	115	0.0012	85.099
652	民主政治	7892	114	0.0012	85.1638
653	必要条件	7936	114	0.0012	85.1614
654	天主教	7968	113	0.0012	85.2502
655	自觉性	7982	113	0.0012	85.2058
656	倾向性	8005	112	0.0012	85.2886
657	遗传学	8007	112	0.0012	85.3006
658	逻辑思维	8013	112	0.0012	85.3174
659	文化教育	8015	112	0.0012	85.315
660	多样性	8035	112	0.0012	85.2586
661	小资产阶级	8070	111	0.0012	85.3858
662	时光	8076	111	0.0012	85.3798
663	坏事	8101	111	0.0012	85.3498
664	变态	8154	110	0.0012	85.4074
665	选择性	8165	110	0.0012	85.429
666	没办法	8180	109	0.0011	85.5034
667	创造力	8238	108	0.0011	85.5716
668	美育	8267	108	0.0011	85.5397
669	平均主义	8311	107	0.0011	85.5991
670	契约	8330	107	0.0011	85.6145
671	气力	8367	106	0.0011	85.7157
672	德育	8377	106	0.0011	85.6651
673	经验教训	8389	106	0.0011	85.6563

续表

序号	抽象名词	总排名	次数	频率(%)	累积频率(%)
674	记号	8395	106	0.0011	85.686
675	记忆力	8405	106	0.0011	85.6783
676	例证	8416	105	0.0011	85.7564
677	点缀	8427	105	0.0011	85.7828
678	官僚主义	8446	105	0.0011	85.7311
679	毅力	8467	104	0.0011	85.8367
680	实用主义	8514	104	0.0011	85.8202
681	摩擦力	8553	103	0.0011	85.9126
682	抵抗力	8600	102	0.0011	85.9698
683	格局	8606	102	0.0011	85.9819
684	指数	8609	102	0.0011	85.9786
685	本体	8621	102	0.0011	85.9566
686	权限	8637	102	0.0011	85.9456
687	质地	8669	101	0.0011	86.0655
688	格式	8671	101	0.0011	86.0677
689	要点	8706	101	0.0011	86.0237
690	意愿	8710	101	0.0011	86.0083
691	方针政策	8735	100	0.001	86.1078
692	效用	8737	100	0.001	86.1278
693	品格	8761	100	0.001	86.0758
694	人生观	8763	100	0.001	86.0738
695	难度	8784	100	0.001	86.1248
696	深层	8807	99	0.001	86.2008
697	派别	8808	99	0.001	86.1998
698	主动性	8825	99	0.001	86.1458
699	病态	8831	99	0.001	86.1398
700	规章制度	8856	98	0.001	86.2558
701	功绩	8863	98	0.001	86.2458
702	病因	8869	98	0.001	86.2398
703	病害	8896	98	0.001	86.2138

续表

序号	抽象名词	总排名	次数	频率(%)	累积频率(%)
704	风度	8911	98	0.001	86.2308
705	社会形态	8969	97	0.001	86.2868
706	风尚	8992	96	0.001	86.3918
707	表现力	8995	96	0.001	86.3778
708	见识	8999	96	0.001	86.3748
709	花样	9001	96	0.001	86.3738
710	一致性	9022	96	0.001	86.3898
711	理性认识	9023	96	0.001	86.3538
712	全国性	9053	96	0.001	86.3718
713	社会风气	9100	95	0.001	86.4998
714	标记	9115	95	0.001	86.4298
715	事项	9140	95	0.001	86.4548
716	对称性	9148	95	0.001	86.4468
717	新民主主义	9211	94	0.001	86.5378
718	实地	9213	94	0.001	86.5358
719	食欲	9219	94	0.001	86.5318
720	民事	9243	93	0.001	86.6318
721	民法	9244	93	0.001	86.6398
722	身段	9265	93	0.001	86.5878
723	成败	9279	93	0.001	86.5898
724	广度	9308	92	0.001	86.6878
725	共产主义社会	9351	92	0.001	86.6478
726	谣言	9425	91	0.001	86.7318
727	自然辩证法	9428	91	0.001	86.7308
728	拉力	9462	90	0.0009	86.8379
729	硬度	9464	90	0.0009	86.8361
730	群众路线	9535	89	0.0009	86.9189
731	人情	9562	89	0.0009	86.9423
732	气势	9566	89	0.0009	86.927
733	理论研究	9590	89	0.0009	86.882

续表

序号	抽象名词	总排名	次数	频率(%)	累积频率(%)
734	素养	9619	88	0.0009	86.9873
735	针对性	9621	88	0.0009	86.9963
736	梦想	9632	88	0.0009	87.0134
737	人道主义	9675	88	0.0009	86.9747
738	风俗习惯	9695	87	0.0009	87.035
739	面色	9699	87	0.0009	87.0539
740	面容	9700	87	0.0009	87.0629
741	语调	9704	87	0.0009	87.0593
742	共性	9715	87	0.0009	87.089
743	科学社会主义	9718	87	0.0009	87.0863
744	自然规律	9801	86	0.0009	87.1637
745	政治经济学	9806	86	0.0009	87.1673
746	哲理	9831	86	0.0009	87.0935
747	和气	9839	86	0.0009	87.1007
748	武装力量	9846	86	0.0009	87.1268
749	才华	9847	86	0.0009	87.125
750	宗教信仰	9861	86	0.0009	87.1259
751	机遇	9877	85	0.0009	87.2186
752	伦理学	9887	85	0.0009	87.2483
753	信誉	9920	85	0.0009	87.1808
754	风味	9939	85	0.0009	87.2069
755	气概	9989	84	0.0009	87.3428
756	连续性	9993	84	0.0009	87.3473
757	公约	10051	84	0.0009	87.2861
758	特质	10079	83	0.0009	87.3932
759	良性	10080	83	0.0009	87.3923
760	战斗力	10091	83	0.0009	87.4274
761	历史性	10092	83	0.0009	87.4283
762	抽象思维	10093	83	0.0009	87.4292
763	门类	10094	83	0.0009	87.4265

续表

序号	抽象名词	总排名	次数	频率(%)	累积频率(%)
764	正气	10117	83	0.0009	87.359
765	集体主义	10126	83	0.0009	87.3563
766	片面性	10131	83	0.0009	87.3869
767	宽度	10173	82	0.0009	87.4778
768	威风	10174	82	0.0009	87.4769
769	轨迹	10188	82	0.0009	87.5174
770	举止	10233	82	0.0009	87.4688
771	可靠性	10311	81	0.0008	87.5384
772	整体性	10320	81	0.0008	87.5312
773	谓语	10399	80	0.0008	87.6656
774	语词	10414	80	0.0008	87.6152
775	磁性	10463	79	0.0008	87.74
776	盲目性	10490	79	0.0008	87.764
777	根本性	10496	79	0.0008	87.7688
778	合理性	10511	79	0.0008	87.712
779	思想性	10533	79	0.0008	87.6904
780	正确性	10568	78	0.0008	87.8336
781	艺术性	10574	78	0.0008	87.8288
782	气象学	10584	78	0.0008	87.8208
783	机会主义	10593	78	0.0008	87.852
784	封建制	10595	78	0.0008	87.8608
785	形式主义	10599	78	0.0008	87.856
786	思想体系	10664	78	0.0008	87.804
787	必要性	10694	77	0.0008	87.9048
788	好感	10752	77	0.0008	87.8968
789	后门	10760	77	0.0008	87.8808
790	技法	10761	77	0.0008	87.8888
791	社会活动	10786	76	0.0008	87.9944
792	人类学	10792	76	0.0008	87.9792
793	现实性	10870	75	0.0008	88.0776

续表

序号	抽象名词	总排名	次数	频率(%)	累积频率(%)
794	个人主义	10883	75	0.0008	88.08
795	指导性	10892	75	0.0008	88.0608
796	资本论	10981	74	0.0008	88.1632
797	分量	10993	74	0.0008	88.1656
798	精神状态	11034	74	0.0008	88.1256
799	思绪	11035	74	0.0008	88.1648
800	目的性	11064	74	0.0008	88.1408
801	感性认识	11120	73	0.0008	88.2736
802	志气	11132	73	0.0008	88.2616
803	言行	11138	73	0.0008	88.2664
804	梦境	11151	73	0.0008	88.2104
805	效能	11172	73	0.0008	88.1936
806	民主集中制	11224	72	0.0008	88.3608
807	礼仪	11273	72	0.0008	88.2992
808	现代人	11284	72	0.0008	88.3056
809	人际关系	11339	71	0.0007	88.4468
810	天性	11364	71	0.0007	88.4405
811	价格体系	11440	71	0.0007	88.4251
812	外因	11459	71	0.0007	88.4153
813	虚实	11490	70	0.0007	88.5196
814	宏观经济	11534	70	0.0007	88.4895
815	手艺	11657	69	0.0007	88.5742
816	经济信息	11739	68	0.0007	88.7009
817	改良主义	11776	68	0.0007	88.7142
818	画法	11847	67	0.0007	88.8031
819	劳动强度	11894	67	0.0007	88.8122
820	情意	11895	67	0.0007	88.8066
821	关键性	11903	67	0.0007	88.7499
822	错觉	11907	67	0.0007	88.7527
823	教条主义	11933	67	0.0007	88.7464

续表

序号	抽象名词	总排名	次数	频率(%)	累积频率(%)
824	生产性	11982	66	0.0007	88.8801
825	声誉	12096	66	0.0007	88.8605
826	有把握	12172	65	0.0007	88.9354
827	运气	12231	65	0.0007	88.9515
828	性欲	12329	64	0.0007	89.0432
829	图式	12332	64	0.0007	89.0397
830	业绩	12406	63	0.0007	89.1937
831	心愿	12443	63	0.0007	89.207
832	体格	12445	63	0.0007	89.2028
833	系统性	12468	63	0.0007	89.1405
834	时局	12480	63	0.0007	89.1433
835	概括性	12518	63	0.0007	89.1678
836	指令性计划	12595	62	0.0006	89.3017
837	政治路线	12597	62	0.0006	89.2945
838	系统论	12635	62	0.0006	89.2327
839	能耐	12641	62	0.0006	89.2591
840	基本路线	12658	62	0.0006	89.2387
841	用语	12661	62	0.0006	89.2489
842	迹象	12662	62	0.0006	89.2495
843	时事	12668	62	0.0006	89.2477
844	萨满教	12746	61	0.0006	89.3887
845	意念	12750	61	0.0006	89.3905
846	垄断资本	12828	61	0.0006	89.3113
847	情调	12877	60	0.0006	89.4907
848	思想意识	12923	60	0.0006	89.4253
849	说服力	12924	60	0.0006	89.4205
850	黏性	13003	59	0.0006	89.5423
851	锋芒	13017	59	0.0006	89.5507
852	革命性	13096	59	0.0006	89.5303
853	制造业	13097	59	0.0006	89.5309

续表

序号	抽象名词	总排名	次数	频率(%)	累积频率(%)
854	世界性	13106	59	0.0006	89.5363
855	名堂	13150	58	0.0006	89.6551
856	疑虑	13191	58	0.0006	89.6713
857	官僚资本主义	13208	58	0.0006	89.6653
858	产权	13209	58	0.0006	89.6659
859	系统工程	13237	58	0.0006	89.5867
860	感受性	13242	58	0.0006	89.5927
861	中央集权	13289	58	0.0006	89.6143
862	准确性	13304	57	0.0006	89.7583
863	教法	13373	57	0.0006	89.7715
864	门槛	13387	57	0.0006	89.7007
865	体型	13388	57	0.0006	89.6977
866	耐力	13395	57	0.0006	89.6947
867	行情	13411	57	0.0006	89.6833
868	食性	13430	57	0.0006	89.7229
869	谋略	13431	57	0.0006	89.7235
870	癌症	13436	57	0.0006	89.7265
871	生态学	13458	57	0.0006	89.7121
872	实话	13460	57	0.0006	89.7133
873	学识	13490	56	0.0006	89.8645
874	真情	13514	56	0.0006	89.8525
875	政治体制	13520	56	0.0006	89.8813
876	生产物	13571	56	0.0006	89.8093
877	梦幻	13572	56	0.0006	89.8111
878	强制性	13671	55	0.0006	89.9521
879	相对性	13790	55	0.0006	89.9383
880	无政府主义	13821	55	0.0006	89.9281
881	文艺界	13881	54	0.0006	90.0817
882	古典主义	13898	54	0.0006	90.1285
883	基本矛盾	13911	54	0.0006	90.0997

续表

序号	抽象名词	总排名	次数	频率(%)	累积频率(%)
884	场景	13927	54	0.0006	90.1093
885	霸权主义	13959	54	0.0006	90.0355
886	创造性思维	13963	54	0.0006	90.0127
887	名言	13964	54	0.0006	90.0103
888	威望	14039	53	0.0006	90.1969
889	基本功	14050	53	0.0006	90.2035
890	信息量	14051	53	0.0006	90.2041
891	出息	14065	53	0.0006	90.1849
892	经常性	14136	53	0.0006	90.1417
893	独创性	14153	53	0.0006	90.1309
894	私营经济	14186	53	0.0006	90.1777
895	义务教育	14191	53	0.0006	90.1615
896	计划性	14229	52	0.0005	90.3041
897	态势	14239	52	0.0005	90.2836
898	度量	14296	52	0.0005	90.3121
899	灵敏度	14299	52	0.0005	90.3221
900	风波	14303	52	0.0005	90.3146
901	主观主义	14314	52	0.0005	90.2441
902	弹力	14335	52	0.0005	90.2576
903	福气	14351	52	0.0005	90.2411
904	地方性	14370	52	0.0005	90.2756
905	志向	14385	52	0.0005	90.2646
906	相对湿度	14387	52	0.0005	90.2761
907	象征性	14433	51	0.0005	90.4136
908	敌情	14468	51	0.0005	90.4311
909	共同语	14489	51	0.0005	90.4406
910	礼节	14537	51	0.0005	90.3541

附录4:可能会混淆的抽象名词(377组)

爱–爱情|爱好–嗜好|爱情–恩情|爱情–感情|爱欲–欲望|奥秘–秘密|奥义–义理|奥旨–含义|办法–方法|抱负–理想|抱负–志向|悲剧–遭遇|本领–本事|本能–本性|本性–本质|本性–个性|本性–天赋|本源–本原|本质–实质|裨益–益处|弊病–弊端|变故–事故|变故–意外|标准–准则|表情–神情|表征–表象|秉性–禀性|病–病症|病–疾|病患–疾病|病况–病情|病情–病状|病态–变态|病原–病源|病状–病象|步态–步骤|步骤–步调|才华–才具|才能–才干|才气–才情|才情–才识|才艺–才智|惨祸–灾祸|差别–差距|差别–差异|差错–错误|差距–距离|差失–失误|常理–常情|成绩–成就|成见–看法|成就–成功|成效–功效|程度–限度|丑事–丑态|出路–活路|传闻–传言|措施–办法|错处–过错|错谬–错误|错误–过错|打算–计划|大气–大度|代价–价值|胆略–谋略|胆气–胆识|道德–品德|道理–规律|地步–处境|定理–定律|东西–事情|动因–动机|短处–缺点|恩情–爱情|法理–法则|法制–法治|范畴–范围|范式–模式|方案–计划|方法–问题|方略–策略|方式–办法|方式–方法|方针–原则|风格–风度|风格–作风|风光–风景|风趣–趣味|风俗–习俗|风味–特色|风险–危险|风韵–韵味|概观–概况|概况–概要|感触–感觉|感觉–感情|感觉–感受|感情–情绪|感受–体会|纲领–纲要|格局–形势|个性–特性|根本–基本|根据–依据|根由–缘由|公

务-功效|功德-功劳|功夫-工夫|功能-机能|功效-功能|功效-效果|功用-用途|骨气-气概|故障-毛病|关系-联系|关系-影响|观念-观点|观念-意识|规定-规矩|规定-规律|规范-标准|规划-计划|规矩-标准|规矩-规律|规律-定理|规律-法则|果实-成果|过错-过失|害处-坏处|含义-含意|含义-涵义|好处-利益|好处-优点|好处-长处|好心-好意|核心-中心|后果-恶果|话柄-话茬儿|幻想-空想|幻想-梦想|祸事-祸乱|机会-几率|机会-时机|机密-秘密|机遇-机会|基调-基准|技能-功能|技能-能力|技巧-技能|技术-技艺|假设-假说|价格-价值|见解-见识|建议-意见|角度-视角|教诲-教训|教训-经验|教养-修养|结果-成果|结果-后果|结果-结局|结果-效果|结局-结论|结尾-结语|借口-理由|借口-原因|进程-进度|经典-权威|经历-经验|精力-精神|景况-景象|景气-景况|景象-景物|境地-田地|局部-部分|局部-局面|局面-场面|局面-态势|局势-形势|局限-限制|举措-措施|看法-见解|看法-想法|口气-口吻|困局-困境|困难-困境|来历-来头|来头-来由|乐趣-兴趣|礼节-礼俗|礼节-礼仪|理论-理念|理想-希望|厉色-神色|立场-态度|脸色-表情|脸色-气色|脸色-神色|领域-范围|乱局-乱象|毛病-疾病|茅盾-冲突|梦想-幻想|梦想-理想|民心-民意|民心-人心|名气-名声|名声-名誉|名声-威望|名堂-名义|谬论-谬误|谬误-错误|目的-目标|目光-眼光|难处-困难|能力-能耐|怒火-怒气|脾气-性格|癖好-嗜好|品德-德行|品德-品格|品行-品质|凭据-凭证|奇观-奇迹|起因-肇因|气氛-氛围|气氛-气息|气味-气息|气焰-气度|气质-气度|契机-关键|前程-前途|前途-前景|前途-未来|潜力-潜能|情爱-爱情|情感-爱情|情感-感情|情景-情境|情景-情况|情况-情节|情况-情形|情况-

状况|情趣–志趣|情势–趋势|情思–情意|情调–格调|情绪–风格|情绪–心情|情欲–欲望|区别–差别|趋势–动向|权力–权利|权益–权利|全面–全局|缺点–坏处|缺点–缺憾|缺点–缺陷|缺点–弱点|热情–热望|人脉–人气|韧劲–韧性|肉欲–性欲|色情–情色|商机–商情|深层–深度|神气–神情|神情–神色|升级–活力|声名–名声|声势–声威|胜败–胜负|盛况–盛情|失误–错误|时候–时间|时间–空儿|时–时候|时间–时期|实况–实情|世俗–流俗|式样–样式|势态–态势|事–事情|事变–事故|事故–故障|事故–事件|事情–事件|事情–事实|视角–出发点|手段–方法|说辞–措辞|思维–思想|思想–主意|夙愿–愿望|诉求–要求|态度–角度|特点–特色|特点–特长|特点–特征|特点–优点|特征–特质|天赋–才能|田地–地步|通常–平常|托词–托辞|危害–危险|威信–威望|文化–文明|问题–麻烦|问题–情况|问题–现象|习惯–习性|习俗–习惯|习俗–习性|现实–事实|现实–现象|现状–状况|想法–心情|效果–成果|效果–效率|效益–效用|心理–心情|心情–情绪|心情–心态|心情–心绪|心情–性情|心思–心境|新闻–消息|信息–消息|信用–信誉|行动–行为|行为–动作|行为–活动|形式–形势|兴趣–关心|兴趣–趣味|性格–脾气|胸怀–心胸|学识–知识|学问–学识|眼光–见识|谣言–流言|疑问–疑团|益处–利益|意见–见解|意见–想法|意思–意义|意图–意向|意志–意愿|用心–用意|用意–目的|友情–友谊|语气–口气|元气–精神|原因–动机|原因–理由|原因–条件|原因–因素|原因–缘故|灾害–灾难|灾祸–灾难|责任–义务|责任心–责任感|战略–战术|真理–真谛|真相–事实|征兆–症候|知识–认识|中心–重心|主意–办法|主张–主见|状态–状况|姿态–姿势|滋味–味道|作风–风气|作用–功能|作用–影响

后　记

在这本书出版之际，首先要感谢我的导师彭小川教授。彭老师不但热情地为本书作序，而且在成书过程中给予我很多指导。经师易得，人师难求，能够得到彭老师的教导，更是难得，真是三生有缘，三生有幸。

彭老师不但在学术上给予我帮助，而且关心我的工作、家庭生活。还记得2012年刚买完房，彭老师就特意来我家，表示祝贺。还记得，在华文学院彭老师的办公室、在暨南大学中文系、方言中心以及彭老师家里，都留下了她指导我研究汉语语法的印迹。是的，彭老师关心学生是出了名的。她曾说过："在繁重的教学和指导任务面前，本人始终信奉并坚持的一条为人准则是：当老师，就应该一切以学生为本，以教学为本。"彭老师是这样说也是这样做的。彭老师给我树立了榜样，在指导研究生方面，我秉承老师"身教大于言传"的理念，我自己努力去做，帮助学生去做，学生自然也就会努力去做了。我会定期要求学生报告论文成果，集中大家一起研讨，帮助学生成长。这些具体而微的事情，我相信学生会受益终身。如果彭老师爱护学生、为学生着想的理念在我这里得到了传承，那这应该归功于教育传承的力量。

在书稿写作过程中，非常有幸能够得到很多前辈的帮助。著名语言学家邵敬敏先生、齐沪扬先生为书稿写了出版推荐意见。

邵先生不厌其烦地回复邮件指导我解决相关问题，现在把其中一封邮件转录如下：

清明：

你好！我昨晚才从香港开会回来。大作粗粗翻阅一遍，感到很有意思。你花费不少心血，而且角度新颖，值得推荐。

推荐信已经写好，现在发给你看看，如果有问题，可以修改。是否需要签名，等你的回答。

只是目前的书名，一是感到“语料库与认知”有点突兀，语义不明。而且不易上口，冲淡了主题。我建议正名还是：现代汉语抽象名词研究，下面可以有个副标题：基于语料库与认知语言学。或者干脆“汉语抽象名词的认知研究”，因为语料库毕竟只是个手段和技术。

以上意见，仅供参考。谢谢！（另外原文有一些错字，如序言的“及其”应该是“极其”，希望再校正。）

敬敏

（邮件时间是：2013 年 09 月 16 日 11:07）

邵先生大家风范，奖掖后学，满满的都是关照提携之心。邵先生的教导令我倍受鼓舞。我还记得，2013 年 8 月 1 日至 8 月 10 日，我在北京参加“第十一届全国语言暑期高级讲习班（CLSI11）”，恰好邵先生也在北京出差，我和刘宗保去邵先生下榻的宾馆拜访。期间我给邵先生看了这部书稿（前期），邵先生建议我不着急出版，告诫我要将书稿好好打磨，可以尝试申请项目，然后沉下心来好好做。正是在邵先生的鼓励与启发下，2014 年我以“基于语料库与 Antcon 3.2.4w 技术的汉语抽象名词搭配研究”

为题，顺利拿到了国家社科基金青年项目（编号：14CYY033）。从2013年到现在，已经又过去了6年，这在几年里，我一直都在打磨，希望能够对汉语里的抽象名词做出系统的有深度的研究。如果说，这几年里我在抽象名词方面取得了一些成果的话，这一定跟邵先生的殷切鼓励是密不可分的。

本书的一些章节曾在语言学专业刊物上发表过，在此要感谢《世界汉语教学》《语言教学与研究》《语言科学》《汉语学习》《国际汉语学报》《华文教学与研究》《辞书研究》《对外汉语研究》《国际汉语学报》《海外华文教育》等刊物。感谢这些刊物刊发我的文章。

感谢商务印书馆匿名评审专家同意本书入选“商务印书馆2018年度语言学出版基金”项目。特别感谢责任编辑戴燃女士的辛劳，正是她的严格把关，使本书减少了很多错误。

不同场合还有一些专家提出了中肯意见。现摘录一些文字如下：

> 专家一：该书对现代汉语抽象名词进行了全面而系统的研究。选题具有前沿性并具跨领域研究的意义。该书所用方法较新，语料充分，数据可靠，结论可以自圆其说。作者学术态度严谨，对该领域的研究了解深入，其成功应当说是独树一帜的。
>
> 当然，对于现代汉语抽象名词的研究可以有不同的路径，结论也可以不同，该书的研究路径证明是可行的。
>
> 专家二：抽象名词是名词这一大本营中的一个重要类别。在汉语语法学界，长期以来，抽象名词的研究并未引起足够的关注和重视，这样，本书在选题上就显得颇有意义。
>
> 本书的创新之处是：

(1) 摆脱了以往只限于笼统分类的粗浅研究倾向，首次对汉语抽象名词进行了全方位、多角度的系统论述，使研究在广度上有了很大的推进。

(2) 以较多个案为基础，对汉语抽象名词的搭配属性和语义特征进行了精细考察，使研究在深度上有了很大推进。

本书稿写作规范，语言严谨，无抄袭作假等失范之处。

专家三：该书稿的选题是语法学界一直关注的重点，更是难点，该书稿整体研究方法明确，结构思路清晰，语言表述严谨，语料翔实可靠，分析具有逻辑性，符合学术规范。可以说，该项研究属于较为优秀的研究成果，在选题、理论、方法、创新、价值、规范等方面都已达到了出版所要的学术水平。

感谢国家社科基金结项匿名评审专家的辛勤评审，现也摘录一些文字如下：

专家一：项目结项成果《现代汉语抽象名词研究》可以说是对现代汉语抽象名词进行系统研究的第一部著作。该书提出了一系列创新性见解，书中通过对易混淆抽象名词辨析与习得问题的探讨，显示了该研究的应用价值。

专家二：该成果将语料库语言学、认知语言学、功能语言学等英语语言学的理论和方法，应用到汉语抽象名词这一长久以来尚未引起足够重视的研究领域，在研究选题、研究角度和研究方法上均有创新意义。

该成果对抽象名词的词类地位和句法属性进行了比较全面、系统的研究，对认识和揭示汉语词类特殊小类的性质具有较高的学术价值，成果采用语料库语言的方法，“自下而上”和

“自上而下”相结合，在很大程度上克服了汉语语言现象研究多依赖语言直觉的局限性，在方法论上具有较好的示范意义。

专家三：该成果是利用大规模语料库对现代汉语抽象名词进行全方位、多角度系统研究的一次有益尝试，具有一定的理论价值和较高的应用价值。

成果理论基础较为扎实，研究方法得当，数据翔实可靠，写作规范，其不足在于对个案研究描写较为充分，但解释分析尚待进一步深入。

专家四：作者思路活跃，视野开阔，对国内外汉语、外语抽象名词研究成果都基本上有所涉及，体现了作者的勤奋和辛劳。

作者采用了自己的标准对抽象名词进行语义分类，重视个案的精细化研究。作者利用大语料库和分析软件重新进行系统研究，得出了更加有科学性和概括性的结论。

作者运用先进的研究手段使研究结论有较强的概括性，值得学界重视。特别是运用 Antcon 3.2.4w 语料分析软件，具有示范作用，有很好的借鉴价值。在对外汉语和计算语言学研究者中，本成果也有较好的参考价值。

季羡林先生曾在《我是怎样研究起梵文来的》里说过：“只有努力苦干、争分夺秒、不怕艰苦攀登的人，才能登上科学的高峰。努力胜于天才，刻苦超过灵感，这是颠扑不破的真理。如果脑袋里总忘不掉什么八小时工作制，朝三暮四，松松垮垮，那就什么事情也做不成。”这段话很是鼓舞我，我总觉得自己天资平平，但比较勤奋。我相信只要好好做、慢慢做、不浮躁，积累到一定阶段总会有些成果的，总会有些成就的。

自2008年开始酝酿、着手撰写这本书稿算起，到今年2019年，已经过去了整整十二个年头，人生有多少个这样的十二年啊。感谢自己这么多年来一直坚持着，努力着，没有放弃，学术信仰让我勇于坚持，继续"死磕"下去。最后我想说："为何如此自苦呢？难道自己还算个不要强吗？"

方清明

华南师范大学国际文化学院A206办公室

2019年8月7日星期三

专家评审意见

邓思颖

汉语抽象名词是一个值得研究的课题。虽然过往也有一些探讨抽象名词的文献，但通过语料库做全面、有系统的研究，非常重要，且成果并不多见。这方面的研究，不仅对汉语语言学本体研究有贡献，能够提升我们对相关现象的认识，也能为语文学习、对外汉语教学、词典编纂等方面提供宝贵的资料，作为参考之用，甚至能帮助前线的语文工作者把知识带到工作中，有一定的实用价值。本书正好在这些方面做了重要的工作，对汉语抽象名词做了仔细深刻的描述和分析，值得读者的重视，也应受读者的欢迎。

本书在第一章“理论、意义、综述与分类”中详细介绍研究抽象名词的重要性、理论和实际意义、国内外文献已有的讨论等。这部分的描述非常重要，除了可以让一般读者对相关问题有比较全面的认识，方便有兴趣的研究者日后按图索骥外，还能突显本书的价值，说明本研究在相关问题上的创新之处，正如作者所指出，本书是对现代汉语抽象名词进行系统深入研究的第一部著作，研究理念先进，研究方法独特新颖、研究结论多有创建，定量统计数据准确翔实，定性解释科学合理。毋庸置疑，利用语料库做定量分析，发现抽象名词的种种特点，这种研究方法肯定是本书创新之处，也值得日后对抽象名词甚至其他词类的研究借鉴，以此作为典范，以客观、科学、有系统的方式发现新问题。这是本书值得研究者学习之处。

为了更好地突显本书的优点，建议作者在第一章先把本研究的新发现、新结论、新贡献简单描述，然后在余论或在书末开辟一章，详细论述本研究的新发现、新结论、新贡献。从本体研究的角度讨论对汉语抽象名词的理论贡献，以及这种研究能反映的现象和问题，也可考虑讨论所得的发现，对语文学习、对外汉语教学、词典编纂等应用层面有什么启示，或对语料库语言学能提出什么新的路径，做什么补充，或加强“教学处理”一节的讨论，集中讨论本研究的理论和应用意义，把抽象名词研究的地位提升上去，有助读者对相关问题了解和认识。

从文献回顾部分所见，为抽象名词下一个清晰的定义殊不容易。作者已给抽象名词定下八项准则：数量短语的搭配、“几种/一种”的搭配、“一切”的搭配、“没有 N 的 N”的组合、介词“针对”的搭配、介词“本着”的搭配、介词“根据”的搭配、动词“具有”的搭配。这些搭配框架，大致分为两大类：数量短语搭配框架和介词搭配框架。作者认为，通过这些搭配框架可以鉴别抽象名词，但并非穷尽。建议作者对这八个搭配框架再做仔细的分类，辨别必要条件和充分条件，或指出满足这些搭配框架的“关键”数量，并解说原因。

本书有五章分别讨论“抽象名词＋上、问题、原因、结果、事实”，作为个案分析。数据精准，资料清晰，讨论深入，非常有用。然而，其他几章，如讨论与其他词类的关系、语义韵、依赖性分析、词典释义计量分析、搭配与功能分析、近义辨析与习得研究等，都选择了不少用例做详细的个案分析。虽然讨论细微，但好像跟那五章讨论的性质和行文类似，略有重复之嫌。整本书看来，这些众多的个案分析，较为零碎，欠缺连贯性。建议作者在这些个案分析的基础上，综合所发现的现象，提出一个宏观的分析，重点突显汉语抽象名词的特点，甚至是汉语语法的特点，指出跟英语和其他语言的异同，提升抽象名词研究的地位。

收于附录的“现代汉语抽象名词表”，一共有910个，详列它们的次数、频率等，极具参考价值，也为语文学习、对外汉语教学、词典编纂等应用研究提供清晰的数据和客观的基础。作者不妨考虑，在本书的正文中说明一下，那五章所讨论的“抽象名词+上、问题、原因、结果、事实”，以及分布于不同章节的个案分析，所选取的例子标准何在？在900多个例子里，选择了多少个做详细讨论？有什么代表性？所得的结论，又是否都能应用到所有这900多个的用例里？既然本书着重定量分析，所选择例子的代表性也应有一定的客观准则，以增强说服力。

如果上述问题能得以改善，相信本书的理论和应用价值更能彰显，让读者对抽象名词的重要性有更深刻的认识。我乐见本书的出版。

专家评审意见

袁毓林

该书稿对现代汉语抽象名词进行了系统和深入的研究，对现代汉语抽象名词进行了全面的综述，尤其是对国外相关研究成果进行了较为详细的梳理和介绍，并基于语料库定量方法等对诸多典型高频抽象名词进行了组合搭配研究，获得了一系列创新性的研究成果。

该书稿主要使用“国家语委现代汉语通用平衡语料库词频表”提取现代汉语抽象名词（910个），并且利用 Antcon 3.2.4w 分析软件考察汉语抽象名词的搭配及意义扩展类型、修饰语依赖性质。在介绍抽象名词三分观之后，探讨抽象名词与具体名词、动词、形容词等词类的复杂关系，以彰显抽象名词的词类性质与地位。对“有＋抽象名词＋VP、有＋VP＋的＋抽象名词、有＋抽象名词”“没有＋抽象名词”以及量化标记“一种”等的量性特征进行了考察。对汉语抽象名词的语义韵表现进行考察，探讨抽象名词与“有”“没有”搭配所表现出的语义韵特征，挖掘“脸色、滋味、情绪、状况、脾气”等词语的消极语义韵倾向，并重新论述“影响”一词的语义韵性质。考察抽象名词与后置词“上”的搭配情况，揭示“程度、东西、景象、名堂”等词语的修饰语依赖性质。该书还通过较大规模的封闭语料对抽象名词“问题、时候、时间、原因、事实、结果、部分、条件”等个案进行了详细分析，并探讨近义抽象名词的辨析问题，认为对外汉语教学需要重视抽象实词的教学，其中尤其要重视抽象名词的习得问题。

该书稿研究理念比较先进，研究方法比较独特新颖，研究结论多有创见，定量统计数据准确翔实，定性解释比较合理。总之，到目前为止，该书稿是学界研究抽象名词最为深入的一本。可以说该书稿在促进了抽象名词研究的同时，也促进了现代汉语名词大类的细化研究。

当然，该书稿也有一些值得改进之处：

（1）从课题结项成果到书稿，改写的痕迹明显，篇章安排需要进一步修改和均衡，文字也需要打磨；

（2）文字内容在相关章节中重复出现的情况比较明显，需要前后协调和删改；

（3）有些正文中提及的文献在后面的参考文献中找不到，需要复核和补充；

（4）对词语意义和词语之间语义关系的判断，还需要斟酌。比如，把“剥削关系”与“城乡关系、父子关系”归入同一类型，即“逆向集合名词＋关系”是不妥当的。把“不无关系、毫无关系”与“比例关系、间接关系”归入同一类型，即“某种属性＋关系”也是不妥当的。

总之，该书稿观察角度新颖，语料库语言学调查统计工作比较扎实，发现了一些有意义的现象，也总结出了一些倾向性的规律，在修改加工以后，可以出版。

袁毓林